Frans Hoek

TORWART TRAINING

Vierte Auflage

BLV

Die Deutsche Bibliothek – CIP-Einheitsaufnahme

Torwarttraining
Frans Hoek. [Alle Fotos von Hans Tilburg.
Übers. aus dem Niederländ.: Hermann J. Benning]. –
4. Aufl. – München ; Wien ; Zürich : BLV, 1998
Einheitssacht.: Basisboek keepers training <dt.>
ISBN 3-405-13882-5
NE: Hoek, Frans; Tilburg, Hans; Benning, Hermann J. [Übers.]; EST

BLV Verlagsgesellschaft mbH
München Wien Zürich
80797 München

Text: Jaap de Groot

Alle Fotos von Hans Tilburg

Umschlaggestaltung: Sander & Krause, Werbeagentur München

Umschlagfotos: Bongarts Sportfotografie GmbH, Michael Kunkel

Titel der niederländischen Originalausgabe:
Basisboek Keepers Training
Instructie Training Wedstrijd

Übersetzung aus dem Niederländischen:
Hermann J. Benning

Satz: Fotosatz Wirth, Ober-Ramstadt
Druck und Bindung: Ludwig Auer GmbH, Donauwörth

Printed in Germany · ISBN 3-405-13882-5

Inhalt

Vorwort

Die Rolle des Torwarts wird oft unterschätzt. Ich selbst bin seit Jahren ein großer Bewunderer der Torhüter. Für mich war das Spiel im Tor schon immer mehr als nur das Abwehren von Bällen. Darum war ich bei Ajax Amsterdam bemüht, den sogenannten »Einzelgänger« aus der Isolation zu holen, und bezog den Torwart enger in das Spiel der übrigen Mannschaft ein. Er hat theoretisch, vor allem aber in der Praxis wesentlichen Anteil an der Spieltaktik. Der Torwart repräsentiert bei Ajax die hinterste Front, die Anschluß hält, wenn die übrige Mannschaft nach vorn stürmt. Er muß immer danach trachten, so früh wie möglich in Ballbesitz zu kommen. Muß er durch eine Reflexbewegung auf der Torlinie retten, so ist meist vorher schon einiges falsch gelaufen. Das eigentlich Faszinierende am Torhüten ist die Organisation, die ständige Konzentration und die richtige Einschätzung der jeweiligen Situation. Ich schaue gern einem Torwart zu, der seine Verteidigung so organisiert, daß die gegenerische Mannschaft genötigt ist, genau in die Richtung zu schießen, auf die er sich eingestellt hat. Deshalb ist das Stellungsspiel des Torwarts von großer Bedeutung. Ein halber Schritt zur Seite kann darüber entscheiden, einen Gegentreffer zu vermeiden. Manche Aktionen sind für den Torwart eine Frage der Berechnung. In diesem Buch werden alle Einzelheiten des so wichtigen Stellungsspiels klar herausgearbeitet. Für viele kann dieses Buch eine Hilfe sein, da für »Nicht-Torwarte« das Basiswissen im Blick auf diesen spezifischen Aspekt des Fußballsports oft schwer verständlich ist.

Ich habe Frans Hoek in das Team der technischen Betreuer von Ajax geholt. Als Experte kann er eingehender und konsequenter mit den Torhütern arbeiten, die normalerweise alle sehr lernbegierig sind. Wer dieses Buch liest, wird feststellen, daß Frans Hoek sein Handwerk versteht und es anderen gut zu vermitteln weiß.

Johan Cruijff

Einleitung

Der Torwart ist einer von elf und immer weniger ein Einzelgänger. In den letzten Jahren ist der Rolle des Torhüters mehr Aufmerksamkeit gewidmet worden: eine Entwicklung, die man nur begrüßen kann, wenn damit auch noch nicht alles getan ist. Es geht jetzt darum, intensiver an den Details zu arbeiten. Technik und Taktik des Spiels im Tor werden in diesem Buch in allen Einzelheiten in der Theorie wie auch in der Praxis ausführlich behandelt.
Diese Veröffentlichung möchte dazu beitragen, die Leistungen der Torhüter zu verbessern.
Das Buch wurde für eine möglichst breite Zielgruppe geschrieben, in erster Linie für die Torhüter selbst, aber auch für die Trainer und Übungsleiter, für die Eltern und andere Interessierte.
Der Torwart findet hier viele Dinge, die seinen Leistungen nur förderlich sein können. Der Trainer kann mit Hilfe dieses Buches einen kompletten Lehrplan ausarbeiten, in dem Training und Begleitung im Vordergrund stehen.
Den Angehörigen und Interessierten vermittelt dieses Buch vielleicht etwas mehr Verständnis für die schwierige, aber oft so faszinierende Aufgabe des Torwarts. Alles, was in diesem Buch über den »Tormann« gesagt wird, gilt natürlich in gleicher Weise für weibliche Torhüter.
Im Mittelpunkt steht die Ausbildung eines Allroundtorwarts, an den immer höhere Anforderungen gestellt werden. Die Zeit, in der er lediglich Bälle abzuwehren hatte, ist vorbei. Er muß sich auch als Regisseur und Organisator der Abwehr verstehen. Bei manchen Mannschaften hängt es wesentlich vom Torwart ab, ob ein bestimmtes System gespielt werden kann oder nicht. Es ist nicht zu übersehen, daß die Rolle des Torwarts in einer offenkundigen Entwicklung steckt.

Der Torwart

Ein Spiel gewinnen kann er nie,
aber eine Niederlage vereiteln.
Als einzelner in der Elf erzielt
er wohl den schönsten Sieg,
wenn er über sich selbst hinauswächst.

(Worte eines Trainers)

Ein geschichtlicher Überblick

Was gab's eher, den Ball oder das Tor? Mit Sicherheit weiß man jedenfalls, daß es in früheren Zeiten keinen Torwart gab ... Die englische *Football Association* führte 1871 eine Spielregel ein, in der erstmals die Rede von einem Spieler war, der den Ball in die Hände nehmen durfte: der Torwart, der das Tor verteidigt, der Tormann oder Torhüter, wie man auch sagt. Ein Fußballspieler, der eigentlich gar kein Fußballer ist. Der Torwart gehört zur Elf, aber ist gewissermaßen auf sich gestellt. Sein Platz ist das Tor, das es zu verteidigen gilt, aber er ist gleichzeitig Regisseur und Organisator seiner Abwehr. Er muß ein perfekter Techniker und Taktiker sein, der vielen Anforderungen gerecht wird. Der Torwart von heute ist weit mehr als jener vielleicht schon etwas angeschlagene Spieler von einst, dem die Aufgabe zufiel, das Tor zu hüten.

Ein Torhüter aus früherer Zeit mit einem »echten« Torwartpullover

Seit gut hundert Jahren gibt es nun im Fußballspiel einen Torwart. Den Ball, das Tor, die Regeln usw., all das gab's schon früher, in mancher Hinsicht sogar sehr viel früher. Als man etwa 300 v. Chr. in China das Fußballspiel »erfand«, dachte gewiß niemand an einen Verteidiger des Tors. Auch später, als der römische Feldherr Julius Cäsar das Fußballspiel in den Ländern, die er erobert hatte, bekannt machte, war keineswegs die Rede von einem Torwart; nicht einmal, als die römischen Legionen das Fußballspiel in England einführten.

Der geworfene und gestoßene Stein wurde von den Angelsachsen durch einen aufgeblasenen Schweinsbalg ersetzt. Schon damals spielten die Bewohner eines Dorfes oder einer Stadt gegen die eines anderen Dorfes oder einer anderen Stadt (wer den Ball zuerst in die Mitte des Ortes der gegnerischen Mannschaft brachte – meist war das ein freier Marktplatz –, der hatte das Spiel gewonnen). Keiner stand unter einer Torlatte oder in einem Tor. Auch in dem ersten Buch über Fußball *Guico del calcio,* 1580 in Florenz erschienen, lesen wir nichts von einem *portiere* (Torhüter).

1863 wurden im Auftrag der englischen *Football Association* die Spielregeln zum ersten Mal schriftlich niedergelegt. Es dauerte weitere acht Jahre, bis der Torwart »geboren« war. Schon seit 1865 gehörte ein Tor zum Fußballspiel. Es war 2,44 m hoch, und zwischen die Pfosten spannte man ein Tuch (damit waren auch die leidigen

Diskussionen über die Frage, ob der Ball nun drin war oder nicht, aus der Welt geschafft ...). Damals durfte noch jeder Spieler den Ball mit den Händen aus dem Tor abwehren.

Im Grunde wurde der Torwart aus einer Not geboren: Ein Spieler, der sich in dem wilden Gemenge – so könnte man das Spiel jener Zeit wohl am besten charakterisieren – verletzt hatte, stellte sich zwischen die beiden Pfosten. Im Laufe der Zeit bewährte sich dies, und der Torwart eroberte sich seinen Platz in der Mannschaft. Als 1871 die *Football Association* den Beschluß faßte, den »Torhüter« ins Spiel einzuführen, war es nur noch einem Spieler erlaubt, den Ball in die Hände zu nehmen.

Der Status des Torwarts wurde schon bald aufgewertet: 1877 zimmerte man über ihm eine Torlatte; 1885 wurde in Birmingham zum ersten Mal ein Netz hinter ihn gespannt; 1883 wurde der ovale Rugbyball durch einen runden Ball ersetzt. Seit dem Jahre 1902 ist das Handspiel des Torwarts auf den Strafraum beschränkt. Vorher hatte er sich mit dem Ball in den Händen auf dem ganzen Spielfeld tummeln können.

In der Folgezeit haben sich die Rolle des Torwarts, seine Kleidung, Technik, Taktik und Einstellung gründlich gewandelt. Er entwickelte sich zu einem Allroundspieler, der in der heutigen Zeit bis weit vor seinem Tor mitdenken und agieren muß. Ein Organisator der Abwehr, der Selbstvertrauen, Übersicht, Fingerspitzengefühl und exzellente Technik mit voller Konzentrationsfähigkeit vereinen muß. Das kennzeichnet den Torwart heute.

Technik, Taktik und Ausrüstung

In den Anfängen des Spiels mit Torwart brauchte er die Bälle nur faustend oder tretend abzuwehren. Im Laufe der Zeit sind die Anforderungen an ihn stets höher geschraubt worden, nicht zuletzt weil sich die Gegner besser auf seine Aktionen einstellten. Früher mag es vertretbar gewesen sein, einen Ball fallen zu lassen, heutzutage hat es oft schlimme Folgen. Die Technik mußte deshalb ausgefeilt werden. Es ging nicht mehr darum, Bälle einfach nur wegzufausten. Der Torwart mußte lernen, Bälle zu fangen, festzuhalten oder abzulenken, und seine Schuß- und Wurftechnik verbessern. Das planlose Wegfausten des Balls wich der bewußten Fortsetzung des Spiels, wobei Übersicht und genaues Zuspielen wichtig sind. Heute werden manche Spiele durch eine möglichst rasche Wiederaufnahme des Spiels von seiten des Torwarts entschieden. Da er nun sicher nicht mehr soviel Arbeit in und vor seinem Tor bekommt, muß jeder Torwart den Ball unbedingt wieder gut ins Spiel bringen.

Zudem ist sein Aktionsradius bis weit über den Strafraum hinaus ausgedehnt worden, wo er die gleichen Pflichten und Rechte hat wie die Feldspieler und sein Handspiel nicht mehr ungestraft bleibt. Gleichzeitig muß er dieselben Techniken (Köpfen, Ballabnahme, Schußtechnik usw.) beherrschen wie die Feldspieler. Erwartete man früher vom Torwart, daß er ohne spezielles Training alle Techniken nahezu fehlerlos beherrschte, ist es heutzutage möglich, ja notwendig, ihn durch eine gründliche Schulung schon in frühen Jahren auszubilden.

Das Spiel ist das gleiche geblieben, wenn sich auch sonst viel geändert hat seit damals

Technisch gesehen ist der Rolle des Torwarts im Laufe der Jahre mehr Gewicht beigemessen worden. Begnügte er sich anfangs ausschließlich und allein mit seinem Platz unter der Torlatte, so mußte er schon bald auch den 5-m- und 16-m-Raum beherrschen. Heute ist seine Präsenz bis weit über den Strafraum hinaus oft unabdingbar; er muß regelmäßig in die Rolle eines Feldspielers schlüpfen, wobei seine Aufgaben auf die Verteidigung und die Fortsetzung des Spiels beschränkt bleiben. Stürmen und Tore zu erzielen, das ist nicht seine Sache, obwohl Ausnahmen immer wieder die Regel bestätigen: Es kommt schon einmal vor, daß ein Torwart ein Tor erzielt. Trotzdem bleibt es seine vorrangige Aufgabe, auch außerhalb des Strafraums, die Chance auf Gegentore möglichst zu vereiteln. Die Arbeit des Torwarts besteht also nicht mehr nur darin, alle Bälle abzuwehren, die aufs Tor geschossen werden (direkte Gefahr). Er wird jetzt auch konfrontiert mit gegnerischen Angriffsstrategien, Steilpässen und Gegnern, die die Verteidigungslinien durchbrochen haben (indirekte Gefahr). Er muß manchmal weit außerhalb des Strafraums agieren als Schlußmann, der hinter den Verteidigern alle Bälle abfängt.

Die technische Schulung des Torwarts hat sich natürlich auch auf das Spiel der Stürmer ausgewirkt. Früher war die Flanke weit von der Seitenlinie vor den entfernteren Pfosten gezogen eine der gefährlichsten Aktionen. Für die meisten Torhüter schien der »zweite« Pfosten unerreichbar, was oft die entsprechenden Folgen hatte. Heute reibt sich jeder Tormann die Hände, wenn der Gegner aus großer

Entfernung den Ball auf das lange Eck schießt. Der in hohem Bogen fliegende Ball ist relativ lange unterwegs, und die Situation ist übersichtlich ... Heutzutage muß er die Absichten des Gegners vorausahnen. Denn viel gefährlicher ist, daß die Angreifer heute nahe an der Torauslinie in Richtung Tor aufrücken und von dort entweder hart aufs kurze Eck schießen oder den Ball mit Effet ins lange Eck zirkeln oder zu einem heranstürmenden Mitspieler zurückspielen. Daraus entsteht normalerweise eine unübersichtliche und unberechenbare Situation, in der vom Torwart schnelles Handeln gefragt ist. Vorausahnen ist dabei wichtig, um die Oberhand zu behalten.

Hinzu kommt die Modernisierung der Ausrüstung. Es sind regelrechte Modetrends entstanden. Daneben gab es auch funktionelle Veränderungen vor allem am Trikot, an der Hose und an den Handschuhen. Der Wollpullover mit Kragen gehört längst der Vergangenheit an. Jeder Torwart kann heute überall seine Ausstattung nach eigenen Vorstellungen und seinem Geschmack kaufen.

Die Torhüter mußten sich etwas einfallen lassen, um mit der Entwicklung des Balls standzuhalten. Nach dem ovalen Rugbyball und dem runden Lederball mit Senkelverschluß wird gegenwärtig vorwiegend mit einem Ball gespielt, der mit Kunststoff beschichtet ist. Anfangs konnte man ohne weiteres mit der bloßen Hand oder Wollhandschuhen mit genoppten Lederstreifen spielen. Als der Kunststoffball aufkam, mußte der Torwart sich darauf einstellen. So gibt es gegenwärtig ein Handschuhsortiment aus über 50 verschiedenen Modellen, vollständig aus Kunststoff, wobei an die Bedürfnisse eines jeden gedacht ist.

Wann ist man ein guter Torwart?

Wie beurteilt man eigentlich einen Torwart? Geht es darum, daß er unhaltbare Bälle abwehrt, oder geht es um das augenscheinlich fehlerlose Spielen. Jedenfalls sind die Anforderungen an den Torwart immer größer geworden. Der Ballfänger von einst hat ein ziemlich ausgedehntes Aufgabengebiet hinzubekommen. Dennoch ist und bleibt es seine vorrangige Aufgabe, Gegentore möglichst zu verhindern. Er muß die »Gefahr« so schnell wie möglich bannen, vor allem durch gutes Dirigieren und Organisieren. Außerdem muß der Torwart danach trachten, so schnell wie möglich in Ballbesitz zu kommen, möglichst bereits außerhalb des Strafraums. Dabei sind seine Ausgangsstellung und sein Stellungsspiel von größter Wichtigkeit. Wenn er im Ballbesitz ist, muß er dafür sorgen, daß das Spiel wiederaufgenommen und fortgesetzt wird, wobei das taktische Einfühlungsvermögen ganz wesentlich ist.

Vom Torwart werden immer optimale Leistungen erwartet. Mentale, körperliche und äußere Faktoren wie Ausrüstung, Witterungsbedingungen und Zustand des Spielfelds spielen dabei eine wichtige Rolle und sind bestimmend für ein gutes oder schlechtes Spiel. Es ist deshalb für den Torwart wie für seinen Trainer wichtig, diese Faktoren, die die Leistung beeinflussen, genau zu kennen. Sein Spiel kann dann systematisch analysiert werden, wobei Stärken und Schwächen unter die Lupe genommen werden können. Mit einer guten Methodik kann daran gearbeitet werden, diese Eigenschaften einzuüben, zu verbessern, zu perfektionieren und zu bewahren.

Technik

Die Torwarttechniken

Ohne Ball:

○ Ausgangsstellung;
○ Stellungsspiel im und vorm Tor: Starten, Herauslaufen, Springen, Abbremsen, Wenden und Zurücklaufen in allen Richtungen;
○ Springen, ein- oder beidbeiniger Absprung: hoch, vorwärts, links und rechts seitwärts und rückwärts;
○ Fallen, nach oben und unten Hechten: nach vorn, rückwärts und seitwärts;

Vorrangige Aufgabe des Torwarts ist und bleibt, Gegentreffer möglichst zu verhindern. Vom technischen Standpunkt ist die Methode, die dabei angewendet wird, eigentlich nicht wichtig, solange die Spielregeln nicht verletzt werden. Auch wenn der Torwart alle Bälle fallen läßt und mehr seine Füße als seine Hände einsetzt, ist dem im Prinzip nichts entgegenzuhalten, solange der Zu-Null-Spielstand gewahrt bleibt. In der Praxis sieht das allerdings etwas anders aus. Der Gegner lauert schließlich immer auf einen Fehler des Torwarts; deshalb muß sich der Torhüter – im Interesse des Teams, aber auch im eigenen – so sicher wie möglich präsentieren. Im Laufe der Jahre sind Techniken entwickelt worden, die ihm dabei behilflich sein können. Es sind Grundtechniken, die von jedem Torwart gewisse Anpassungen erfordern, abhängig vom Körperbau, von der Kraft, Gewandtheit, Schnelligkeit, Einstellung, vom Alter, Stil, Talent usw.

○ Täuschbewegungen mit dem Körper;
○ alles aus dem Stand und aus der Bewegung (mit einem Anlauf von einem Schritt oder mehreren).

○ ○-	**Torwart**
●	**Mitspieler**
▲	**Stürmer**
△•	**Stürmer mit Ball**
⊗	**Trainer/Coach**
⊚	**neutrale Spieler der Mannschaft im Ballbesitz**
•	**Ball**
——→	**Ballweg**
∼∼∼→	**Spieler oder Torwart mit dem Ball am Fuß**
- - - -→	**Laufweg des Spielers oder Torwarts ohne Ball**
⊥	**Feldmarkierung, Kegel, Flagge, Pfosten usw.**
⊥ ⊥ ⊓	**Tor**
①—②—③	**Reihenfolge der Übungen**

Mit dem Ball in der Verteidigung:

○ Ball aufnehmen;
○ Fangen: mit den Händen unten und oben; Stoppen mit dem Bauch/ der Brust; Umfassen des Balls;
○ Ablenken mit einer Hand oder mit beiden;
○ Fausten mit einer Faust oder mit beiden;
○ vor die Füße werfen;
○ Spielerfertigkeiten (schießen, köpfen, Ballabnahme usw.) ohne oder

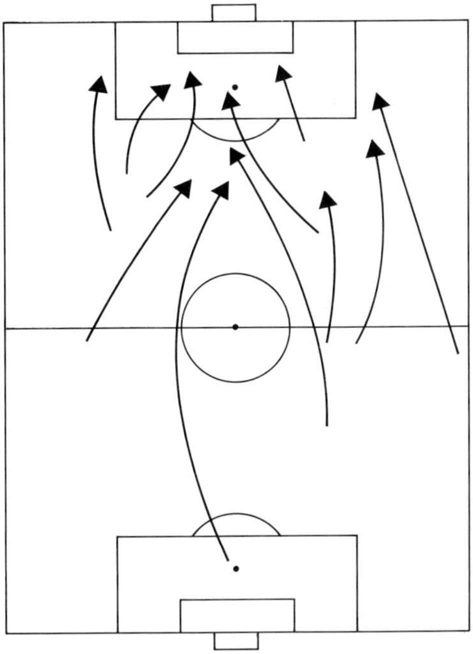

Bälle nach Pässen in die Tiefe, aus allen Positionen gespielt (auch vom Torwart in der anderen Hälfte), die im oder außerhalb des Strafraums landen und vom Spieler selbst oder von anderen aufs Tor geschossen werden

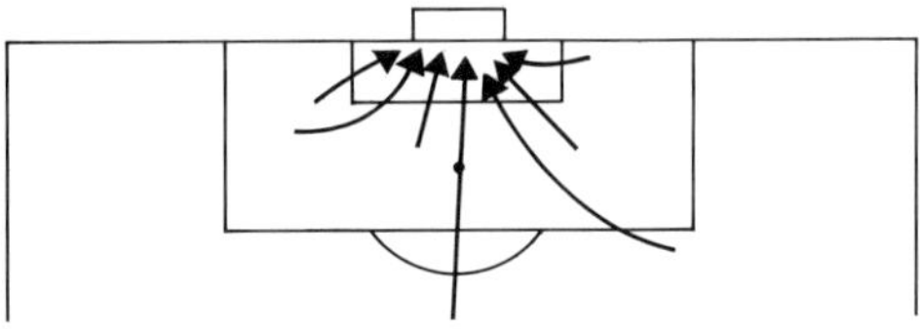

Direkte und indirekte Gefahr:
Direkte Gefahr: Schüsse und/oder Kopfbälle aus allen Positionen aufs Tor, die unmittelbar zum Torerfolg führen können

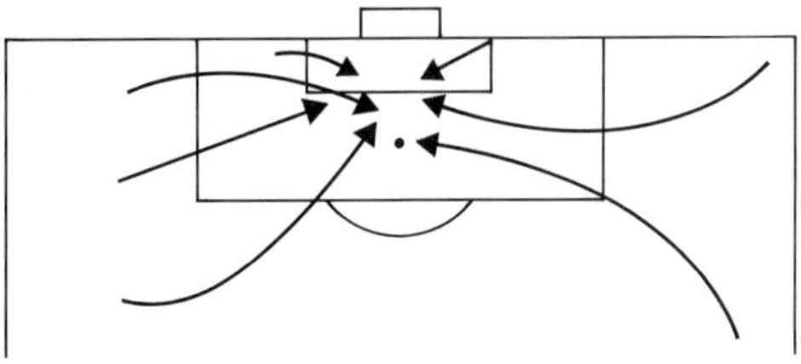

Indirekte Gefahr: Flankenbälle in den Torraum als Vorlage für andere

mit: Aufsprung, Fallen, Hechten nach unten oder oben (sowohl aus dem Stand wie auch mit einem Anlauf von einem Schritt oder mehreren), Gegner und/oder Mitspieler.

Im Spielaufbau/Angriff:

- ○ Abwurf mit einer Hand: Rollen, Schwungwurf (seitlich und über Kopf), Schlagwurf (seitlich und von oben); Abwurf mit beiden Händen: Einwurf, Stoßwurf;
- ○ Schuß aus den Händen (Volley und Dropkick);
- ○ Schuß vom Boden: Abstoß (kurz und lang) und normal während des Spiels.

Anhand der Beschreibungen und Abbildungen soll die richtige Technik gezeigt werden. So können die häufigsten Fehler unter die Lupe genommen werden. Mit der jeweiligen Methodik kann man die Techniken einüben. Man braucht übrigens die methodischen Übungen nicht immer und bei allen von A bis Z durchzugehen: Jeder Torwart beherrscht eine bestimmte Technik auf seinem Niveau. Der eine kann bei der ersten Übung beginnen, ein anderer bei der dritten Übung. Der Trainer sollte festlegen, wo der Torwart anfangen soll. Die Methodik gilt immer für beide Seiten und beide Hände. Durch bestimmte Gewohnheiten im Alltag (mit der rechten Hand essen, schreiben usw.) können sich beim Torwart Schwachstellen entwikkeln. Man sollte frühzeitig auf den Gebrauch beider Seiten (links und rechts) hinweisen. Beim Training ist die Koordination von Vorteil und kann dazu beitragen, daß Schwächen fast ausgemerzt werden.

Technik ohne Ball

Ausgangsstellung

Eine gute Ausgangsstellung ist besonders wichtig. Eine falsche führt zu wertvollem Zeitverlust. Der Torwart nimmt diese Stellung ein, kurz bevor er eingreifen muß, bzw. wenn dies vorauszusehen ist. Aus dieser Stellung muß der Torwart alle Bewegungen ohne Zeitverlust ausführen können.

Beschreibung der Technik:

○ Füße stehen in Hüftbreite und weisen nach vorn;
○ Körpergewicht ruht auf den Fußballen;
○ Knie und Hüften sind leicht gebeugt, der Oberkörper ist schräg nach vorn gerichtet;
○ Oberarme hängen senkrecht nach unten, während die Ellbogen 90° angewinkelt und die Handgelenke gestreckt sind;
○ Hände sind geöffnet, die Innenseiten der Hände sind zueinander gewandt;
○ Kopf ist gehoben, die Augen sind aufs Spielfeld gerichtet.

Häufige Fehler:

○ Beine zu weit oder zu eng gegrätscht;
○ Füße weisen nicht nach vorn;
○ Körpergewicht ruht auf dem ganzen Fuß (Ferse am Boden);
○ gestreckte Knie;
○ Hände zu niedrig oder zu hoch;
○ Hände nicht geöffnet.

Übungsreihe:

1. Beispiel und Erklärung;
2. auf Anweisung des Trainers die Ausgangsstellung in verschiedenen Richtungen einnehmen;
3. Mit Ball:

○ Trainer dribbelt vors Tor, Torwart bewegt sich mit; in dem Moment, wenn der Trainer so tut, als würde er schießen, steht der Torwart still in der richtigen Ausgangsstellung;

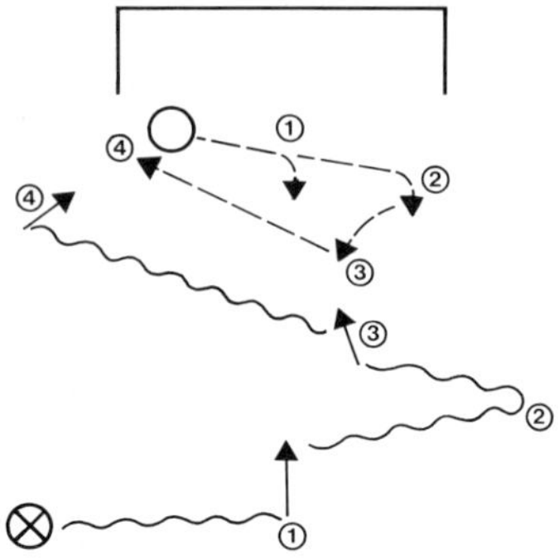

○ zwei Spieler spielen den Ball gemeinsam vors Tor; der Torwart bewegt sich mit und nimmt die Ausgangsstellung ein, sobald ein Spieler zum Schuß ansetzt.

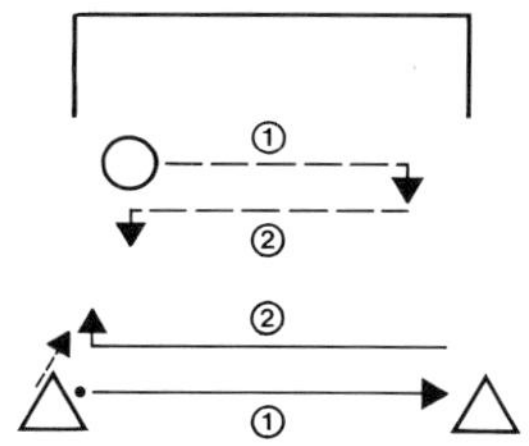

Positionsänderung im und vorm Tor

Starten, herauslaufen, sprinten, abbremsen, drehen, wenden und zurücklaufen in allen Richtungen. Viele Fachleute behaupten, ein Torwart arbeite vor allem mit den Füßen; die Füße nämlich müssen den Ball zu den Händen führen. Deshalb ist gute Beinarbeit wichtig. Eine gute Technik

Tor oder kann er den Ball halten?

für die Stellungsänderung im und vorm Tor ist grundlegend, und man muß diesem Aspekt des Torwarttrainings viel Aufmerksamkeit widmen. Oft entscheidet die Beinarbeit darüber, ob der Ball im Stehen aufgenommen werden kann oder ob man ihn fallend bzw. nach unten oder oben hechtend nehmen muß.

<u>Beschreibung der Technik:</u>
Allgemein gilt:

- ○ Während eines Sprints sollte der Körper ziemlich aufrecht gehalten werden, der Torwart sollte große Schritte machen.
- ○ Beim Starten, Abbremsen, Drehen, Wenden und Zurücklaufen sollte der Körperschwerpunkt tiefer liegen, der Spieler kann den Oberkörper mehr nach vorne neigen, die Füße sollten nicht hoch vom Boden kommen, die Schritte sind dann kleiner. Auch hier ist die Ausgangsstellung wichtig. Man muß so schnell wie möglich die Stellung ändern, aber darauf achten, wann der Gegner gefährlich werden kann, auf den Moment also, wenn er zum Schuß aufs Tor ansetzt. Dann muß der Torwart sich in der Ausgangsstellung befinden.

Die Ausgangsstellung von vorn und von der Seite

Übungen ohne Ball:
1. Um die Markierungen:
nach vorn,
rückwärts
und seitwärts.

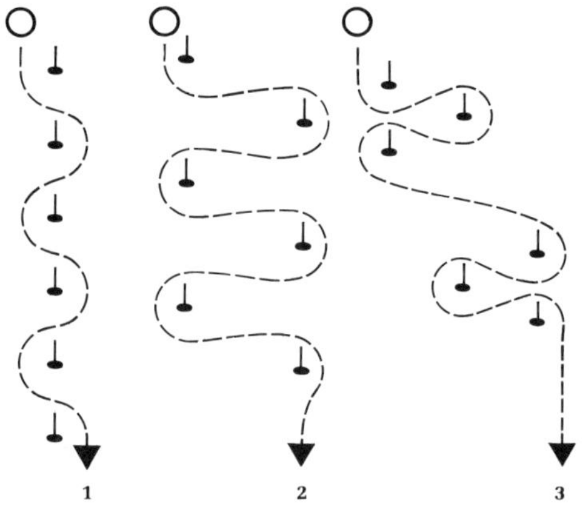

Mit Ball:
2. Der Torwart verteidigt das Viereck; kein Ball darf auf dieses Feld kommen. Geschieht dies dennoch, dann möglichst schnell nach dem Aufspringen den Ball unter Kontrolle bringen.

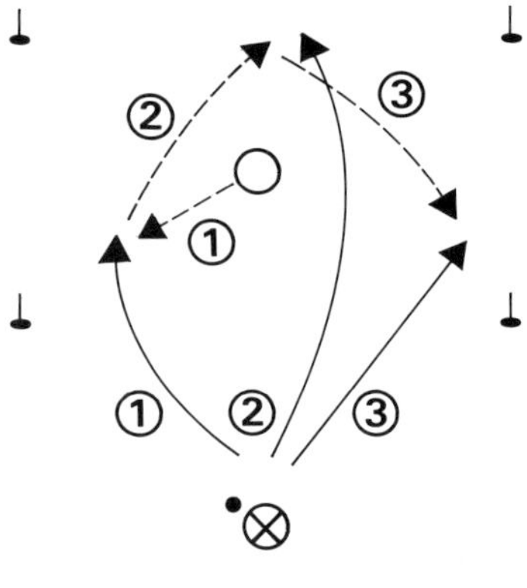

Wenn der Torwart den Ball hat, rollt er ihn zum Trainer zurück. Dieser wirft darauf den nächsten Ball;
3. wie Übung 2, aber orientiert auf den Raum vorm Tor.
Der Trainer kann von den Positionen a, b und c aus arbeiten.

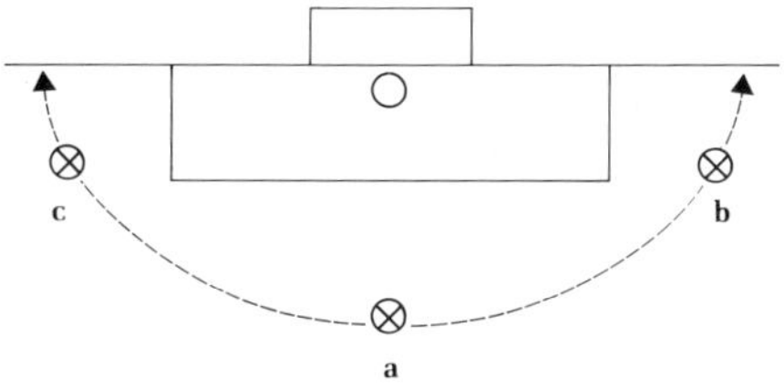

Wettkampfform:
4. Wie die Übungen 2 und 3, aber jetzt zehn Bälle werfen. Fällt der Ball auf den Boden: zwei Strafpunkte. Kann der Torwart den Ball aus dem Feld lenken oder wegfausten: ein Strafpunkt. Fällt der Ball nicht auf den Boden: kein Strafpunkt. Nach zehn Bällen sollte man möglichst wenige Strafpunkte haben.

Spielform:
5. Schlagballspiele.

Springen

Ein- oder beidbeiniger Absprung: hoch, vorwärts, links und rechts seitwärts und rückwärts aus dem Stand oder mit einem Anlauf von einem Schritt oder mehreren. Häufig muß ein Torwart im Spiel springen und immer, um den Ball zu erreichen. Ob gesprungen wird, um über den Gegner hinaus zu reichen oder um seitwärts den Ball nach oben oder unten hechtend zu halten, immer sind dabei die Faktoren Timing, Sprungtechnik und -kraft entscheidend.

Beschreibung der Technik:
Absprung aus dem Stand mit beiden Beinen:
- Knie sind oder werden gebeugt;
- es folgt ein kräftiger Absprung, wobei beide Arme während des Streckens der Knie die Bewegung unterstützen;
- die Füße müssen den Boden sozusagen wegtreten, indem die Fußgelenke gestreckt werden;
- die großen Zehen drücken als letzte ab, wobei sie gleichsam in den Boden »kneifen«;
- nach dem Sprung erfolgt die Landung auf einem Fuß oder auf beiden bzw. auf einem anderen Körperteil, je nach dem, ob der Torwart nach unten oder oben gehechtet ist.

Absprung aus der Bewegung mit einem Bein nach einem Anlauf von einem Schritt oder mehreren:
- der letzte Schritt ist groß;
- bei der Vorwärtsbewegung setzt zuerst die Ferse auf dem Boden auf (Stammschritt), bei einer Rückwärtsbewegung zuerst der Vorderfuß und dann die Ferse; bei einer Seitwärtsbewegung zuerst die Innenseite (bei einem Spreizschritt) oder die Außenseite des Fußes (bei einem Kreuzschritt), dann die Ferse und die Zehen;
- Knie des Sprungbeins ist leicht gebeugt;
- zum Absprung wird das Sprungbein bis zu den Zehen gestreckt, das Knie des anderen Beines wird schnell nach vorne oben gehoben, die Arme werden nach oben gestreckt;
- nach dem Fangen des Balls in der Luft erfolgt die Landung auf einem Fuß oder auf beiden; ist der Torwart bei der Aktion nach oben oder unten gehechtet, erfolgt die Landung auf der entsprechenden Körperseite.

1

2

5

6

3

4

7

Einbeiniger Absprung

1. Letzter Schritt groß

2. Unterstützung durch das Schwungbein und beide Arme

3. Vollständiges Strecken des Absprungbeins (Spitze des Schuhs weist nach unten), Arme schräg nach vorn gestreckt

4. Blick auf den Ball, Hände geöffnet zum Ball

5. Sofort zur Brust hin ziehen

6. Ball wird umfaßt und an die Brust gedrückt

7. Sicherer Stand, dabei den Ball abschirmen

1

2

3

4

5

6

7

8

9

1

2

3

4

5

6

Stellung ändern, um eine Flanke anzunehmen. Achte auf den Kreuzschritt

7

8

Bildreihe links: Stellung ändern nach hinten. Achte auf die Seitwärts- und Beistellschritte, anschließend einbeiniger Absprung nach oben

Häufige Fehler:

- ○ Knie zu stark oder zu wenig gebeugt;
- ○ Absprung nicht kräftig genug;
- ○ unzureichendes Strecken des Knie- und Sprunggelenks;
- ○ unzureichende Unterstützung vom anderen Bein und/oder von den Armen;
- ○ beim einbeinigem Absprung: letzter Schritt zu klein.

Übungsreihe:
Aus dem Stand mit beidbeinigem Absprung aus der Ausgangsstellung:
1. auf die Beine achten; Tiefgehen und kräftiges Strecken der Hüfte, des Knie- und Sprunggelenks; bei der Landung in umgekehrter Reihenfolge;
2. das gleiche, aber unterstützt von beiden Armen; diese werden in der Vorwärtsbewegung langsam gestreckt; Hände in Fanghaltung;
3. wie Übung 2, aber den Akzent mehr auf Vorwärts-, Seitwärts- und Rückwärtsbewegung;
4. mit Ball: abwechselnd fangen und ablenken auf dem höchsten Punkt.

Aus der Bewegung oder mit einem Anlauf von einem oder mehreren Schritten:
1. das Sprungbein etwas nach vorne stellen, die Ferse setzt am Boden auf, das andere Bein als Schwungbein einsetzen und nach vorne oben reißen, die Arme unterstützen diese Bewegung; der Schwerpunkt des Körpers kommt über das Absprungbein, das Bodenkontakt hält; nur Knie- und Fußgelenk werden gestreckt;
2. wie Übung 1, aber mit Abheben vom Boden;
3. Anlauf mit einem Schritt;
4. Anlauf mit mehreren Schritten;
5. wie Übungen 1 bis 4, aber in Rückwärtsbewegung (zuerst Zehen/Ferse, dann Ferse/Zehen);
6. wie Übungen 1 bis 4, aber zuerst seitwärts einen Spreizschritt (zuerst Innenkante des Fußes, dann Ferse und Zehen) und einen Kreuzschritt nach vorn (zuerst Außenkante des Fußes, dann wieder Ferse/Zehen).
7. Übungen 3 bis 6, aber dabei Ball in der Luft ablenken, fangen oder fausten.

Hechten nach unten und oben

Kann der Torwart den Ball durch Laufen oder Springen nicht erreichen, ist ein »Hechten« erforderlich. Das sollte aber die Ausnahme sein, denn das Fallen ist für den Torwart immer nachteilig: Er kann die Kontrolle über den Ball verlieren, denn er muß ja auch sich selbst schützen. Wenn er am Boden liegt, kann er das Spiel nicht unmittelbar fortsetzen und auch andere Situationen weniger gut überblicken.
In der Methodik folgen Grundgewöhnungsübungen zur Vorbereitung aufs Hechten nach unten oder oben. Wichtig bei all diesen Übungen ist das weiche Abfangen des Körpers, das beim Rückwärts-, Seitwärts- und Vorwärtsabrollen durch die richtige runde Körperhaltung erreicht wird.

Häufige Fehler:
Bei den Grundgewöhnungsübungen:

- ○ Körper wird nicht rund gemacht;
- ○ Körper bleibt gespannt;
- ○ beim Seitwärtsrollen auf den Rükken oder Bauch drehen;

Übungsreihe:
Grundgewöhnungsübungen.
Aus dem Hockstand:
1. rückwärts rollen zum Stand;
2. rückwärts weiterrollen (ganze Drehung um die Breitachse des Körpers);
3. seitwärts rollen zum Stand;

4. seitwärts weiterrollen (Kopf gut zur Seite wegdrücken);
5. vorwärts weiterrollen; über die linke und rechte Schulter eine Rolle vorwärts;
6. alle Rollen 1 bis 5 hintereinander, danach abwechselnd;
7. für die Methodik beim Hechten nach unten und oben siehe S. 31.

Täuschbewegungen mit dem Körper

Um den Gegner zu verwirren, täuscht der Torwart manchmal Bewegungen an, vor allem mit dem Oberkörper und den Armen. Möglicherweise reagiert der Gegner und schießt den Ball in die für den Torwart günstige Richtung. Solche Finten können nützlich sein bei Strafstößen und in Spielsituationen, wenn ein Gegner allein auf den Torwart zukommt.

Beschreibung der Technik:
Meist wird folgende Täuschbewegung gemacht:
○ Oberkörper neigt zur Seite; so entsteht der Eindruck, der Torwart konzentriere sich darauf, vor allem diese Seite zu verteidigen;
○ danach wird der Körper schnell zur anderen Seite geneigt, und zwar in dem Moment, wenn der Gegner zum Schuß ansetzt;
○ da dies von den Gegnern manchmal durchschaut wird, werden hin und wieder auch doppelte Täuschbewegungen gemacht: zuerst nach links, dann nach rechts, und schließlich schnell wieder nach links.

Übungsreihe:
1. Trainer schießt Elfmeter; der Torwart macht zunächst nur eine Täuschbewegung;

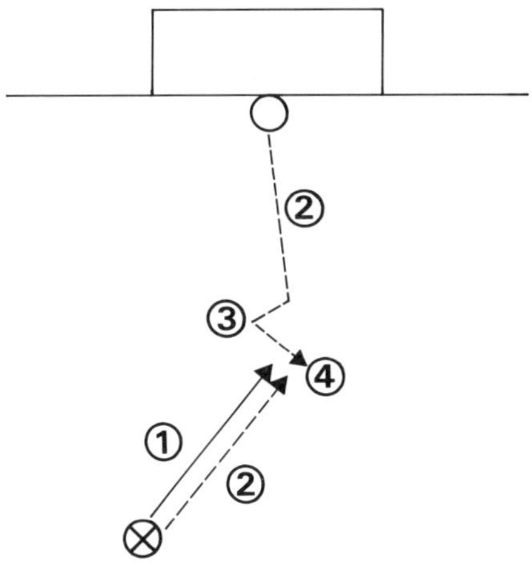

2. das gleiche, aber mit einer doppelten Täuschbewegung;
3. der Trainer spielt ruhig den Ball vor sich, der Torwart macht sich kleiner und dann eine Täuschbewegung nach links und rechts, um sich im Augenblick des Schusses in die andere Richtung zu stürzen.
① = Ball vor sich
② = Lauf nach dem Ball
③ = Täuschbewegung
④ = Schuß, Torwart wirft sich vor den Ball
4. Wie Übung 3, aber im Wettkampftempo.

Häufige Fehler:
○ zu kurze oder zu schnelle Täuschbewegungen, so daß man dem Gegner nicht die Zeit läßt, in die »Falle« zu gehen;
○ zu lange Täuschbewegung: Torwart kommt zu spät auf die andere Seite;
○ Augenblick der Bewegung zu früh oder zu spät gewählt;
○ Torwart verliert durch die Bewegung seine Ausgangsstellung (zu breiter oder zu enger Grätschstand, gestreckte Knie).

Technik mit Ball

Das Fangen des Balls

Der Torwart muß einen Ball, der auf ihn zukommt, immer so halten, daß dieser in seinem Besitz bleibt. Ist der Ball in seinen Händen, oder hält er ihn an seinem Körper fest, kann die gegnerische Mannschaft kein Tor erzielen. Es gibt drei Fangtechniken, die von der Höhe des ankommenden Balles abhängig sind: mit den Händen unten fangen, mit den Händen oben fangen oder vor dem Bauch/der Brust fangen.

Mit den Händen unten fangen
Bälle unterhalb der Schulter und oberhalb der Knöchel: Die Hände müssen dem Ball immer entgegenkommen, die Finger weisen schaufelförmig nach seiner Unterseite. Die kleinen Finger liegen nahe beieinander, und die Finger sind gespreizt. Beim ersten Kontakt mit den Fingerspitzen umschließen die Hände mit den Daumen an den Seiten den Ball. Darauf machen die Arme eine mitgehende Bewegung, wodurch dem Ball die Fahrt genommen wird. Zum Schluß wird der Ball zum Bauch/ zur Brust hochgenommen und »umarmt«.

Die Fangstellung mit den Händen nach unten

Häufige Fehler:
- ○ Hände gehen dem Ball nicht entgegen;
- ○ Finger sind gestreckt und gespannt, so daß ein sanftes Annehmen nicht möglich ist;
- ○ nicht die Fingerspitzen, sondern die Handflächen erreichen als erste den Ball, so daß der leicht wegspringen kann;
- ○ Hände nicht hinter dem Ball, sondern daneben; der Ball kann durch die Hände gleiten;
- ○ Ball wird nicht zum Bauch/zur Brust genommen, so daß bei Körperkontakt mit einem Gegner der Ball leicht losgelassen werden kann.

Mit den Händen oben fangen
Bälle in Schulterhöhe und darüber: Hände gehen dem Ball entgegen, die Finger sind gespreizt, die Daumen weisen zueinander und müssen hinter den Ball gebracht werden. Die Fingerspitzen berühren zuerst den Ball, danach sorgen die Arme für eine nachgebende Bewegung, wodurch der Ball gebremst wird. Die Handgelenke sind immer gestreckt, man darf sie auf keinen Fall handrückenwärts abbeugen. Ist der Ball sicher gefangen, zum Bauch/zur Brust herannehmen und umfassen.

Die Fangstellung mit den Händen nach oben

Häufige Fehler:

- ○ Hände gehen nicht dem Ball entgegen (Arme nicht gestreckt);
- ○ Hände nicht hinter, sondern neben dem Ball, der dann meist durch die Hände gleitet;
- ○ erster Kontakt mit den Handflächen und nicht mit den Fingerspitzen, so ist ein Fangen nicht möglich;
- ○ Finger nicht entspannt und Hand nicht schaufelförmig, sondern gespannt und gestreckt: Ball kann abprallen;
- ○ Handgelenke handrückenwärts gebeugt: Ball kann über die Hände rutschen;
- ○ Ball wird nicht zum Bauch/zur Brust gezogen und wird bei Körperkontakt mit dem Gegner losgelassen.

Vor dem Bauch/der Brust fangen

Bälle zwischen Hüfte und Schulter: können unmittelbar zum Körper genommen werden. Das Annehmen vor dem Bauch ist dem vor der Brust vorzuziehen. Das Brustbein ist hart, und der Ball kann ins Feld zurückprallen, wenn er nicht gleich festgehalten werden kann.

Das Umfassen des Balls

Beschreibung der Technik:

Der Ball kommt auf den Körper zu: Oberkörper beugt sich möglichst weit über den Ball nach vorn, die Ellbogen sind gebeugt; die Unterarme und die geöffneten Hände umschließen den Ball (siehe Bildreihe S. 24).

Das Fangen vor dem Bauch/der Brust

Häufige Fehler:

- ○ Ball am Brustbein abprallen lassen;
- ○ nicht über den Ball beugen; der Ball springt ins Feld zurück, wenn er nicht umfaßt werden kann; wird der Oberkörper nach vorn gebeugt, bleibt der Ball, wenn er losgelassen wird, doch in der Nähe des Torwarts liegen und kann evtl. im Nachfassen unter Kontrolle gebracht werden;
- ○ mit einer Hand über und der anderen unter dem Ball fassen (Abb. links).

Unten: Das Fangen des Balls vor Bauch bzw. Brust

1 2 3 4 5

Aufnehmen

Bälle, die am Boden auf den Torwart zurollen, können durch Aufnehmen gehalten werden. Man unterscheidet: Bälle, die gerade auf den Torwart zukommen; seitliches Aufnehmen von Bällen, die neben dem Torwart ankommen; aufnehmen (oder fangen mit den Händen unten oder stoppen mit dem Bauch/der Brust) des Balls, wobei man einem Angreifer ausweicht.

Aufnehmen von Bällen, die gerade auf den Torwart zukommen (Bildreihe S. 26)

Beschreibung der Technik:

- ○ Augen auf den Ball gerichtet;
- ○ Füße in Schulterbreite, ein Fuß wird etwas vor den anderen gestellt: Ball darf nicht durch die Beine laufen;
- ○ Gewicht auf den Fußballen;
- ○ Knie beugen, Oberkörper nach vorne;
- ○ Hände gehen geöffnet dem Ball entgegen, Finger sind gespreizt und Arme gestreckt;
- ○ im Moment des Ballkontakts muß mit den Armen eine in Richtung des rollenden Balles mitgehende Bewegung gemacht werden (um ihm die Fahrt zu nehmen), wonach der Ball zum Bauch/zur Brust hin genommen wird;
- ○ nach dem Heranziehen des Balles an den Körper wird der Kopf möglichst schnell wieder gehoben, um die Situation auf dem Spielfeld weiter zu überblicken.

Häufige Fehler:

- ○ zu weiter Grätschstand; das eine Bein steht zu weit vor dem anderen, so daß der Ball durch die Beine gleiten kann; gleichzeitig steht der Torwart dann »fest«, sollte der Ball eine andere Richtung nehmen;
- ○ Knie gestreckt und Fersen am Boden;
- ○ Oberkörper zu stark aufgerichtet;
- ○ nicht mit den Händen zum Ball;
- ○ Hände nicht hinter dem Ball, und Finger zu weit gespreizt;
- ○ erster Ballkontakt nicht mit den Fingerspitzen, sondern mit den Handflächen;
- ○ Augen sind nicht auf den Ball, sondern auf die Situation auf dem Feld gerichtet; sorge immer dafür, zuerst den Ball unter Kontrolle zu bringen.

Übungsreihe:

1. Aufnehmen eines ruhenden Balls (aus dem Stand, aber auch aus einer Bewegung auf den Ball zu);
2. Aufnehmen eines Balls, der gerollt wird:

① = Ball rollen
② = zum Ball laufen
③ = Ball aufnehmen

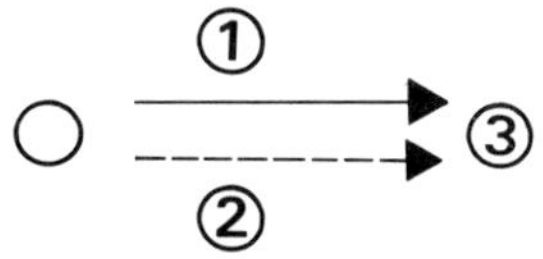

3. Aufnehmen von Bällen, die aus verschiedenen Positionen und Entfernungen auf den Torwart gespielt werden.

Bemerkung: Bei den letzten beiden Übungen muß der Ball unterschiedlich schnell gespielt werden, damit sich der Torwart daran gewöhnt, die Ballgeschwindigkeit einzuschätzen und sich für die richtige Aktion (auf den Ball zulaufen, stehenbleiben usw.) zu entscheiden.

Das Aufnehmen eines Balls, der direkt auf den Torwart zukommt

1

2

3

4

5

6

Seitliches Aufnehmen von Bällen, die neben dem Torwart ankommen
Der Torwart versucht zunächst immer, durch schnelle Beinarbeit rechtzeitig hinter den Ball zu kommen. Gelingt das, gilt die Technik des Aufnehmens von Bällen, die gerade auf ihn zukommen. Gelingt es nicht, muß er den Ball mit einer anderen Technik aufnehmen.

Beschreibung der Technik:

- im Lauf seitwärts versuchen, hinter den Ball zu kommen; bewegt man sich nach links (wie in der Bildserie auf der nächsten Seite), wird das rechte Knie nach unten gedrückt (nicht auf den Boden, weil dann die Gefahr besteht, daß es »festsitzt«!);
- der andere Fuß weist schräg nach außen, das Knie beugt sich auch in die Richtung; der Abstand zwischen den Beinen darf nicht zu groß sein, sonst könnte der Ball durchrutschen;
- Oberkörper nach vorn, Hände geöffnet zum Ball, Arme gestreckt;

Aufnehmen eines Balls, der seitlich neben den Torwart kommt

1

2

3

4

○ Hände gut hinter den Ball, die Fingerspitzen berühren den Ball zuerst;
○ nach dem ersten Ballkontakt folgt eine mitgehende Bewegung der Arme, hochnehmen zum Bauch/zur Brust hin, und schließlich festhalten; während dieser Aktion sind die Augen auf den Ball gerichtet, anschließend sofort wieder auf die Situation auf dem Spielfeld.

Häufige Fehler:
○ Körper nicht hinter dem Ball;
○ Knie fest am Boden;
○ Abstand zwischen den Beinen zu groß;
○ Oberkörper zu stark aufgerichtet;
○ Hände nicht hinter dem Ball und nicht auf ihn zu;
○ Handfläche berührt zuerst den Ball statt der Fingerspitzen;
○ Augen sind nicht auf den Ball gerichtet, sondern auf die Situation auf dem Spielfeld.

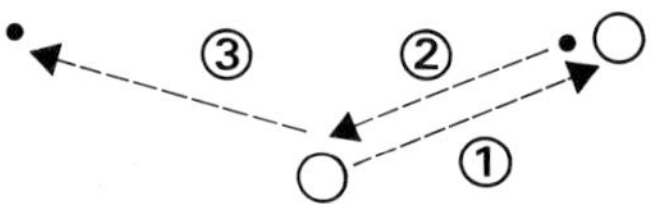

Übungsreihe:
1. ruhende Bälle links und rechts aufnehmen;
2. Aufnehmen eines rollenden Balls;

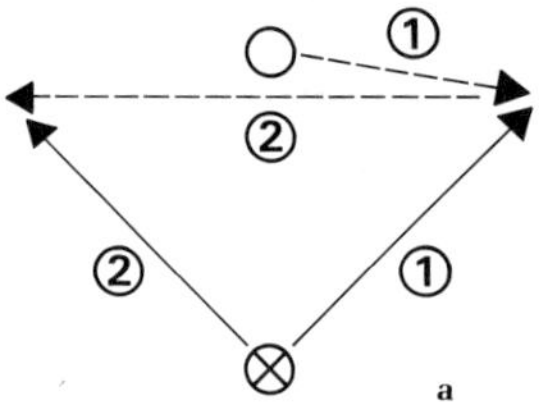

a

3. Ball wird getreten.
Bemerkung: Die Übungen 2 und 3 in unterschiedlicher Schnelligkeit, damit der Torwart auf den Ball zugehen muß.

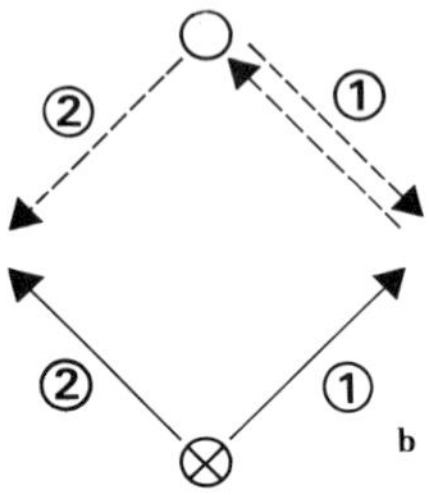

b

Aufnehmen des Balls (oder fangen mit den Händen unten oder stoppen vor dem Bauch/der Brust), wobei man einem Angreifer ausweicht
Wenn der Ball auf den Torwart zukommt und ein Gegner versucht, ihn abzufangen, ist es wichtig, daß der Torwart möglichst schnell in Ballbesitz kommt. Also auf den Ball zulaufen und versuchen, dem Angreifer auszuweichen, um unnötige Verletzungen zu vermeiden. Ist genügend Raum zwischen Torwart und Gegner, kann man einfach beiseitespringen. Ist dieser Raum nicht gegeben, muß sich der Torwart durch einen Sprung in Sicherheit bringen.

Aufnehmen und Wegspringen

Beschreibung der Technik:
Den Ball aufnehmen, Beine leicht gegrätscht, wobei das eine Bein etwas vor dem anderen steht; danach mit beiden Beinen nach links oder rechts wegspringen. Die Landung erfolgt auf einem Fuß oder auf beiden, und das Spiel kann fortgesetzt werden. Die Richtung des Wegspringens hängt vom Angreifer ab; kommt er von links,

Aufnehmen des Balls und wegspringen

1

2

3

4

5

muß der Torwart nach rechts wegspringen, bzw. umgekehrt. Kommt der Gegner gerade auf den Torwart zu, kann dieser nach links oder rechts wegspringen.

Häufige Fehler:

- ○ durch die Schnelligkeit der Aktion und/oder Angst wird der Ball nicht rechtzeitig genommen; der Torwart springt zu früh weg;
- ○ zur falschen Seite springen, wodurch es zu einem Zusammenprall kommt.

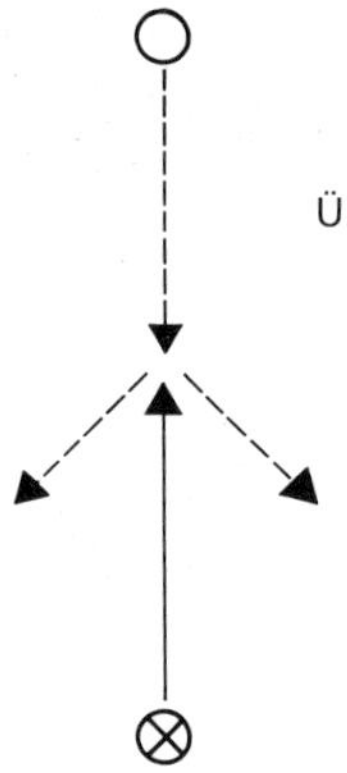

Übung 2

Übung 3

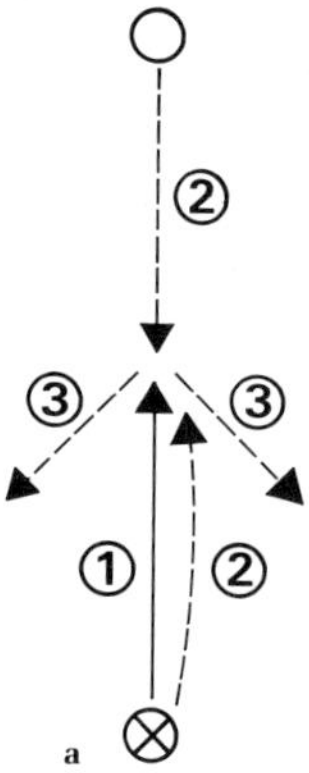

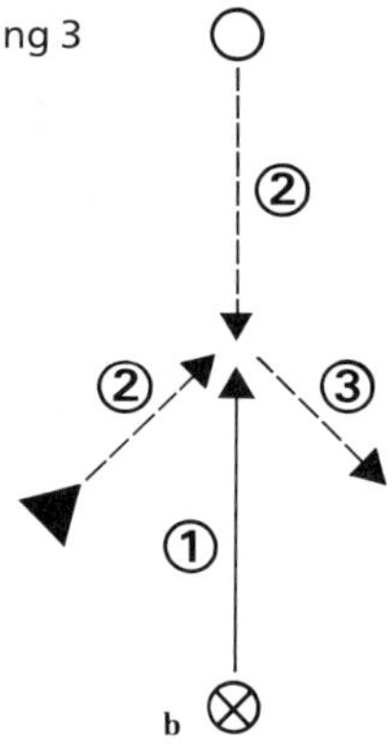

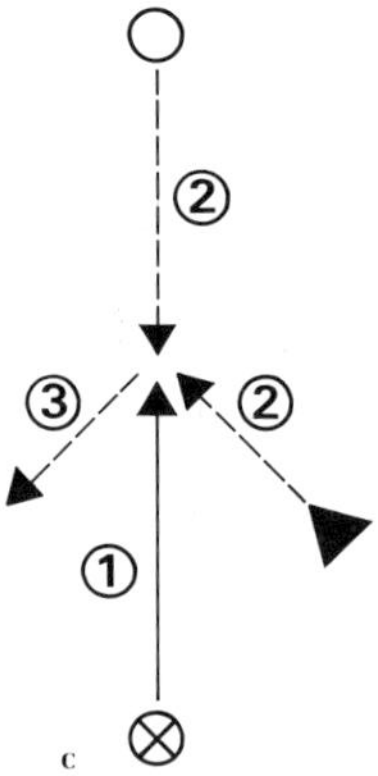

Übungsreihe:
1. ruhender Ball; Torwart läuft zum Ball, nimmt ihn auf und springt weg;
2. das gleiche, jetzt mit einem rollenden Ball;
3. wie Übung 2, jetzt mit einem Angreifer;
4. wie Übung 3, aber mit unterschiedlichen Ballgeschwindigkeiten.

Aufnehmen oder mit den Händen unten fangen oder halten vor dem Bauch/der Brust; dabei seitlich nach unten oder oben weghechten

Beschreibung der Technik:
○ Ball aufnehmen;
○ mit ein- oder beidbeinigem Absprung vorwärts nach unten oder oben hechtend dem Angreifer ausweichen;
○ nach dem »Flug« zuerst auf den Unterarmen und dem Ball landen, erst dann mit der Vorderseite des Körpers.

Häufige Fehler:
○ aufgrund der Schnelligkeit der Aktion und/oder Angst wird der Ball nicht rechtzeitig aufgegriffen, der Torwart hechtet zu früh nach unten oder oben weg;
○ zur falschen Seite nach unten oder oben weghechten;
○ der »Flug« ist im Ansatz nicht hoch genug, so daß es doch noch zu einem Zusammenprall kommt;
○ falsche Landung, indem man sich auf die Seite oder auf den Rücken dreht oder auf den Ellbogen und Knien landet.

Aufnehmen von unten und vorwärts wegspringen

1

2

3

4

5

Übungsreihe:

1. ruhenden Ball aufnehmen und nach unten oder oben weghechten;
2. rollenden Ball aufnehmen und nach unten oder oben weghechten. Hilfsmittel: Seil auf ca. 40 cm Höhe spannen, den Ball unten durchrollen, der Torwart nimmt den Ball auf, und anschließend hechtet er über das Seil;
3. wie Übung 2, aber jetzt mit einem Angreifer;
4. wie Übung 3, aber mit unterschiedlicher Ballgeschwindigkeit.

Fangen von oben

Bälle oberhalb der Schulter, die aus dem Stand oder mit einem Anlauf mit oder ohne Absprung gefangen werden:

Beschreibung der Technik:
Der Torwart muß den Ball immer am höchstmöglichen Punkt fangen.
- ○ Vor dem Körper mit zum Ball hin gestreckten Armen;
- ○ Hände geöffnet und Finger gespreizt halten;
- ○ Daumen hinter den Ball, Finger schaufelförmig um den Ball und Handgelenk gestreckt;
- ○ im Moment des Ballkontakts mit den Händen mitgehen, indem die Ellbogen gebeugt werden, anschließend den Ball zum Bauch/zur Brust ziehen;
- ○ »umfasse« den Ball.

Häufige Fehler:
- ○ Ball wird nicht vor dem Körper, sondern direkt über dem Kopf oder schräg neben dem Körper gefangen (falsches Timing);
- ○ Ball wird nicht auf dem höchsten Punkt erreicht, und die Arme sind in den Ellbogen gebeugt;
- ○ nicht die Fingerspitzen, sondern die Handflächen berühren den Ball zuerst;
- ○ Hände nicht hinter, sondern neben dem Ball;
- ○ Finger gestreckt und gespannt, statt schaufelförmig und entspannt;
- ○ Handgelenke nicht gestreckt, sondern nach hinten angewinkelt;
- ○ unzureichendes Heranziehen zum Bauch/zur Brust hin und schlechtes Umfassen.

Übungsreihe:
1. Bälle über Schulterhöhe zuwerfen; Torwart fängt sie aus dem Stand;
2. Bälle seitlich rechts und links über Schulterhöhe zuwerfen; der Torwart ändert durch schnelle Beinarbeit die Stellung und fängt die Bälle;
3. Bälle über Schulterhöhe gerade auf den Torwart zu werfen; Torwart geht entgegen und fängt;
4. Bälle auf Sprunghöhe auf den Torwart zuwerfen: Torwart springt mit beiden Beinen ab und fängt;

Von unten fangen

1

2

Von oben fangen

1

2

3

5. Bälle zuwerfen auf Sprunghöhe: Torwart nimmt Anlauf (mit einem Schritt oder mehreren), fängt den Ball auf dem höchsten Punkt seines »Fluges« und landet;
6. wie Übung 5, jetzt aber links und rechts vom Torwart;
7. das gleiche, jetzt aber über den Torwart werfen (der ändert seine Stellung nach hinten und fängt den Ball);
8. Übungen 5, 6 und 7 abwechselnd;
9. alle Bälle schießen: Volley, Dropkick, vom Boden, im Bogen oder gerade.

Fangen von Bällen unterhalb der Hüfte und oberhalb der Knöchel mit den Händen unten

Beschreibung der Technik:
Aus leichtem Grätschstand, ein Bein etwas vor dem anderen: mit gebeugten Knien und nach vorn gebeugtem Oberkörper wird der Ball wie bei der Technik Fangen mit den Händen unten angenommen, dabei dem Ball entgegengehen.

3

4

5

Häufige Fehler:
- ○ zu großer Abstand zwischen den Beinen (Ball kann durchrutschen);
- ○ gestreckte Knie;
- ○ Oberkörper gerade aufgerichtet;
- ○ Körper nicht hinter dem Ball, sondern daneben (drehen der Schulter); dadurch geht die Sicherheit verloren, falls unerwartet der Ball durch die Hände gleiten sollte;
- ○ Hände nicht hinter dem Ball, sondern an den Seiten des Balls;
- ○ Ball trifft zuerst auf die Handflächen statt auf die Fingerspitzen.

Übungsreihe:
Siehe: Stoppen mit Bauch/Brust

Fangen von Bällen unterhalb der Hüfte und oberhalb der Knöchel mit den Händen unten, dabei einem Angreifer ausweichen
Hinsichtlich der Technik, der häufigen Fehler und der Übungen siehe: Aufnehmen.

Stoppen mit Bauch/Brust von Bällen zwischen Schulter- und Hüfthöhe

Beschreibung der Technik:
Körpergewicht ruht auf den Fußballen.
- ○ Füße in Hüftbreite gegrätscht, wobei gelegentlich der eine Fuß etwas vor den anderen gesetzt wird;
- ○ Knie sind möglichst gebeugt;
- ○ Oberkörper nach vorn geneigt;
- ○ Oberarme hängen herab und weisen auf den Boden, Ellbogen sind gebeugt und Hände geöffnet;
- ○ Ball berührt den Oberkörper (am besten in der Bauchgegend) und wird fast gleichzeitig »umarmt«; die Hände und die Innenseite des Ober- und Unterarms drücken den Ball gegen den Oberkörper, der über den Ball geneigt ist.

Häufige Fehler:
- ○ auf den Fersen stehen, gestreckte Knie;
- ○ Oberkörper gerade aufgerichtet;
- ○ Arme und Hände sind nicht bewegungsbereit, also keine gebeugten Ellbogen und keine geöffneten Hände;
- ○ zu spätes Umfassen des Balls;
- ○ falsches Umfassen des Balls (die eine Hand auf und die andere unter dem Ball).

1

2

3

4

5

6

7

8

Seitwärts fallen

Übungsreihe:
Bälle werden in Höhe unterhalb der Schulter und oberhalb der Knie angespielt. Der Torwart hat die Wahl, sie mit den Händen unten zu fangen oder sie mit dem Bauch/der Brust zu stoppen.
1. Bälle auf den Körper schießen;
2. Bälle links und rechts neben den Körper schießen;
3. wie Übung 1, aber den Ball so schießen, daß er aufspringt;
4. wie Übung 2, aber auch dabei den Ball so schießen, daß er aufspringt.

Stoppen von Bällen mit Bauch/Brust, dabei einem Angreifer ausweichen
Hinsichtlich der Technik, der häufigen Fehler und der Übungen siehe: Aufnehmen.

Hechten nach unten und oben, Fallen

Wenn der Torwart den Ball nicht mit Hilfe der Beinarbeit mit oder ohne Sprung und Landung auf einem Fuß oder auf beiden erreichen kann, ist ein »Notsprung« erforderlich. Das Hechten nach unten oder oben sollte er nur als letztes Rettungsmittel betrachten.

Seitwärts abrollen
Der Torwart hält dabei fast immer mit den Füßen Kontakt zum Boden, bevor er sich zur Seite des Körpers abrollt.

Beschreibung der Technik:
Der Torwart fängt den Ball (mit den Händen oben, stoppen mit Bauch/Brust, aber manchmal auch mit den Händen unten); danach rollt er sich über die ganze Seite des Körpers ab (Fuß, Unterschenkel, Knie, Oberschenkel, Hüfte, einen Teil des Oberarms, die Schulter und manchmal sogar die Seite des Kopfes). Wichtig beim Fangen mit den Händen oben und unten ist, daß der Ball während des Fallens zum Bauch/zur Brust hin gezogen wird und die Ellbogen vor dem Körper zusammengenommen werden.

Häufige Fehler:
○ nicht über die Seite abrollen, sondern auf den Bauch oder Rücken drehen;
○ Ellbogen zum Boden hin statt am Körper (Verletzungsgefahr!);
○ Körperseite wird nicht rund gemacht; er kann nicht abrollen, sondern fällt wie ein Stock;
○ beim Fangen mit den Händen oben: Hände gehen nicht dem Ball entgegen; Hände nicht hinter dem Ball, sondern an seinen Seiten; Ball nicht zur Brust hin ziehen, sondern auf den Boden drücken (Gefahr des Wegspringens) oder in Fangstellung mit den Händen oben halten.

Übungsreihe:
1. Gewöhnungsübungen (siehe S. 40 f.).
Allein mit Ball:
2. Ball in Fangstellung mit den Händen oben etwas neben dem Körper halten und während des Seitwärtsrollens zur Brust holen: aus dem Sitz mit leicht angezogenen Beinen; aus dem Kniestand; aus dem Hockstand; aus dem Stand; aus dem Stand, aber zuerst einen Schritt oder mehrere seitwärts; jeweils wie vorher, aber jetzt erst selbst den Ball hochwerfen.
Zu zweit mit Ball:
3. Bälle werden oberhalb der Hüfte angeworfen: aus dem Sitz mit leicht angezogenen Beinen; aus dem Kniestand; aus dem Hockstand; aus dem Stand; aus dem Stand, aber nach einigen Schritten seitwärts; wie vorher, aber jetzt den Ball auf den Bauch/die Brust anspielen; wie vorher, aber jetzt die Bälle schießen.

Rückwärts fallen mit einer halben Drehung um die Längsachse

1

2

3

4

5

6

Rückwärts fallen

Es kann passieren, daß der Torwart rückwärts laufend den Ball fängt und danach zu Fall kommt. Dann gibt es zwei Möglichkeiten: entweder im Fallen eine halbe Drehung um die Längsachse machen und dann vorwärts landen (siehe hinsichtlich der Technik, der häufigen Fehler und der Übungen auch das Hechten vorwärts) oder rückwärts fallen.

Beschreibung der Technik:

- ○ nach dem Fangen des Balls diesen zum Bauch/zur Brust hin ziehen;
- ○ auf die Fersen absetzen und den Rücken rund machen;
- ○ abhängig von der Wucht des Falls kann der Torwart danach ganz durchrollen oder wieder zurückrollen.

Häufige Fehler:

- ○ Ball wird nicht zur Brust genommen;
- ○ Gesäß wird nicht an die Fersen gebracht, so daß man hart absitzt, was schmerzlich und gefährlich sein kann;
- ○ Oberkörper bleibt gestreckt und wird nicht rund gemacht.

1

2

3

4

5

6

7

8

Rückwärts fallen

Übungsreihe:
1. Gewöhnungsübungen (siehe S. 40f.).
Allein mit Ball:
2. Ball über oder schräg hinter dem Kopf halten und während der Übung zum Bauch/zur Brust hin ziehen: aus dem Hockstand rückwärts rollen und zurück; jetzt dabei weiterrollen; dann aus dem Stand; aus dem Stand, aber jetzt weiterrollen;
3. Ball selbst nach hinten hochwerfen, fangen, heranziehen und abrollen.
Zu zweit mit Ball:
4. Ball oberhalb des Kopfes und etwas weiter zuwerfen: aus dem Sitz; aus dem Hockstand; aus dem Stand.

Vorwärts hechten (fallen)
Häufig bei Bällen, die knapp über dem Boden auf den Torwart zukommen oder bei aufspringenden Bällen, die dann durch ein Fallen nach vorn gehalten werden müssen.

Beschreibung der Technik:
- auf den flach ankommenden Ball zugehen;
- wenn die Fingerspitzen den Ball berühren, ihn zum Bauch/zur Brust hin nehmen und gleichzeitig vorwärts fallen;
- bei Bällen direkt auf den Körper fällt der Torwart nach vorne, während er den Ball umfaßt;
- die Landung erfolgt auf den Unterarmen, der Aufprall wird mit Hilfe der Unterarme und der Elastizität des Balles abgefangen;
- Ball ist dann zwischen Armen, Händen, Bauch bzw. Brust und Boden eingeklemmt.

Immer darauf achten, daß die Fußsohlen vorne am Boden bleiben; wird der Ball losgelassen, kann sich der Torwart schneller wieder vom Boden abdrücken und nachgreifen.

Häufige Fehler:
- auf den Ellbogen landen;
- Beine in Kniehöhe gebeugt.

Übungsreihe:
Allein mit Ball:
1. Ball an der Brust nach vorn fallen: aus dem Kniestand; aus dem Hockstand; aus dem Stand.
2. Ball hochwerfen, an die Brust nehmen und nach vorn fallen: aus dem Kniestand;aus dem Hockstand; aus dem Stand.
3. Ball liegt vorne auf dem Boden; aufgreifen, an die Brust nehmen und nach vorn fallen: aus dem Kniestand; aus dem Hockstand; aus dem Stand.
Zu zweit mit Ball:
4. Ball wird direkt auf den Bauch/die Brust zugeworfen, Ball umfassen und nach vorn fallen: aus dem Kniestand; aus dem Hockstand; aus dem Stand.
5. Ball auf den Torwart zuwerfen; dieser fängt den Ball, zieht ihn zum Bauch/zur Brust hin und fällt nach vorn: aus dem Kniestand; aus dem Hockstand; aus dem Stand.
6. Ball flach über dem Boden zuspielen; Torwart greift den Ball auf, klemmt ihn an die Brust und fällt nach vorn: aus dem Kniestand; aus dem Hockstand; aus dem Stand.

Vor dem Torwart aufspringende Bälle
Drei Möglichkeiten, den Ball anzunehmen:
- Hände wenn möglich kurz vor dem Aufspringen unter den Ball bringen, danach zum Bauch/zur Brust hin ziehen; gleichzeitig deckt der Oberkörper den Ball ab;
- im Moment, wenn der Ball den Boden berührt, oder kurz darauf, die Hände auf den Ball, dann den Ball zum Bauch/zur Brust hin ziehen, wobei zugleich der Oberkörper den Ball abdeckt;

Übungen fürs Fallen und Hechten nach unten und oben

Grundübung: Rollen rückwärts

Grundübung: Rollen seitwärts

Seitwärts fallen aus dem Sitz

Seitwärts fallen aus dem Kniestand

Seitwärts fallen aus dem Stand

Selbst den Ball zwischen den Beinen durchrollen und seitwärts hechten

Seitwärts hechten aus dem Knien auf einem Bein

Seitwärts hechten aus dem Stand

Seitwärts nach oben hechten aus dem Hockstand

Seitwärts nach oben hechten von einem Fuß und Knie aus

Vorwärts fallen.

1

2

3

4

5

6

Fangen des Balls und gleichzeitig den Boden berühren

1

2

3

4

○ der Ball springt auf dem Boden auf, und kurz darauf greifen die Hände (in Fangstellung mit den Händen unten) den Ball auf (wie beim Dropkick); danach den Ball umfassen und über den Ball fallen.

Welche der drei oben genannten Möglichkeiten man anwendet, hängt ab vom Ort (Entfernung zwischen Torwart und Ball), wo der Ball den Boden berührt. Am sichersten ist die erste Methode, danach die zweite, und schließlich die dritte.

Übungsreihe:
1. Bälle werfen, die kurz vor dem Aufspringen gefangen werden können;
2. gleichzeitig mit dem Aufspringen oder kurz danach gefangen werden können;
3. wie ein Dropkick mit den Händen gehalten werden müssen;
4. Übungen 1 bis 3 abwechselnd.
Gestaltung der Übungen 1 bis 3: aus dem Kniestand; aus dem Hockstand; aus dem Stand.
5. Aus dem Stand die Bälle »an«-schießen.

Das Fangen des Balls, kurz nachdem er aufgesprungen ist (Dropkick)

1

2

3

4

5

Bälle unterhalb der Hüfte, knapp neben dem Körper

Oft kommt ein hart geschossener Ball auf den Torwart knapp seitlich unterhalb der Hüfte zu. Meist hat er nicht mehr die Zeit, schnell seine Fußstellung so zu ändern, daß er (die Beine) hinter den Ball kommt. Dann muß er auf andere Weise den Oberkörper möglichst hinter den Ball bringen.

Beschreibung der Technik:
- aus der Ausgangsstellung das Bein der Seite, auf der der Ball kommt, vor dem anderen Bein vorbeischwingen;
- gleichzeitig läßt man sich auf die Seite fallen, Muskulatur anspannen;
- der Ball wird vom Oberkörper blokkiert und sofort mit beiden Armen umfaßt;
- der Körper liegt seitlich mit Hüfte, Oberkörper, Schulter und Oberarm am Boden auf.

Häufige Fehler:
- beide Beine statt nur eines seitlich wegschwingen;
- Bein hinter statt vor das Standbein schwingen;
- Beinschwung zu schwach;
- Bauchmuskulatur nicht gespannt;
- Körper nicht hinter dem Ball, sondern auf oder über dem Ball;
- nicht seitlich, sondern auf dem Bauch landen.

Übungsreihe:
Allein mit Ball:
1. Ball liegt ruhig auf dem Boden, etwa 10 cm vor oder neben den Füßen des Torwarts; Bein vor das andere schwingen, fallenlassen und Ball festhalten.

Zu zweit mit Ball:
2. Ball wird unterhalb der Hüfte zugeworfen, sonst wie 1.
3. Torwart im Stand; Bälle werden jetzt geschossen.

Seitwärts nach unten hechten
Nach Bällen unterhalb der Hüfte, die nicht in Reichweite des Torwarts sind, muß nach unten gehechtet werden.

Beschreibung der Technik:
- aus der Ausgangsstellung, falls notwendig, einen Schritt oder mehrere zur Seite machen;
- etwas mehr in die Knie gehen (Schwerpunkt des Körpers nach unten verlagern), Oberkörper dicht über dem Boden seitwärts bewegen (abhängig von der Spielfeldbeschaffenheit möglicherweise sogar etwas rutschen), seitlich landen und den Ball halten;
- Ball kann mit dem Bauch/der Brust gestoppt werden;
- ist der Ball so weit entfernt, daß er nur noch über dem Kopf mit der Hand erreicht werden kann: eine Hand hinter den Ball, mit der anderen von oben auf den Boden drükken;
- wenn der Ball höher kommt, muß er von oben mit den Händen gefangen und dann zum Bauch/zur Brust hin gezogen werden; die Landung erfolgt auf der ganzen Seite des Körpers.

Häufige Fehler:
- über den Ball hechten aufgrund einer zu hohen Ausgangsstellung und statt einer geraden Gleitbewegung ein bogenförmiger Hechtsprung. Hilfsübung: Zwischen zwei Pfosten ein Seil in Hüfthöhe spannen; die Bälle flach hereinspielen, der Torwart muß jedes Mal unter dem Seil durchhechten;
- auf den Bauch hechten, wodurch der Ball leichter unter dem Körper durchgleiten kann;
- auf den Ball fallen, statt den Körper hinter dem Ball zu halten;
- Hand (Hände) nicht schnell genug hinter dem Ball, weil man von oben nach unten schlägt, statt direkt und gerade auf den Ball zu;
- ungenügender Absprung, weil Knie, Fußgelenk und Fuß nicht gut gestreckt werden;
- schräg rückwärts oder vorwärts statt geradlinig seitwärts hechten.

Flacher Ball, etwas seitlich vom Körper

1

2

3

4

5

6

7

Übungsreihe:
Allein mit Ball:
1. Ruhender Ball schräg vor dem Körper; nach dem Ball hechten (Bauch/Brust hinter den Ball oder eine Hand hinter und eine auf den Ball); den Ball zum Bauch/zur Brust hin ziehen.
Aus folgenden Ausgangsstellungen: ein Knie und ein Fuß am Boden, der Ball neben dem Knie, das den Boden berührt;
aus dem Hockstand;
aus dem Stand.
2. Rollender Ball; Ball immer schräg seitlich vor den Körper rollen, Torwart hechtet und hält (am Bauch/an der Brust oder eine Hand hinter und die andere auf dem Ball); falls nötig, den Ball heranziehen.
Ausgangsstellung Grätschstand, wobei der eine Fuß etwas vor dem anderen steht: Ball von innen nach außen rollen und umgekehrt; dann immer etwas kräftiger und weiter rollen (Beinarbeit muß vorausgehen).
Zu zweit mit Ball:
3. Bälle unterhalb der Hüfte anspielen, auf den Körper oder weiter weg (je nach dem, was man üben will); der Torwart hechtet nach unten und hält den Ball.
Ausgangsstellungen:
Kniestand, ein Bein aufgestellt (Bälle an die Seite spielen, wo das Knie am Boden stützt); Hockstand; Stand.

Vorwärts hechten
Die Technik wird meist in Situationen angewendet, in welchen der Ball vor dem Torwart liegt oder vom Torwart wegrollt.

Beschreibung der Technik:
○ Torwart geht gerade auf den Ball zu;
○ Hände so schnell wie möglich auf den Ball und Handhaltung wie beim Fangen oben;
○ Ball wird zum Bauch/zur Brust gezogen;
○ Oberkörper liegt auf dem Ball, der übrige Körper ist gestreckt, Fußspitzen nach unten am Boden.

Häufige Fehler:
○ nicht in einer geraden Linie, sondern im Bogen zum Ball bewegen (erfordert Zeit, Ball kann weiterrollen, und der Gegner kommt möglicherweise noch an den Ball);
○ Hände nicht um und über den Ball, sondern dahinter; dadurch wird der Ball unter Umständen nach vorne weggeschoben;
○ nicht zum Bauch/zur Brust ziehen;
○ Zehen nicht am Boden, sondern zu den Knien hin angezogen.

Übungsreihe:
Allein mit Ball:
1. Ruhender Ball: Torwart hechtet zum Ball, Hände um den Ball und zum Bauch/zur Brust hin ziehen; aus dem Kniestand; aus dem Hockstand; aus dem Stand.
2. Ball in Bewegung: Übungen aus den drei Stellungen, aber den Ball jetzt vor dem Körper wegrollen; dann den Ball nach hinten durch die Beine rollen.
Zu zweit mit Ball:

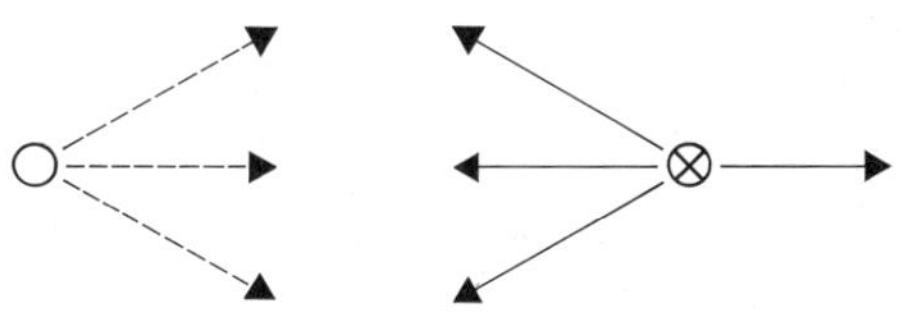

3. Trainer rollt den Ball nach rechts, links, vor und hinter den Torwart; dieser hechtet nach dem Ball.

Seitwärts nach unten hechten

1

2

3

6

7

Rückwärts hechten

Im Grunde dieselbe Technik wie beim Hechten vorwärts; nur ist hierbei der Stand von vornherein anders; der Torwart steht mit dem Rücken zum Ball, den er halten soll.

Beschreibung der Technik:
Steht der Torwart mit dem Rücken zum Ball, hat er zwei Möglichkeiten:
- ○ er dreht sich ganz um und hechtet dann vorwärts nach dem Ball;
- ○ er wendet zuerst den Kopf, springt ab und dreht im Flug den Körper, um den Ball zu fangen.

Welche Methode im Spiel gebraucht wird, ist abhängig von der zur Verfügung stehenden Zeit. Im übrigen gelten die Dinge, die auch beim Hechten vorwärts gesagt worden sind. Bei den folgenden Abschnitten, in denen die häufigen Fehler und Übungen aufgeführt werden, wird von der zweiten Möglichkeit ausgegangen.

4

5

8

9

Häufige Fehler:
- ○ nach unten hechten ohne Blick auf den Ball (also mehr gefühlsmäßig); zuerst den Kopf wenden, Blick auf den Ball, anschließend der Absprung und die übrige Bewegung;
- ○ ein bogenförmiger Hechtsprung, wodurch Zeitverlust entsteht und der Gegner den Ball noch erreichen kann;
- ○ ferner die gleichen Fehler wie beim Hechten vorwärts.

Übungsreihe:
Allein mit Ball:
1. Ruhender Ball: wenden des Kopfes, Absprung, Drehung um die Längsachse des Körpers und halten des Balls; aus dem Hockstand; aus dem Stand.

1

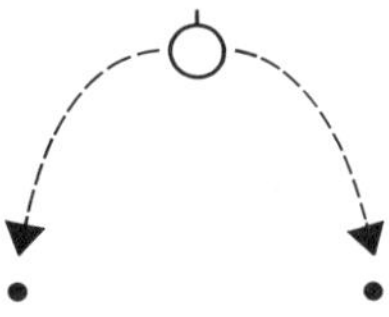

2

Vorwärts hechten

1

2

3

4

5

6

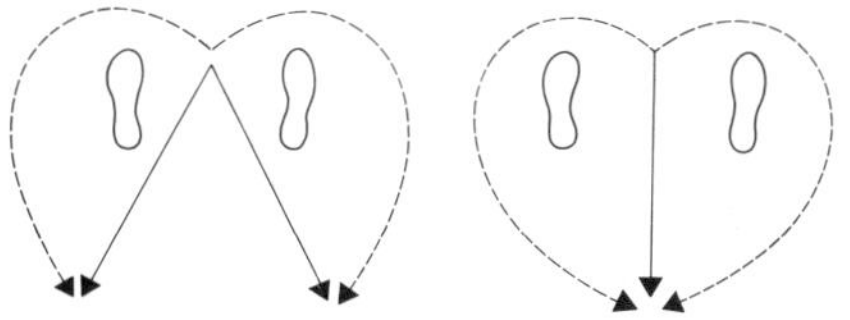

1 2

2. Ball in Bewegung: Ball durch die Beine rollen, Kopf wenden, Absprung, Drehung um die Längsachse des Körpers und halten des Balls; anfangs den Ball langsamer, später schneller rollen.
Zu zweit mit Ball:
3. Ball durch die Beine spielen, Torwart wendet sich, springt ab und hält.

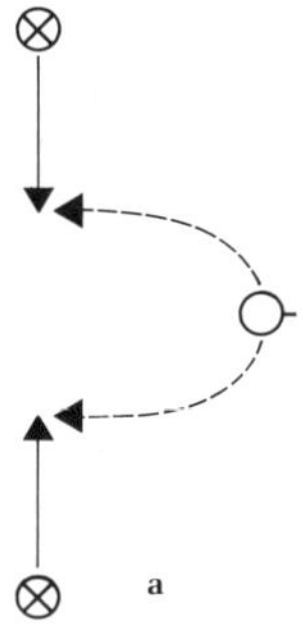

a

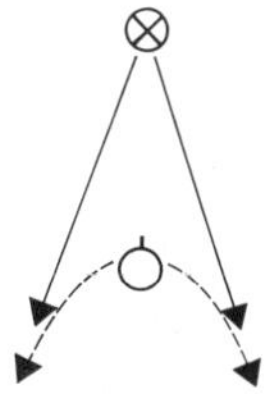

b

Seitwärts nach oben hechten

Man muß nach oben hechten bei Bällen, die außerhalb der Reichweite der Arme und oberhalb der Hüfte ankommen. Meist wird der Torwart einen Schritt oder mehrere auf den Ball zu machen müssen, bevor er abspringt. Es entsteht eine Flugphase, die länger dauert als beim Hechten nach unten; nach dem Flug erfolgt die Landung nicht auf den Füßen.

Beschreibung der Technik:
○ aus der Ausgangsstellung einen oder mehrere Schritte seitlich machen;

1

2

3

Seitwärts nach oben hechten

1

2

3

4

5

6

7

8

9

○ der letzte Schritt ist groß und schräg nach vorn bzw. seitwärts;
○ das Absprungbein wird gebeugt, anschließend werden Knie- und Sprunggelenk kräftig gestreckt;
○ fast gleichzeitig wird das andere Bein mit angewinkeltem Knie aktiv hochgezogen, auch das Hochnehmen der gebeugten Arme unterstützt den Absprung in die beabsichtigte Richtung;
○ darauf löst sich der Körper vom Boden und beginnt zu »fliegen«;
○ während dieser Flugphase muß der Ball gefangen werden; darauf erfolgt die Landung;
○ oft wird mit dem Ball (oder den Händen) der erste Kontakt mit dem Boden wiederhergestellt;
○ der Aufprall des Körpers wird abgefangen, indem sich zunächst die Arme beugen und nacheinander Ellbogen, Schulter, Oberkörper, Hüfte bis zu den Füßen am Boden aufkommen;
○ ist der Ball sicher in den Händen des Torwarts, muß er ihn zum Bauch/zur Brust hin ziehen;
○ abhängig von seiner Geschwindigkeit wird sich der Torwart noch einige Male um seine Längsachse rollen, um den Fall abzufangen;
○ bei Bällen unterhalb der Schulterhöhe kann es passieren, daß der Torwart gleich auf der ganzen Körperseite landet.

Häufige Fehler:
○ der letzte Schritt ist zu klein und seitwärts oder rückwärts, statt schräg nach vorn und groß;
○ Knie des Absprungbeins ist nicht ausreichend gebeugt;
○ das Absprungbein wird nicht ganz gestreckt: Knie- und Sprunggelenk sind noch gebeugt beim Abheben des Körpers vom Boden;
○ keine aktive Unterstützung vom anderen Bein und beiden Armen;
○ siehe alle Fehler beim Fangen oben und Ablenken;
○ Ballverlust nach dem ersten Kontakt mit dem Boden aufgrund falscher Handhaltung;
○ bei der Landung ist der Körper gespannt und kerzengerade, statt entspannt und gerundet;
○ Landung auf dem Bauch; dadurch ist das Abrollen unmöglich (Verletzungsgefahr).

Übungsreihe:
1. Ball wird vom Trainer etwas über Hüfthöhe gehalten, Torwart hechtet nach oben: aus dem Hockstand; aus dem Stand; nach einigen Schritten seitwärts.
2. Ball wird oberhalb der Hüfte zugespielt, Torwart hechtet nach oben: aus dem Hockstand; aus dem Stand; nach einigen Schritten seitwärts.
Bemerkung: Die beschriebenen Techniken des Fallens und Hechtens nach unten und oben sind nicht etwas absolut Gegebenes; oft wird das eine ins andere übergehen. Es ist jedoch sinnvoll, die Unterschiede deutlich aufzuzeigen und zu trainieren, was im besonderen für die Ausbildung der jungen Torhüter gilt.

Vor die Füße werfen

Es gibt Situationen, in denen sich der Torwart vor die Füße eines Gegners werfen muß; manchmal ist damit noch eine mehr oder weniger lange Rutschphase verbunden. Oft ist das Werfen vor die Füße des Gegners notwendig, wenn sich der Angreifer den Ball zu weit vorgelegt hat. Der Torwart stoppt den Ball in dem Moment, in dem der Spieler zum Schuß ansetzt (wie beim

Vor die Füße werfen

1

2

3

4

5

6

Blocktackling). Beide berühren den Ball gleichzeitig bzw. der Torwart kurz nach dem Schuß des Gegners.
Wenn der Torwart vor die Füße des Gegners rutscht, gleitet er meist über den Boden oder ein wenig darüber auf den Ball zu, den sich der Gegner zu weit vorgelegt hat, oder kurz bevor der Spieler zum Schuß ansetzt. Mit beiden Aktionen sind Risiken verbunden. Wichtig ist, daß der Torwart in Ballbesitz kommt und seinen Körper vor Verletzungen schützt.

Werfen ohne Rutschen

Beschreibung der Technik:
○ der Torwart wirft sich aus dem Stand oder nach wenigen Schritten auf den Ball vor die Füße des Gegners (am Boden oder auch in der Luft);
○ die Hände halten den Ball fest;
○ kommen Fuß des Angreifers und Hände des Torwarts gleichzeitig zum Ball, spricht man von einem »Blocktackling«; dann entscheidet die Schußkraft des Stürmers bzw. die Arm- und Handkraft des Torwarts über den Ausgang des Duells;
○ wichtig ist eine gute Handstellung (siehe: mit den Händen oben fangen), wobei die Arme nicht zu nahe am Kopf bzw. am Körper sein dürfen; die Ellbogen müssen ein wenig gebeugt werden;
○ nach dem Stoppen des Balls muß er zum Bauch/zur Brust hin gezogen werden.

Ist der Torwart zu spät gekommen, hat also der Angreifer schon geschossen, ist unter Umständen eine der Techniken des Hechtens erforderlich.

Häufige Fehler:
○ Torwart wirft sich zu spät oder zu früh vor die Füße des Gegners;
○ Hände nicht fest genug am Ball;
○ Handstellung falsch: nicht hinter dem Ball, so daß dieser durch die Hände gleiten kann;
○ Hände zu nahe am Kopf und am Körper (Verletzungsgefahr).

Übungsreihe:
Zu zweit mit einem Ball:
1. ruhender Ball zwischen dem Trainer und dem auf der Seite liegenden Torwart: Trainer schießt und Torwart stoppt;
2. wie Übung 1, aber jetzt legt der Trainer den Ball etwas weiter vor;
3. wie Übung 2, aber der Torwart läßt sich aus dem Sitz zum Ball hinfallen;
4. wie Übung 3, aber Torwart aus dem Kniestand;
5. das gleiche aus dem Hockstand;
6. das gleiche aus dem Stand;
7. Trainer dribbelt, legt sich den Ball etwas zu weit vor, und im Moment des Schusses wirft sich der Torwart auf den Ball.

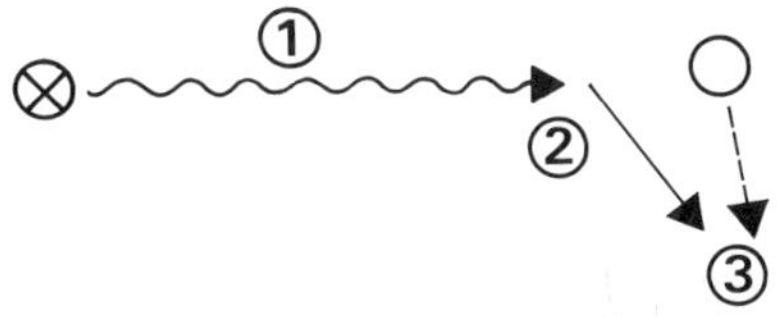

① = Dribbling
② = Ball zu weit vorgelegt
③ = Blocktackling

8. Trainer wirft den Ball hoch gerade an und läßt ihn auf dem Boden aufspringen; der Torwart wirft sich auf den Ball, gleichzeitig versucht der Trainer zu schießen; Vorsicht! Das ist nicht ungefährlich – auch für den Trainer;
9. das gleiche, aber jetzt wirft der Trainer den Ball schräg an, bevor er aufspringt.

10. Trainer spielt den Ball einem Angreifer flach in den Lauf, der Torwart läuft heraus;

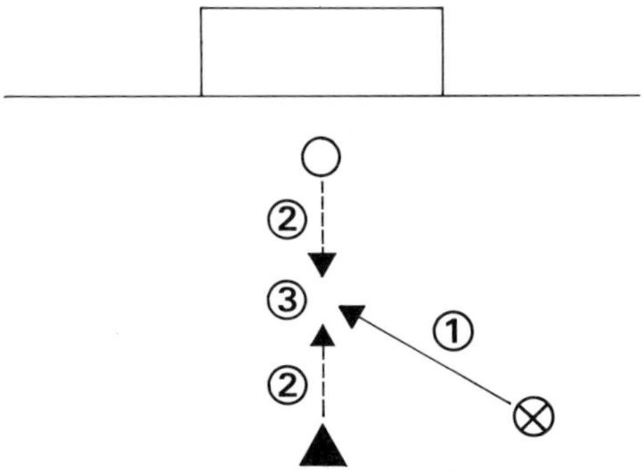

① = Trainer spielt den Ball
② = Torwart und Spieler laufen los
③ = Torwart wirft sich auf den Ball und Spieler schießt;

11. wie Übung 10, aber der Trainer spielt nun einen hohen Ball, der genau im Treffpunkt von Torwart und Spieler aufspringt.

Werfen mit Rutschen

Beschreibung der Technik:
- ○ der Torwart bewegt sich zunächst schnell auf den ankommenden Angreifer bzw. Ball zu;
- ○ dann rutscht er in ganzer Länge quer zur Richtung des Balles vor den Ball;
- ○ während der Rutschbewegung muß er den Ball mit dem Oberkörper (Bauch/Brust) abfangen;
- ○ Ball an die Brust ziehen und umfassen, Unterarme zeigen nach vorne und schützen Ball und Körper;
- ○ Vorsicht! Kopf einziehen.

Häufige Fehler:
- ○ Moment des Rutschens zu früh oder zu spät;
- ○ ungenügende Beinarbeit, meist zu zögernd;
- ○ nicht zum Ball rutschen, sondern einen Hechtsprung machen: Ball kann unter dem Körper durchgleiten;
- ○ nicht in der ganzen Körperbreite vor dem Ball, sondern z. B. mit vorgestreckten Füßen (Angst!);
- ○ der obere Unterarm bietet keinen Schutz;
- ○ Kopf wird nicht eingezogen.

Übungsreihe:

1. Allein mit ruhendem Ball:

① = Anlauf
② = Absprung
③ = Rutschen
④ = Abfangen des Balls

2. Allein mit ruhendem Ball:

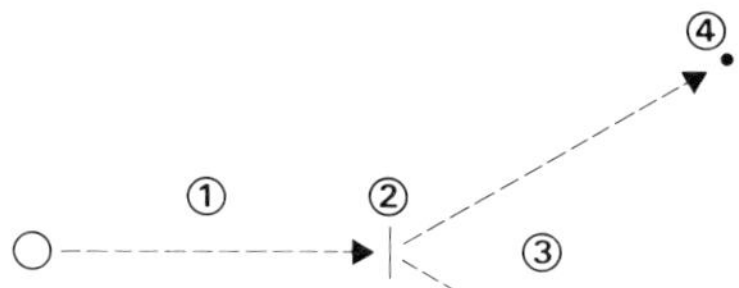

① = Anlauf
② = Absprung
③ = Rutschen
④ = Abfangen des Balls

3. Zu zweit mit angespieltem Ball:

① = Ball wird gespielt
② = Anlauf
③ = Absprung
④ = Rutschen
⑤ = Abfangen des Balls

Werfen und zum Ball rutschen

1

2

3

4

5

6

4. wie Übung 3, jetzt aber Bälle nach rechts und links anspielen
5. Trainer, Torwart und ein Angreifer:

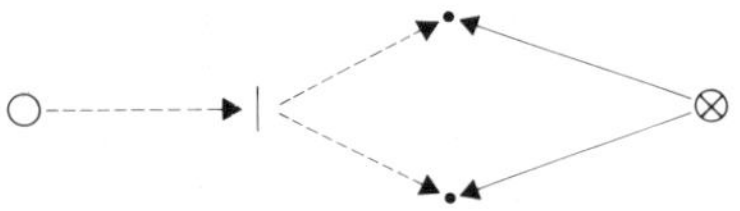

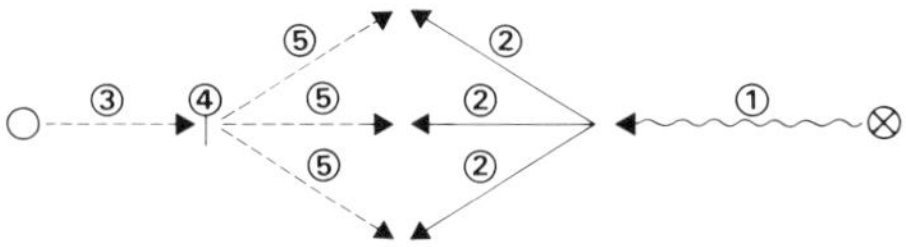

① = Trainer dribbelt
② = legt sich den Ball zu weit vor
③ = Torwart läuft heraus
④ = springt ab
⑤ = rutscht in Ballrichtung

6. Trainer, Torwart und ein Angreifer:

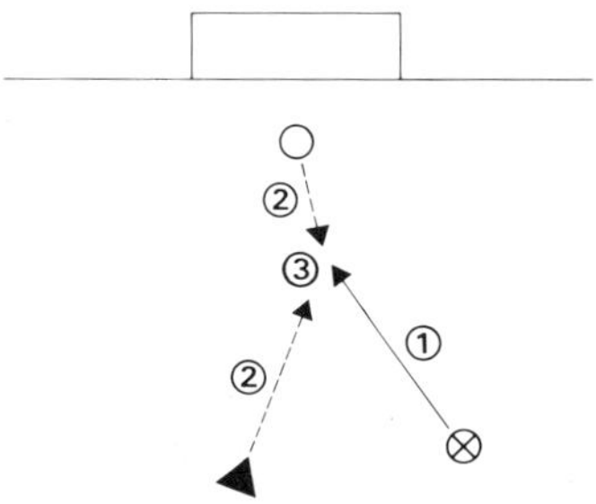

① = Trainer schießt einen Paß in die Tiefe
② = Torwart und Stürmer laufen nach dem Ball
③ = Torwart springt ab, rutscht und hält den Ball
Bemerkung: Bei Übung 6 muß der Ball klar zum Vorteil des Torwarts gespielt werden. Angreifer und Torwart sind dann nicht gleichzeitig am Ball, der Torwart erreicht ihn eher.

Das Ablenken

Kann der Torwart den Ball nicht fangen, weil er nicht beide Hände sicher hinter den Ball (bezogen auf seine Richtung) bekommt, muß er in jedem Fall versuchen, dessen Richtung zu verändern. So kann der Ball immer noch neben oder über das Tor gehen.
Man kann den Ball mit beiden Händen oder mit einer Hand ablenken. Weitere Möglichkeiten sind, ihn aus dem Stand oder mit einem Anlauf von einem Schritt oder mehreren, rückwärts oder seitwärts, mit oder ohne Absprung, fallend, nach unten oder oben hechtend, abzulenken.

Das Ablenken mit beiden Händen
Eine Technik, die nur ganz selten angewendet wird. Beim Ablenken geht es ja darum, die Reichweite zu vergrößern. Mit beiden Händen ist dies schwerer, und der Ball kann nur ganz wenig angehoben werden. Mit einer Hand wird der Flug auch durch die Drehung um die Längsachse des Körpers höher. Dennoch kann sich ein Torwart entschließen, den Ball mit beiden Händen abzulenken, wenn der z. B. glatt ist und alle Risiken ausgeschlossen werden müssen. Da diese Technik kaum vorkommt, gehen wir hier nicht näher darauf ein.

Das Ablenken des Balls mit einer Hand aus dem Hechten
Die Bewegungsausführung, die häufigen Fehler und die Übungen entsprechen im wesentlichen den bei den Techniken des Hechtens beschriebenen. Es ist zu beachten, daß immer so sicher wie möglich gehalten werden soll, daß also nicht abgelenkt wird um des Ablenkens willen, sondern nur als Notmaßnahme, wenn der Ball nicht gefangen werden kann.

Das Ablenken mit Hechtsprung nach oben

1

2

3

4

5

6

7

8

9

Ablenken nach Sprung aus dem Stand

1

2

3

4

5

6

Bemerkung: Wie bereits gesagt, soll beim Hechten in der Regel die dem Ball nächste Hand eingesetzt werden. Evtl. kann aber (abhängig von der Ballgeschwindigkeit) die weiter entfernte Hand zum Ball gehen, weil die Reichweite dann größer ist; die Reichweite ist nämlich auf der Seite des Absprungbeins verkürzt.

Das Ablenken des Balls über den Torwart mit einer Hand

Bälle direkt über den Torwart können (abhängig von der Ballbahn) folgendermaßen gehalten werden: mit Absprung aus dem Stand; nach einem Schritt oder mehreren rückwärts Ablenken im Sprung, die Landung erfolgt dann auf den Füßen.
Die folgende Technikbeschreibung, die Fehler und Übungen beziehen sich auf das Ablenken aus dem Hechten und über den Torwart.

Beschreibung der Technik:
Ein Torwart muß immer versuchen, die Hand, die dem Ball am nächsten ist, ganz hinter den Ball zu bekommen.

Ablenken nach einem oder mehreren Schritten rückwärts mit Landung auf den Füßen

1

2

3

4

5

6

Dazu muß er möglichst schnell in die Nähe des Balls kommen. Der leicht gebeugte Arm wird dann gestreckt und, abhängig von Ballbahn und Ballgeschwindigkeit, kann das Handgelenk nach vorne geklappt werden, wodurch sich die Ballrichtung noch stärker ändert.

Häufige Fehler:

- ○ Hand nicht gerade hinter dem Ball; nach dem Ball schlagen; die Folge ist oft ein Verfehlen des Balles;
- ○ Hand zu gestreckt, so daß der Ball nicht über oder neben das Tor abgelenkt wird, sondern ins Feld zurückspringt (mit direkter Gefahr fürs Tor);
- ○ Arm nicht ganz durchgestreckt.

Übungsreihe:

Allein:

1. Den Ball mit beiden Händen oder mit einer jonglieren; Ball über dem Kopf halten und ablenken: aus dem Stand; aus dem Sitz; aus dem Kniestand.

Ablenken nach einem oder mehreren Schritten rückwärts mit Landung auf einer Körperseite

1

2

3

4

5

6

7

Zu zweit mit einem Ball:
2. Trainer wirft den Ball, Torwart lenkt ihn ab: aus dem Sitz; aus dem Stand, anschließend ein Sprung mit beidbeinigem Absprung; aus einer Rückwärtsbewegung, dabei ist der letzte Schritt groß, dann Absprung, Flug und Landung auf den Füßen. Wenn der letzte Schritt wegen der Ballbahn und Geschwindigkeit nicht groß sein kann, dann einen Schritt oder mehrere rückwärts, Absprung, Flug; anschließend berühren die Füße zuerst den Boden und dann der übrige Körper auf der Seite. Beim Fallen rückwärts bzw. Hechten rückwärts berührt der ganze Körper fast gleichzeitig den Boden, oder der Boden wird nach einer Körperdrehung zuerst durch die Hände/Arme berührt, worauf der übrige Körper folgt.
Bemerkung: Eine Besonderheit sind Bälle, die von oben auf die Querlatte fallen. Sie werden sicherheitshalber mit der Handfläche hinter das Tor gelenkt. Andere Möglichkeiten gibt es in diesem Zusammenhang nicht. Ist der Ball auf Höhe der Torlatte oder darunter, darf der Torwart natürlich diese Technik nicht einsetzen, weil dann die Gefahr besteht, daß er den Ball gegen die Torlatte schlägt oder sogar ins Tor schiebt. In einem solchen Fall müssen die vorher beschriebenen Techniken angewendet werden.

Fausten

Der Torwart hat nicht immer die Möglichkeit, den Ball zu fangen oder abzulenken. Vor allem wenn er im Kampf um den Ball von vielen Gegnern umlagert ist, kann das Fangen sogar unmöglich sein. Dann muß er auf eine andere Technik zurückgreifen, um die Gefahr zu bannen. Das Fausten ist dabei eine Hilfe; doch es gilt immer als Maßnahme, zu der man nur im äußersten Notfall greifen sollte. Das Fangen des Balls ist und bleibt letztlich die beste und sicherste Methode. Der Nachteil des Faustens liegt darin, daß immer nur eine kleine Fläche des Balls berührt werden kann. Aber auch wenn der Ball gut berührt wird, was besonders in der Bedrängnis von einigen Gegnern schwierig ist, wird die Gefahr immer nur kurzfristig abgewendet. Der Ball bleibt im Spiel oder kann anschließend (durch einen Eckball oder einen Einwurf) wieder in den Besitz des Gegners gelangen. Der Vorteil liegt darin, daß die Gefahrenzone, wenn der Ball nicht richtig gefangen werden kann, weiter vom Tor weg verlagert wird. Gefaustet wird auch, wenn der Ball glatt ist und der Torwart kein Risiko eingehen will.
Beim Fausten ist es wichtig, daß die Ballbahn hoch genug ist und daß der Ball weit weggefaustet wird. Versuche übrigens immer in Richtung eines Mitspielers oder in den freien Raum zu fausten, möglichst zu den Seiten hin und nicht gerade vors Tor.
Man kann fausten mit beiden Fäusten oder mit einer. Mit beiden Fäusten zu fausten hat den Vorteil, daß die Trefffläche größer ist und mehr Kraft eingesetzt werden kann; mit einer Faust ist die Reichweite größer.
Gefaustet wird nach einem beidbeinigem Absprung, aber noch meist nach einbeinigem Absprung. Hinsichtlich der Technik des beid- und einbeinigen Absprungs siehe S. 15 bis 20.

Fausten mit beiden Fäusten

1

2

3

Fausten mit beiden Fäusten

Beschreibung der Technik:

- ○ im Flug werden Oberkörper und Füße zurückgenommen, während die Hüften vorn bleiben (»Bogenspannung«);
- ○ fast gleichzeitig werden die Hände zur Brust geführt, wo sie zu Fäusten geballt werden;
- ○ die Hände bilden eine Faust, der Daumen liegt oben auf der Hand, dann werden die Hände mit den Fingerknöcheln gegeneinander gedrückt;
- ○ aus den beiden Händen entsteht so eine Faustfläche;
- ○ bevor der Ball die Fäuste berührt, werden Oberkörper und Beine nach vorne gebracht (Klappbewegung); fast gleichzeitig werden die Arme ganz gestreckt;
- ○ der Ball wird berührt, wenn die Arme nahezu gestreckt sind;
- ○ der Ball muß ein wenig unter der Ballmitte berührt werden;
- ○ die Arme werden ganz gestreckt und zeigen dem Ball nach.

Häufige Fehler:

- ○ keine Bogenspannung im Körper;
- ○ Faust mit beiden Händen wird nicht vor der Brust gemacht, sondern erst kurz vor der Ballberührung;
- ○ Fäuste nicht auf einer Höhe, bilden keine Fläche, sondern eine der beiden Fäuste ragt etwas heraus; die Daumen liegen an der Handinnenfläche oder sie stehen etwas heraus, wodurch Verletzungen möglich sind; nicht die Fingerknöchel, sondern die Seiten der Zeigefinger berühren sich;
- ○ zu frühes oder zu spätes nach vorn Kommen des Oberkörpers;
- ○ zu schwache Klappbewegung;
- ○ zu frühe oder zu späte Berührung des Balls (ungenügend oder zu stark gestreckte Arme);
- ○ Ball falsch berührt: zu hoch (Ball geht nach unten), zu tief (Ball geht gerade hoch) oder an der Seite oder mit der Unterseite der Fäuste;
- ○ Körper oder Arme nach der Ballberührung nicht durchgestreckt;
- ○ falsche Faustrichtung: vors Tor statt nach den Seiten;

4

5

6

○ nicht weit genug;
○ Ballbahn ist zu niedrig, so daß der Ball an Gegner oder Mitspieler abprallt;
○ unnötiges Fausten: wenn der Ball gefangen werden könnte und trotzdem gefaustet wird;
○ Bälle unterhalb der Schulterhöhe fausten.

Bemerkung: Der Ball wird manchmal mit der Unterseite der Fäuste gestoppt. Im Prinzip ist das falsch, aber es kann Situationen geben, in denen es trotzdem geschieht, meist aufgrund eines Reflexes.

Übungsreihe:
1. Mit einer Faust oder beiden Fäusten den Ball jonglieren: Um ein Gefühl zu bekommen für die besondere Form der Faust und wo und wie der Ball mit der Faust berührt werden muß, ist das Jonglieren eine gute Übung.
Im Stand mit dem Ball unterschiedlich hoch über Schulterhöhe mit einer Faust oder mit beiden jonglieren; das gleiche aus dem Sitz; aus dem Stand zum Sitz und umgekehrt; in der Fortbewegung.

Zu zweit:
Einmal für sich selbst den Ball hochhalten, dann zum andern boxen; direkt zueinander; Abstand variieren; aus dem Sitz.

Zu zweit:
2. Trainer hält den Ball hoch, Torwart faustet ihn weg: aus dem Sitz; aus dem Kniestand; aus dem Stand; aus dem Stand mit Sprung (beidbeiniger Absprung).

Bemerkung: Bälle oberhalb der Schulter des Torwarts halten und auf 3/4 seiner Reichweite.
3. Wie Übung 2 aus den verschiedenen Haltungen, aber jetzt wird der Ball geworfen.
4. Der Ball wird höher zugeworfen, so daß folgende Aktionen notwendig sind: Anlauf, großer letzter Schritt, Absprung, Flug, wobei gefaustet wird, und Landung.
5. Die Bälle werden geschossen: Volley, Dropkick und vom Boden;
6. Fausten unter Widerstand mit aktivem Gegner.

Fausten mit einer Faust

1

2

3

Fausten mit einer Faust

Beschreibung der Technik:

○ im Flug den Oberkörper möglichst in Bogenspannung halten und die »Faust«-Schulter zeigt nach hinten, die Faust ist dann bereits gebildet;
○ Ellbogen und Faust befinden sich auf Schulterhöhe;
○ vor dem Moment des Ballberührens »schnappt« der Körper nach vorn, die Schulter wird gedreht; fast gleichzeitig wird der Arm gestreckt und die Faust gedreht;

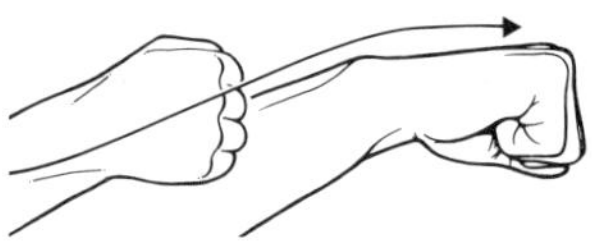

○ Ball wird berührt, wenn der Arm etwa 3/4 gestreckt ist;
○ Treffpunkt ist etwas unterhalb der Mitte;
○ Bewegung wird zu Ende geführt, Arm und Faust weisen in Ballrichtung.

Häufige Fehler:

○ keine Bogenspannung und die »Faust«-Schulter zeigt beim Ausholen nicht nach hinten (die Kraft resultiert dann lediglich aus der Armstreckung);
○ keine feste Faust; Daumen steht heraus;
○ Ellbogen ist gesenkt und demnach nicht hinter, sondern unter der Faust;
○ Körper und Schulter kommen nicht wuchtig nach vorn;
○ Arm wird nicht kräftig gestreckt und Faust nicht gedreht;
○ Ball wird zu früh (ungenügend gestreckter Arm) oder zu spät (ganz gestreckter Arm) berührt;
○ Ball wird oben (Ball geht nach unten), unten (Ball wird nicht aus dem Gefahrenbereich gefaustet) oder an der Seite (Ball bekommt Effet) getroffen;
○ Ball wird mit der Unter- oder Oberseite der Faust getroffen;
○ Ballbahn ist zu niedrig;
○ Ball nicht weit genug weggefaustet;
○ Ball nicht zu den Seiten, sondern zur Mitte hin gefaustet.

4

5

6

Klären der Situation im Strafraum durch vorbildliches Fausten

Übungsreihe:

1. Aus einer Schrittstellung (Beine leicht gespreizt, wobei das eine Bein etwas vors andere gestellt wird):
Ball aus der eigenen Hand fausten;
Ball hochwerfen und wegfausten;
Ball wird hochgeworfen, Torwart faustet ihn weg.
2. Mit Anlauf, Absprung und Flug fausten und landen:
Trainer wirft den Ball hoch an, so daß der Torwart einen Anlauf nehmen muß;
Trainer schießt Bälle als Volley, Dropkick und vom Boden.
3. Fausten unter Widerstand.

Bemerkung: Der Torwart kann die Bälle auch ins Tor (mit Netz) oder in ein Fangnetz fausten. Die Bälle springen dann nicht weit weg und sind so schneller wieder zur Verfügung. Es ist aber auch sehr wichtig, daß der Torwart das ganze Resultat seiner Aktion sieht, also wie weit, wie hoch und in welche Richtung der Ball gefaustet wurde.

Halten von Bällen unter Widerstand

Eines der schwierigsten Gebiete des Spiels im Tor ist das Halten von Bällen unter Widerstand von einem oder mehreren Gegnern. Oft geschieht das auch in Zusammenarbeit mit Mitspielern, wobei das Sprechen bzw. Zurufen wesentlich ist. Womit wird man in einer solchen Situation konfrontiert? Wir gehen aus von einem hohen Ball, der in den Strafraum kommt (aus einer Spielsituation oder nach einer Wiederaufnahme des Spiels: Einwurf, Eckball oder Freistoß). Der Torwart muß dann zunächst die Ballbahn einschätzen (Wind, Effet, gerade oder im Bogen, hoch oder niedrig usw.). Danach muß er entscheiden, ob er den Ball abfangen kann oder ob er stehenbleiben muß. Ist letzteres der Fall, muß er dies seinen Mitspielern anzeigen, die sich dann voll auf den Zweikampf konzentrieren müssen. Der Torwart ruft dann beispielsweise: »Du!« Entschließt er sich, den Ball zu fangen, ruft er: »Los!« Damit deutet er seinen Mitspielern an, daß sie nicht den Gegner angehen sollen, sondern ihm den Rücken freihalten und die Gegner eng decken sollen. Anschließend muß der Torwart, von einem oder mehreren Gegnern bedrängt, den Ball halten. Das ist eine recht komplizierte Situation mit hohem Schwierigkeitsgrad. Deshalb wollen wir hier ausführlich darauf eingehen. Beim Zweikampf mit Gegnern kann man von zwei Möglichkeiten ausgehen: aus dem Stand mit beidbeinigem Absprung oder mit einbeinigem Absprung nach kurzem Anlauf.
Bemerkung: Es ist unbedingt notwendig, daß der Torwart alle technischen Details wie Beinarbeit, Absprung aus dem Stand oder nach einem Anlauf, Fangen, Fausten und Ablenken gründlich beherrscht, bevor er unter Widerstand arbeitet.

Zweikampf nach beidbeinigem Absprung aus dem Stand
Dazu kommt es häufig bei Standardsituationen wie Eckstoß oder Freistoß in der Nähe des Tors. Natürlich sollte der Torwart versuchen, dem Gegenspieler beim Kampf um den Ball zuvorzukommen. Kommt der Ball genau in ihre Richtung, muß der Torwart aus dem Stand abspringen.

<u>Beschreibung der Technik:</u>
- ○ Ausgangsstellung, wobei sich der Torwart etwas mehr aufrichtet, um den Ball im Blick zu behalten;
- ○ der Torwart soll seine Arme frühzeitig über denen des Gegners haben, um nicht behindert zu werden, wenn der Stürmer sich »breit« macht (z. B. durch Abspreizen seiner Arme);
- ○ abgesehen davon, soll die Kraft beim Absprung vor allem aus den Beinen kommen;
- ○ schließlich auf dem höchsten Punkt bzw. unbedingt vor dem Stürmer durch Fangen oder Ablenken an den Ball kommen.

<u>Häufige Fehler:</u>
- ○ keine gute Ausgangsstellung;
- ○ Arme zu tief;
- ○ kein guter Absprung;
- ○ unsicheres Fangen oder Ablenken;
- ○ sich ablenken lassen;
- ○ Gebrauch von regelwidrigen Mitteln (wegdrängen usw.).

<u>Übungsreihe:</u>
1. Spieler stellt sich in die Nähe des Torwarts, der Gegner berührt ihn den Regeln gemäß und tut weiter nichts; der Trainer wirft den Ball nach oben

Zweikampf in der Luft mit beidbeinigem Absprung aus dem Stand

1

2

3

4

Zweikampf in der Luft mit behinderndem Spieler

1

2

und vor den Gegner, der Torwart fängt den Ball.
2. Das gleiche, aber der Spieler springt mit.
3. Das gleiche, aber der Spieler leistet größtmöglichen Widerstand.
4. Wie Übung 3, aber jetzt werden die Bälle vors Tor geschossen.

Zweikampf nach einbeinigem Absprung mit kurzem Anlauf

Der Torwart sollte den Ball immer fangen, bevor der Gegner ihn spielen kann. Das erfordert Laufarbeit und gegebenenfalls einen Sprung; in diesem Fall einen einbeinigen Absprung nach dem Anlauf. Im Flug muß der Torwart achtgeben auf Körperkontakt mit Gegnern. Dabei können das Anziehen des Knies und das Abspringen mit dem richtigen Bein dem Torwart besonderen Schutz geben.

Beschreibung der Technik:

○ wenn der Torwart vorwärts zum Ball laufen muß, ist die Wahl des Absprungbeins nicht so wichtig, wohl aber wenn er sich seitlich bewegt und gleichzeitig der Gegner mit ihm Seite an Seite ist;
○ dann ist darauf zu achten, daß das Bein, das weiter vom Gegner entfernt ist (das Außenbein), auch Absprungbein ist;
○ nach etwas Anlauf sollte der letzte Schritt ein »Kreuzschritt« sein, worauf der Absprung erfolgt;
○ während des Flugs kann der Torwart mit dem Gegenspieler zusammenstoßen; aber durch die vorwärts/seitwärts gerichtete Bewegung kann bei einem (regelgerechten) Schulterkontakt keine Gefahr entstehen;
○ Fangen des Balles.

3

4

Häufige Fehler:
○ falsches Timing;
○ keinen Kreuzschritt machen;
○ Abspringen mit dem dem Gegner näheren Bein;
○ Knie nicht angezogen;
○ Ball nicht gut fangen oder fausten.

Übungsreihe:
1. Torwart und Spieler laufen aufeinander zu, springen mit dem Außenbein ab und berühren sich mit den Schultern.
2. Das gleiche, aber mit Ball; der Trainer wirft die Bälle über den Angreifer oder zwischen Spieler und Torwart. Bemerkung: Torwart ruft bei jedem Ball: »Los!«.
3. Spieler steht still, Torwart geht auf den Ball zu.
4. Das gleiche, aber Spieler springt aus dem Stand mit.
5. Das gleiche, aber Spieler läuft herbei und geht in den Zweikampf.
6. Das gleiche, aber der Trainer wechselt mit dem Werfen: kürzer, länger, mehr zum Spieler oder zum Torwart usw.
7. Trainer schießt die Bälle als Volley, Dropkick und vom Boden.
8. Wie Übung 7, aber mit zwei Angreifern; der eine läuft zum ersten Pfosten, der andere zum zweiten.
9. Wie Übung 8, aber in Höhe des ersten Pfostens ein Mitspieler, der vom Torwart dirigiert wird: »Los!« = Spieler deckt den Torwart im Rücken ab; »Du!« = Verteidiger greift den ballführenden Spieler an, Torwart gibt ihm Rückendeckung.
10. Mit mehreren Mitspielern und Gegnern erweitern; wichtig ist, den Ball von verschiedenen Positionen aus ins Spiel zu bringen.

1

2

Fertigkeiten für das Spiel des Torwarts außerhalb des Strafraums

Immer häufiger wird vom Torwart erwartet, daß er bereits außerhalb des Strafraums Gegentreffer zu verhindern sucht. Außerhalb des 16-m-Raums gelten für ihn die gleichen Regeln wie für alle Feldspieler. Den Ball mit der Hand oder mit den Armen zu spielen ist nicht erlaubt; deshalb muß er sich wie ein Feldspieler verhalten. Oft werden dann folgende Fertigkeiten vom Torwart gefordert: das Annehmen und Spielen des Balls mit dem Fuß; direktes Spielen des Balls mit dem Fuß; direktes Spielen des Balls mit dem Kopf; Ballabnahme und Sliding-Tackling. Notfalls kann er auch auf das, was er im 16-m-Raum als Torwart tun darf, zurückgreifen. Es ist zwar regelwidrig, den Ball außerhalb des Strafraums mit der Hand oder dem Arm zu spielen, aber wenn es gar nicht anders geht. – Das bringt wahrscheinlich eine Strafe ein (gelbe Karte oder offizielle Verwarnung), immer noch besser als ein Tor zu riskieren.

Was der Torwart als Feldspieler mit dem Ball machen kann, hängt wesentlich von seinen technischen Fähigkeiten sowie von der Position der Gegner und Mitspieler ab. Wichtig ist, daß der Torwart Risiken vermeidet. Wenn er in Ballbesitz ist, sollte er ihn möglichst schnell ins Aus oder weit zum gegnerischen Tor hin schießen. Erst in zweiter Linie sollte er den Ball einem Mitspieler zuspielen, aber alle Risiken müssen dabei vermieden werden. Der Torwart kann manchmal auch einfach den Ball in den eigenen Strafraum zurückdribbeln, um ihn von dort wieder ins Spiel zu bringen. Zögere nie! Das ist der schlimmste Fehler, den ein Torwart in einer solchen Situation machen kann. Selbstsicheres Auftreten ist unbedingt erforderlich.

Übungsreihe:

1. Trainer spielt den Ball flach zu, Torwart nimmt den Ball an und spielt ihn weg (zu einem Mitspieler, ins Seitenaus oder weit in Richtung gegnerisches Tor).
2. Torwart schießt den Ball direkt ins Seitenaus oder weit in Richtung gegnerisches Tor.
3. Wie die Übungen 1 und 2, aber jetzt spielt der Trainer den Ball so, daß er aufspringt.
4. Wie die Übungen 1 und 2, aber jetzt spielt der Trainer einen Ball im Bogen, so daß ihn der Torwart köpfen oder

1

2

annehmen (Brust, Oberschenkel, Fuß) und anschließend schnell wegspielen muß.
5. Wie Übungen 1 bis 4, aber mit einem Angreifer.
6. Wie Übung 5, aber mit mehreren Angreifern.
7. Wie Übungen 5 und 6, wobei auch Mitspieler zurücksprinten und versuchen, in Ballbesitz zu kommen.

Notabwehr

Bälle, die eine unerwartete Richtung annehmen und unberechenbare Situationen entstehen lassen, sind mit den gängigen Techniken meist nicht zu halten. Oft wird der Ballflug durch schlechten Boden, Wind, Gegner oder Mitspieler so beeinflußt, daß der Torwart normalerweise keine Chance hat. Trotzdem sollte er dann doch »etwas« unternehmen und hoffen, daß ihm das Glück beisteht. Meist wird der Körper so »breit« wie möglich gemacht, indem Arme und Beine bewegt werden; manchmal hilft nur noch ein Reflex.

Timing

Der Torwart muß immer versuchen, in Ballbesitz zu kommen, bevor der Gegner ihn erreicht. Er muß also immer schneller als der Gegner sein und beispielsweise nach einer Flanke den Ball auf dem höchsten Punkt fangen, so daß niemand mehr herankommt. Bei solchen Aktionen kommt es auf das richtige Timing an, die Wahl des richtigen Moments.
Unter Timing wird hier die Koordination der zur Verfügung stehenden Zeit mit der notwendigen Bewegungsausführung verstanden. Dazu sind das Wahrnehmen des Balls (Flugbahn, Effet, Geschwindigkeit usw.), der Gegner und Mitspieler (Stellung, Laufweg usw.) sowie Entscheidungen über das eigene Verhalten (Stellungsspiel, Springen, Fangen, Fausten usw.) notwendig. Beim richtigen Timing laufen also eine ganze Reihe komplizierter Vorgänge ab, die teilweise vom Torwart gar nicht bewußt erlebt werden. Trotzdem oder gerade deshalb spielt bei fast allen Aktionen des Torwarts das Timing eine große Rolle. Werden dabei Fehler gemacht, vergrößert sich die Gefahr von Gegentreffern erheblich.

Immer vor dem Gegner am Ball sein

Immer auf dem höchsten Punkt des Sprunges fangen

Kann man Timing trainieren?
Sicher kann man Timing nicht wie eine herkömmliche Technik trainieren. Aber während des Trainings sollten Torwart und Trainer immer wieder auf die entscheidenden Kriterien für richtiges Timing achten. Bei einigen Übungen und Techniken, bei denen Timing eine große Rolle spielt, müssen Trainer und Torwart besonderen Wert auf den zeitlich-räumlichen Ablauf legen. Beim Training muß stets darauf geachtet werden, daß der Torwart immer vor dem Gegner an den Ball kommt und nie zögert. Kommt der Ball beispielsweise langsam auf den Torwart zu, muß er ihm entgegengehen. Wird der Ball in einem hohen Bogen gespielt, muß der Torwart die Koordination von Anlauf, Absprung, Flug, Ball auf dem höchsten Punkt halten und landen besonders beachten.

Technik im Aufbau und Angriff

Sobald der Torwart im Ballbesitz ist, muß er den Ball wieder ins Spiel bringen, damit das Spiel fortgesetzt werden kann, am besten natürlich mit einem Angriff der eigenen Mannschaft. Wie er das macht, hängt ab von der Situation auf dem Spielfeld. Er kann den Ball wieder ins Spiel bringen, indem er ihn einwirft oder aus den Händen bzw. vom Boden schießt.

Werfen

Das Werfen des Balls ist die sauberste und schnellste Methode, als Torwart das Spiel wiederaufzunehmen. Dabei hat er verschiedene Möglichkeiten: Rollen, Schwungwurf seitlich und über Kopf, Schlagwurf seitlich und von oben.

Rollen
Das Rollen aus der Hand ist gut geeignet für kurze Distanzen. Der Ball wird am Boden zum Mitspieler gerollt.

Beschreibung der Technik:
- ○ der Ball wird mit beiden Händen an die Seite der »Rollhand« rückwärts geführt, dabei befindet sich die Rollhand hinter und die andere vor dem Ball;
- ○ das entgegengesetzte Bein tritt gleichzeitig mit der Armbewegung nach vorn;
- ○ die Rollhand geht möglichst weit nach hinten, Ball bleibt festgeklemmt zwischen Hand und Unterarm; das Knie der Rollseite wird stark gebeugt, der Oberkörper wird nach vorn gebeugt;
- ○ Rollhand geht nach vorne – unten;
- ○ der Ball berührt den Boden, die Hand bleibt am Ball (sonst springt der Ball auf);
- ○ die Hand begleitet den Ball möglichst lange und weist nach dem Loslassen so lange wie möglich in dessen Richtung;
- ○ Bewegung zu Ende führen;
- ○ während der Aktion verlagert sich das Körpergewicht vom hinteren aufs vordere Bein.

Häufige Fehler:
- ○ Ball wird zu früh oder zu spät losgelassen, so daß er aufspringt und für den Mitspieler schwer unter Kontrolle zu bringen ist;
- ○ nicht gut in die Knie gehen; auch dann besteht Gefahr, daß der Ball aufspringt;
- ○ der Ball wird nicht lang genug begleitet; die Bewegung wird abrupt abgebrochen, wodurch die Ballgeschwindigkeit abnimmt; dann erreicht möglicherweise der Ball nicht sein Ziel.

Übungsreihe:
Siehe dazu Übungen auf S. 78.

Schwungwurf seitlich und über Kopf
Ein Wurf für lange Distanzen; ist für den Mitspieler unter Umständen schwerer unter Kontrolle zu bringen, weil der Ball Effet mitbekommt.

Beschreibung der Technik:
Das folgende gilt für beide Arten von Schwungwürfen:
- ○ der Ball wird mit beiden Händen aus der Position vor dem Körper an der Seite des Wurfarms nach hinten gebracht;
- ○ dort wird der Ball zwischen Hand und Unterarm geklemmt und möglichst weit nach hinten gebracht;

Rollen

1

2

3

○ gleichzeitig bewegt sich das entgegengesetzte Bein nach vorn, es folgt mit dem anderen Bein ein Kreuz- oder Nachstellschritt;
○ der andere Arm wird mit der Schulterdrehung zurückgeführt, um die Schwungbewegung des Wurfarmes zu unterstützen;
○ Wurfhand kommt schnell und kräftig nach vorn;
○ um einen vollständigen Kontakt mit dem Ball zu haben, sollte die Hand gut hinter dem Ball sein;
○ Ball möglichst lange begleiten, bevor er losgelassen wird;
○ Bewegung gut zu Ende führen.

Beim Schwungwurf seitlich wird die Hand nach hinten unter die Schulterlinie gebracht. Der Ball verläßt die Hand wieder in Höhe der Schulter, wobei der Oberkörper fast aufgerichtet bleibt.
Beim Schwungwurf über Kopf neigt der Oberkörper stark zur Seite in Gegenrichtung zum Wurfarm.

Schwungwurf seitlich

1

2

3

4

5

6

Häufige Fehler:
- ○ Wurfhand nicht gut hinter dem Ball, so daß dieser weggleitet;
- ○ Ball wird zu früh oder zu spät losgelassen;
- ○ Ball geht zu hoch (Zeitverlust) oder zu flach.

Übungsreihe:
Siehe dazu die Übungen auf S. 78.

Schlagwurf seitlich und von oben
Ein gerader Wurf für mittellange Distanzen, der aufgrund der kurzen Ausholbewegung schneller ausgeführt werden kann als der Schwung- und Rollwurf. Zugrunde liegt hier eine Schub-/Stoßbewegung, die durch das Strecken des Ellbogens und des Handgelenks entsteht.

Beschreibung der Technik:
- ○ Ball wird mit beiden Händen zur Wurfschulter gebracht;

4

5

6

○ Oberarm ist gerade in der Verlängerung der Schulter;
○ während der Ball nach hinten gebracht wird, kommt das gegenüberliegende Bein nach vorn;
○ danach wird der Ball durch das Drehen des Oberkörpers und das Strekken von Ellbogen und Handgelenk nach vorn gebracht; wichtig ist, daß die Hand voll hinter und um den Ball gelegt ist;
○ Bewegung gut zu Ende führen.

Um den Ball so gerade wie möglich knapp über dem Boden zu einem Mitspieler zu werfen, geht man durch starkes Beugen der Knie so tief wie möglich; der Ball ist dann leichter unter Kontrolle zu bringen. Der Schlagwurf seitlich unterscheidet sich von dem von oben dadurch, daß der ganze Oberkörper zur Wurfseite neigt (näher am Boden), während beim Werfen von oben der Oberkörper fast aufrecht bleibt.

Häufige Fehler:
○ Hand nicht gut hinter dem Ball;
○ Ball zu früh oder zu spät losgelassen;
○ die Bewegung nicht gut zu Ende geführt;
○ nicht tief in die Knie gegangen.

Übungsreihe:
Diese Übungen können für alle beschriebenen Wurftechniken eingesetzt werden; darauf zu achten ist, sie dem Abstand und der Stellung von Mitspielern und Gegnern anzupassen.
1. Den Ball ins Fangnetz hinterm Tor (oder auf eine andere größere Fläche) werfen.
2. Den Ball ins Tor (d. h. bereits eine kleinere Fläche) werfen.
3. Den Ball zwischen zwei kleinen Pfosten im Abstand von 5 bis 3 m Breite durchwerfen.
4. Den Ball zu einem Spieler so werfen, daß er gleich wieder spielbar ist: Spieler steht still; Spieler bewegt sich.

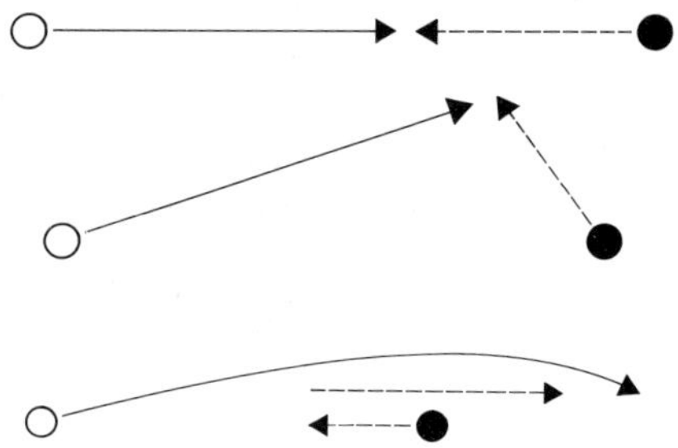

5. Mehrere Spieler laufen sich frei und fordern den Ball. Der Torwart entscheidet, zu wem der Ball geht. Unterschiedlich anspielen auf Körper des Spielers; in die Laufrichtung des Spielers; in einen Raum, den der Spieler im Lauf erreichen kann.

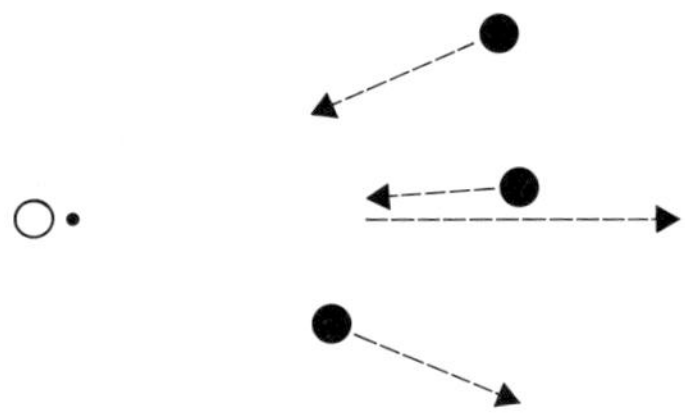

6. Wie Übung 5, aber jetzt mit einem Gegner, der sich zwischen die Spieler stellt.
7. Wie Übung 6, aber mit zwei oder drei Gegnern, die sich zu den Spielern stellen.
8. Wie Übung 7, aber ein Gegner direkt vor dem Torwart; an dem muß er zunächst vorbei (achte auf die Vier-Schritte-Regel), um einen seiner Spieler zu erreichen.

Schwungwurf über den Kopf

Schlagwurf seitlich

1

2

3

4

5

6

9. Wie Übung 8, aber jetzt von verschiedenen Positionen innerhalb des Strafraums.

Bemerkungen:

Die Reichweite des Wurfs hängt auch ab von der dem Wurf vorausgehenden Beinarbeit: aus dem Stand oder einem Anlauf von einem Schritt oder mehreren (maximal vier).

Neben der einhändigen Wurftechnik sieht man in letzter Zeit auch immer häufiger die mit beiden Händen: der Schlagwurf mit beiden Händen, wie er üblicherweise beim Einwurf verwendet wird. Der Torwart braucht diesen Wurf, um den Ball über den Kopf eines vor ihm stehenden Gegners zu werfen. Dieser Wurf wird eingesetzt, um das Spiel möglichst schnell fortzusetzen.

Schlagwurf von oben

1

2

3

4

Aus den Händen abschlagen

Der Abschlag aus den Händen wird gebraucht, um Mitspieler, die nicht mit einem Wurf zu erreichen sind, dennoch gezielt anzuspielen. Das geschieht nicht so genau wie beim Werfen, aber ist, wenn man es gut macht, doch eine schnelle und über (sehr) große Entfernung gebräuchliche Wiederaufnahme des Spiels. Bei dieser Technik unterscheiden wir den Volley und den Dropkick.

Der Volley
Beim Volley wird der Ball, nachdem er die Hand verlassen hat, direkt (aus der Luft) geschossen. Der Ball fliegt steil und in einem hohen Bogen und ist deshalb etwas länger unterwegs als beim auf S. 83 beschriebenen Dropkick.

<u>Beschreibung der Technik:</u>

○ nach einem Anlauf von einem bis maximal vier Schritten wird der Ball angeworfen;

Volley-Abschlag von der Seite gesehen

- das Anwerfen geschieht mit einer Hand oder mit beiden, je nach dem, was der Torwart vorzieht;
- Rumpf zu sehr nach hinten oder nach vorn: auch das hat eine zu hohe oder zu gerade Ballbahn zur Folge;
- Arme gleichen nicht aus: Verlust des Gleichgewichts.

Übungsreihe:
Siehe unter Dropkick.

Der Dropkick
Ein Ball, der gleich nach dem Aufspringen geschossen wird und dann aufgrund seiner geraden Bahn schnell einen Mitspieler erreichen kann.

Beschreibung der Technik:
Im Prinzip das gleiche wie beim Volley, nur soll der Ball zuerst den Boden berühren und dann geschossen werden. Sehr wichtig ist ein perfektes Anwerfen; meist steht das Standbein näher am Ball als beim Volley.
Bemerkungen (hinsichtlich Volley und Dropkick):
Die Ballbahn wird bestimmt durch:
- das Hochwerfen: nahe am Körper (= gerade) oder weiter vom Körper weg (= Bogen);
- das Standbein: weit hinter und neben dem Ball (= Bogen); nahe und vorn am Ball (= gerade);
- den Moment des Treffens: Ball hoch treffen (= Bogen), Ball tief treffen (= flach);
- nach dem Anwerfen wird das Standbein seitlich und etwas hinter Ballhöhe aufgesetzt;
- das Schußbein geht gebeugt nach hinten, diese Ausholbewegung muß groß sein; wie groß, das ist abhängig vom Anwerfen; bei einem hohen Wurf hat man mehr Zeit für diese Bewegung;
- das Schußbein wird kräftig nach vorn gebracht;
- der Ball wird mittig mit gespanntem Rist noch etwas über dem Boden getroffen;
- nach der Ballberührung muß die Bewegung fließend ausklingen;
- der Oberkörper neigt etwas nach hinten, und die Arme sorgen für das Gleichgewicht bei evtl. Drehungen des Oberkörpers.

Häufige Fehler:
- Wurf nicht hoch genug, zu weit, zu sehr nach links oder rechts;
- Standbein zu weit neben oder hinter dem Ball;
- Ausholbewegung zu gering;
- Rist nicht gespannt;
- Ball zu früh oder zu spät getroffen: die Folge ist eine zu hohe oder zu flache Ballbahn;
- Oberkörper nach hinten (= Bogen) und über den Ball hin (= flach).

Mehrer Fehler können gleichzeitig auftreten, die Folgen sind unterschiedlich.
- Außerdem kann der Ball getroffen werden, wenn der Körper ziemlich aufrecht gehalten wird (Ball wird dann auch gerade vor dem Körper hochgeworfen) oder indem der Körper zur Seite geneigt wird (Ball wird dann mehr seitlich hochgeworfen).

Häufige Fehler:
- zu frühes oder zu spätes Treffen des Balls nach dem Aufspringen;
- Standbein zu weit neben oder vor dem Ball;
- siehe dazu auch Fehler beim Volley.

Übungsreihe:
Gilt sowohl für den Volley als auch für den Dropkick (Schußentfernung abhängig von den Möglichkeiten des Torwarts).

Dropkick

1. Aus dem Stand.
2. Mit einem Schritt Anlauf.
3. Mit mehreren Schritten Anlauf.
4. Mit einem Gegner vor dem Torwart.
5. All diese Übungen mit Schuß auf: Fangnetz hinterm Tor oder ein Tor mit Netz; einen abgegrenzten Raum, z. B. ein mit Kegeln markiertes großes Viereck; dies kann man verkleinern; anschließend eine Übung mit: einem stillstehenden Spieler; einem sich anbietenden Spieler.
6. Zugleich den Ball spielen: auf den Körper des Spielers; in den Raum, in den ein Spieler hineinlaufen kann; in Laufrichtung des Spielers (dabei auf Mitspieler und Gegner achten, die zwischen dem Torwart und dem Spieler, der erreicht werden soll, stehen oder laufen).
7. Spielen des Balls von verschiedenen Positionen innerhalb des Strafraums.

Ball am Boden

Der Torwart muß manchmal einen rollenden oder ruhenden Ball auch vom

Boden zu einem Mitspieler spielen. Die Situation ist bei einem Abstoß oder Freistoß innerhalb des Strafraums oder beim Spielaufbau aus dem Spiel heraus gegeben.

Abspiel während des Spiels

Es kann vorkommen, daß der Torwart den Ball annimmt und einen in der Nähe stehenden Mitspieler anspielen soll. Muß er jemanden weiter entfernt anspielen oder wird er behindert durch Gegner, sollte er besser zu Techniken mit weniger Risiko greifen. Der Torwart wirft oder schießt dann den Ball aus den Händen.

Abschlag vom Boden als Wiederaufnahme des Spiels

Bei einem Abstoß oder Freistoß innerhalb des Strafraums kann der Torwart den Ball kurz oder lang spielen. Nach einem über kleine Distanz gespielten Ball kann einer von seinen Mitspielern das Spiel fortsetzen oder den Ball zum Torwart zurückspielen. Bei einem »lang« gespielten Ball ist ein Zurückspielen zum Torwart nicht möglich. Übrigens ist es Sache des Torwarts, den Abstoß vorzunehmen, er sollte ihn nicht anderen überlassen. Für einen Mitspieler, der seine Kräfte sinnvoller einsetzen kann, ist das eine Extrabelastung. Außerdem wird dann meist auch die Abseitsfalle aufgehoben, und im Feld gib's eine Abspielmöglichkeit weniger.

Der kurze Abschlag

Er wird meist mit der Innenseite des Fußes über kurze Distanz geschossen. Es ist die sauberste und am wenigsten »gefährliche« Technik.

Der lange Abschlag

Beim langen Abstoß ist u. a. das Zurechtlegen des Balls wichtig. Selbst

Abstoß

1

2

3

4

der Ort, wo der Ball hingelegt wird, spielt eine Rolle: nie an den Außenseiten des Torraums! Der ideale Platz ist ungefähr die Mitte des Torraums. Sollte der Torwart nämlich den Ball falsch herausspielen, kann er sich schneller wieder richtig hinstellen und eine günstige Position im Tor einnehmen. Zum Schießen sollte der Ball möglichst auf eine etwas höhere Stelle gelegt werden, nie in ein Loch oder eine Vertiefung.

Beschreibung der Technik:

- ○ ruhiger Anlauf, meist in einem Bogen;
- ○ Länge des Anlaufs ist unterschiedlich: von zwei bis manchmal mehr als fünf Metern;
- ○ das Standbein wird neben und etwas hinter den Ball plaziert;
- ○ das Schußbein wird im Knie gebeugt und nach hinten gebracht;
- ○ das Schußbein kommt kräftig nach vorn;
- ○ der Ball wird mit dem vollen Rist, dessen Spitze etwas nach außen weist, in der Mitte getroffen;
- ○ die Bewegung wird fließend zu Ende geführt;
- ○ die Arme sorgen für eine ausgleichende Bewegung, so daß der Körper im Gleichgewicht bleibt.

Bemerkung: Auch hier sind einige Faktoren bestimmend für die Ballbahn, und zwar:

- ○ Stellung des Standbeins: neben dem Ball (= flache Flugbahn) und vor dem Ball (= hohe Flugbahn);
- ○ Oberkörper nach hinten (= hohe Flugbahn) oder über den Ball hin (= flache Flugbahn).

Häufige Fehler:

- ○ falsches Zurechtlegen des Balls;
- ○ Anlauf zu gerade (mögliche Folge: in den Boden treten) oder in einem zu großen Bogen;
- ○ Standbein zu weit vom Ball;
- ○ Ausholbewegung zu kurz;
- ○ Bein nicht kräftig nach vorn;
- ○ Ball wird nicht gut getroffen, zu sehr an den Seiten, wodurch ein unnötiger Effet entsteht;
- ○ Rist nicht gut gespannt;
- ○ kein Ausklingen der Bewegung, sondern abruptes Abbrechen der Aktion;
- ○ keine ausgleichende Bewegung mit den Armen, wodurch das Gleichgewicht verlorengeht.

Übungsreihe:

1. Schuß mit einem Schritt Anlauf.
2. Schuß mit mehreren Schritten Anlauf.
3. Schuß mit einem vollständigen Anlauf.

Bei all diesen Übungen kann geschossen werden: auf ein Fangnetz hinterm Tor oder ein Tor mit Netz; in einen abgegrenzten Raum, z. B. ein mit Kegeln markiertes großes Viereck, das immer weiter verkleinert werden kann; auf einen stillstehenden Spieler; zu einem sich anbietenden Spieler.

4. Den Ball spielen: auf den Körper des Spielers; in Laufrichtung des Spielers; in den Raum, den ein Spieler im Lauf erreichen kann.
5. Den Ball spielen von verschiedenen Positionen innerhalb des Torraums; dabei auf Mitspieler und Gegner zwischen dem Torwart und dem Mann, der angespielt werden soll, achten.

Taktik

Im Spiel geht es immer darum zu gewinnen. Dazu muß das Team gut aufeinander abgestimmt sein. Will die Elf Erfolg haben, müssen vor allem Kondition, Technik und innere Einstellung ausreichend vorhanden sein. Werden diese Elemente richtig eingesetzt, so ist die Basis geschaffen, um taktisch so effektiv wie möglich zu spielen. Erfahrung ist ein ganz wichtiger Faktor, wenn wir von Taktik sprechen. Nicht umsonst wird von Torhütern gesagt, daß sie erst etwa mit 28 Jahren auf dem Gipfel ihres Könnens sind. Ein erfahrener Torwart hat gelernt, daß er auf viele Situationen anders hätte reagieren müssen. Taktisches Handeln ist fast immer die unmittelbare Antwort auf eine Spielsituation. Schwierig dabei ist, daß dies nicht von den persönlichen Eigenschaften eines Spielers allein abhängt, sondern auch von den Mitspielern und Gegnern. Außerdem spielen Faktoren wie die Beschaffenheit des Spielfeldes und Witterungsbedingungen eine Rolle. Während des Trainings muß dies immer mit einbezogen werden.

Taktik im Überblick

Die Spieltaktik kann man aufgliedern in Angriffs- und Verteidigungstaktik. Weiter kann man unterscheiden:

Kollektive Taktik: Sie betrifft das ganze Team oder eine Gruppe von Spielern.
Individuelle Taktik: In der Teamarbeit ergeben sich für jeden Spieler auch Situationen, in denen er selbst eine Entscheidung treffen muß.
Aufgrund dieser verschiedenen Aspekte ergeben sich für den Torwart folgende taktische Schwerpunkte:

In der Verteidigung
Spielsituationen: Das Stellungsspiel und die Position des Torwarts im und vor dem Tor. Im Tor vor allem hinsichtlich des Abwehrens direkter Gefahr (Schüsse aufs Tor und Kopfbälle). Vorm Tor das Abwehren von Flanken (fangen, fausten oder ablenken), aber auch das Herauslaufen in Spielsituationen 1 gegen 1 oder beim Annehmen von Bällen innerhalb und außerhalb des Strafraums nach Steilpässen.
Bei der Wiederaufnahme des Spiels: Das Stellungsspiel und die Position des Torwarts im und vorm Tor während folgender Standardsituationen: Anstoß; Eckstoß; direkte und indirekte Freistöße; Elfmeter; weiter Einwurf; Schiedsrichterball.

Im Aufbau/Angriff
Zeitpunkt und Art des Ins-Spiel-Bringens des Balls unter taktischen Gesichtspunkten.

Taktik in der Verteidigung

Es gibt einige taktische Grundregeln für das Spiel des Torwarts:

○ Im Moment, in dem ein Gegner schießt, muß der Torhüter immer still stehen. Springt er nämlich hoch, kann er in der Luft kaum etwas tun und muß erst warten, bis er wieder Bodenkontakt hat. Das bringt Zeitverlust und verringert die Abwehrmöglichkeiten. Die Ausnahme ist, wenn sich der Torwart mit Notabwehr dem Gegner vor die Füße oder in die Schußbahn werfen muß.

○ Kurz bevor ein Gegner den Ball in eine Position gedribbelt hat, von wo er aufs Tor schießen kann, muß der Torwart stehenbleiben. Schießt der Spieler und ist der Torwart noch im Lauf, ist es durchaus möglich, daß er im Moment des Schusses auf dem falschen Bein steht. Der Angreifer kann dann ziemlich leicht am Torwart vorbeispielen. Seine Stellung darf und soll der Torwart solange wählen, wie der Ball nicht »schußbereit« im Besitz eines Spielers ist, also wenn der Angreifer den Ball treibt oder sich einige Meter vorgelegt hat.

○ Der Torwart muß bei direkter Gefahr seine Position und sein Stellungsspiel immer so einrichten, daß er selbst für den Gegner größer und das Tor kleiner wird (siehe dazu die Abb.). Außerdem ist die Art seiner Stellung abhängig von der Position des Balls, des/der Gegner(s), des/der Mitspieler(s) und den Qualitäten von Gegnern und Mitspielern.

Position und Stellungsspiel, Ball in unmittelbarer Tornähe

Ball in der Mitte vorm Tor

Bleibt der Torwart auf der Linie stehen, ist das Tor schwer zu verteidigen. Wie man in der Abb. sieht, sind links und rechts von ihm große Räume, die nach einem gezielten und harten Schuß vom Torwart nicht zu erreichen sind. Geht er ein paar Schritte nach vorn, werden diese Räume seitlich viel kleiner, aber über, besser gesagt hinter, dem Torwart entsteht ein ungedeckter Raum. Der Torhüter muß damit rechnen, daß der Spieler einen »Lob« spielt, so daß er schnell zurück muß, um den Ball doch noch abwehren zu können.
Kommt er ganz nahe an den Ball heran, werden die Seiten fast abgeschirmt, und der Ball kann auch nicht

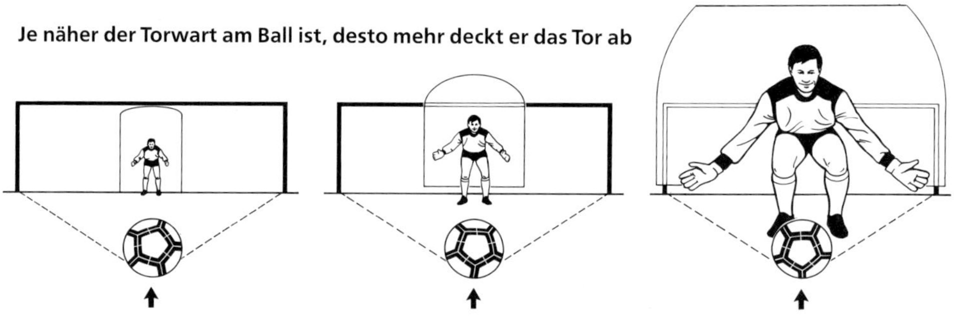

Je näher der Torwart am Ball ist, desto mehr deckt er das Tor ab

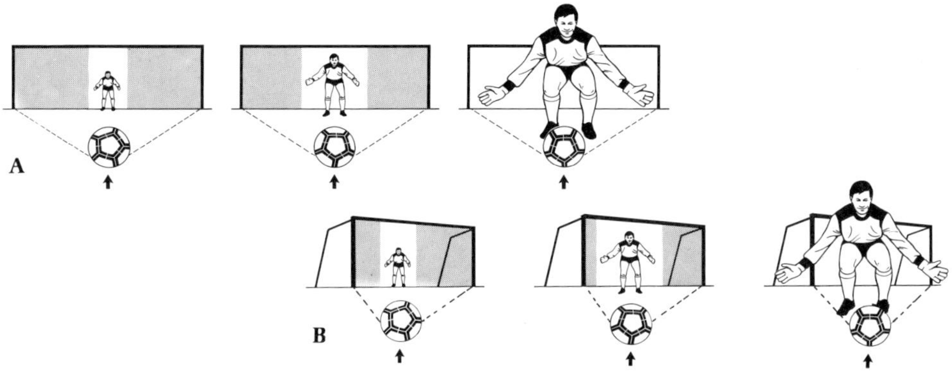

Position des Torwarts bei einem Ball gerade vorm Tor (A); seitlich vorm Tor (B). Die schraffierten Flächen markieren jeweils den ungedeckten Raum

über den Torwart gehoben werden. Der Spieler kann dann den Ball nur am Torwart seitlich vorbeischießen.

Ball an der Seite des Tors
Hier gilt das gleiche wie vorher. Wie auch hier die Abb. zeigt, ist die erste Position immer ungünstig, die zweite ist besser; am günstigsten ist es, möglichst nahe an den Gegner heranzukommen.

Bälle, die aus verschiedenen Positionen aufs Tor geschossen oder geköpft werden
Wenn der Torwart nicht nahe genug an den Ball oder Gegner mit Ball herankommen kann, muß er das Tor an den Seiten »verkleinern«. Der Raum über ihm bleibt dann zwar ungedeckt, aber in der Regel kann er dieses Risiko eingehen, weil es kaum Spieler gibt, die technisch so stark sind, daß sie eine solche Situation ausnützen können, vor allem dann, wenn der Angreifer das sehr schnell machen muß und evtl. dabei von einem oder mehreren Spielern bedrängt wird. Zudem hat der Torwart bei einem gehobenen Ball meist die Chance, sich doch noch einigermaßen gut zu plazieren. Der Ball ist einige Zeit unterwegs, und so bleibt noch etwas Zeit zum Handeln. Der Torwart muß auch darauf achten, wie der Spieler in Ballbesitz kommt. Nach der Art, wie der Gegner den Ball annehmen kann, kann der Torwart die möglichen Handlungen erahnen (antizipieren). Wichtig ist dabei, möglichst viel über die technischen Fertigkeiten und Eigenschaften des Gegners zu wissen. Im folgenden sind einige Handlungsmöglichkeiten des Stürmers bei drei Möglichkeiten des Ballverhaltens aufgeführt:

- ○ Ball direkt am Boden: Ball kann nur wenig gehoben werden, weil der Spieler mit dem Fuß kaum unter den Ball kommt;
- ○ Ball springt auf: Viele Schußmöglichkeiten, auch Heber mit Fuß und Kopf (je nach Höhe) möglich;
- ○ Ball aus der Luft: Als Volleyschuß meist hart und gerade, als Kopfball auch mit bogenförmiger Flugbahn.

In die Flugbahn des Balles bewegen, hechten
Der Torwart stellt sich bei direkter Gefahr in Ballrichtung, und aus dieser Ausgangsposition versucht er, sich seitwärts oder schräg nach vorn zu

a Gerade vorm Tor b

a Rechts vom Tor b

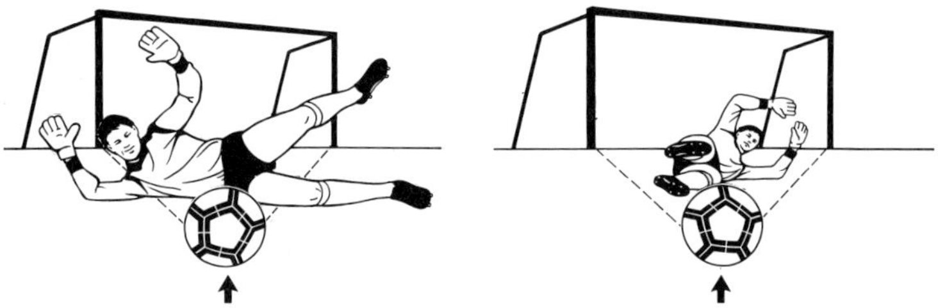

a Links vom Tor b

bewegen, läßt sich fallen oder hechtet zum Ball. Dadurch werden die ungedeckten Teile des Tors kleiner; deshalb nie nach hinten fallen! Die Ausführung hängt von der Ballgeschwindigkeit und der Reaktionsschnelligkeit des Torwarts ab. Bemerkung zur unteren Abb.: Vor allem in dieser Situation ist die lange Ecke in Gefahr, wenn man rückwärts fällt.

Ball gerade vorm Tor

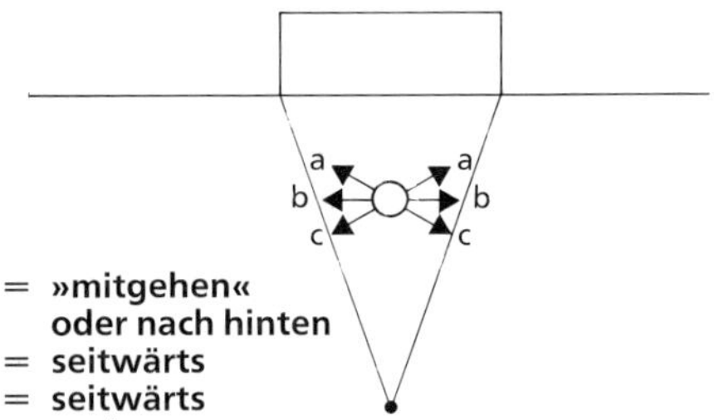

a = »mitgehen« oder nach hinten
b = seitwärts
c = seitwärts nach vorn

Ball seitlich des Tors

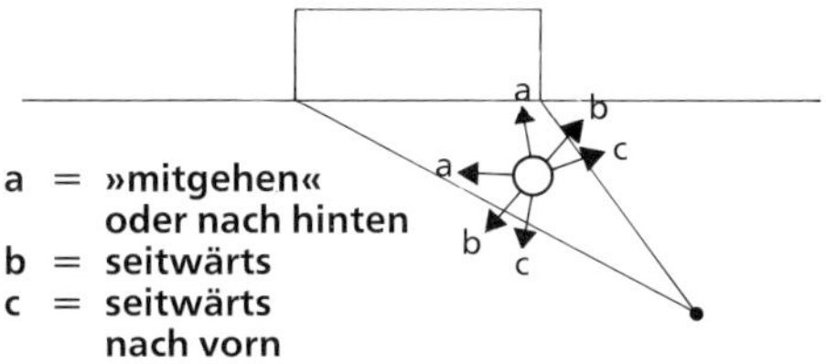

a = »mitgehen« oder nach hinten
b = seitwärts
c = seitwärts nach vorn

Das Werfen bzw. Rutschen vor die Füße des Gegners und in die Schußbahn

Wenn sich der Torwart vor die Füße des Gegners wirft oder rutscht bzw. wenn er sich in die Schußbahn wirft, muß er sich so »breit« wie möglich machen; d. h., er muß möglichst viel Raum abdecken.
Auch dabei ist es wieder wichtig, möglichst nahe an den Ball zu kommen. Für den Erfolg ist entscheidend, daß das eigene Timing stimmt und die Möglichkeiten des Gegners richtig eingeschätzt werden.

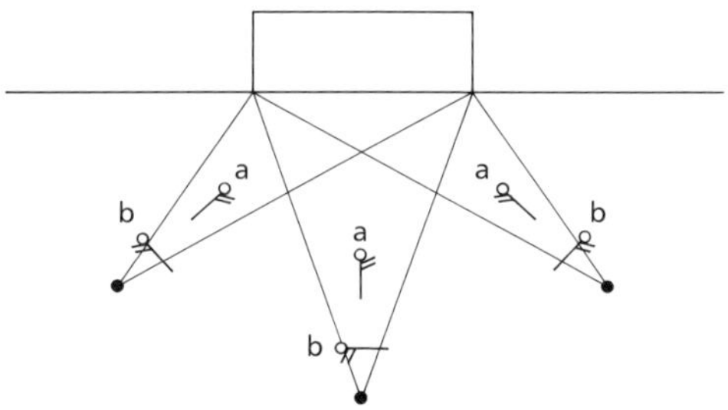

a = Rutschen in ganzer Länge zum Ball
b = Werfen in ganzer Breite vor den Ball

Die Situation 1 gegen 1

Der Gegner läuft allein auf den Torwart zu, es entsteht eine 1 gegen 1 Situation. Zunächst muß der Torwart versuchen, von seiner Ausgangsstellung aus eine möglichst günstige Position einzunehmen. So kann ein unerwarteter Schuß besser abgewehrt und ein zu weit vorgelegter Ball leichter angenommen werden. Der Torwart versucht, möglichst nahe an den Gegner zu kommen und ihn nach außen zur Seite seines schwächeren Beins zu drängen und zum Stehen zu bringen. Kommt er nahe an den Gegner heran, ist es für diesen fast unmöglich, den Ball direkt ins Tor zu schießen. Meist schießt er dann den Torwart an. Wenn man einen Spieler nach außen drängt, wird sein Schußwinkel ungünstiger. Kann der Torwart den Gegner stoppen, gewinnt er Zeit, so daß Mitspieler zur Hilfe eilen können. Außerdem ist es für einen Angreifer schwierig, aus dem Stand noch etwas zu unternehmen. Oft werfen sich die Torhüter zu schnell auf den Boden. Genau das ist dem Angreifer am liebsten. Er kann den Ball dann über den Torwart heben oder ihn mit einer einfachen Bewegung umspielen und aufs Tor schießen. Ein Torwart darf deshalb nur auf den Boden, wenn er ganz sicher ist, den Ball zu halten, von Notsituationen abgesehen. Liegt der Torwart am Boden, braucht er viel Zeit, bis er wieder steht.
Die Ausgangsstellung des Torwarts ist für die Situation 1 gegen 1 anders als normalerweise: Die Knie sind tief gebeugt, die Hände werden mit den Handflächen zum Ball zeigend ziemlich tief gehalten.

Position und Stellungsspiel bei indirekter Torgefahr

Flache Bälle von der Seite, meist von außerhalb des Strafraums

Wenn der Ball weit vor der Torauslinie und nahe an der Seitenlinie ist, soll der Torwart sich etwa 2 bis 3 m von der

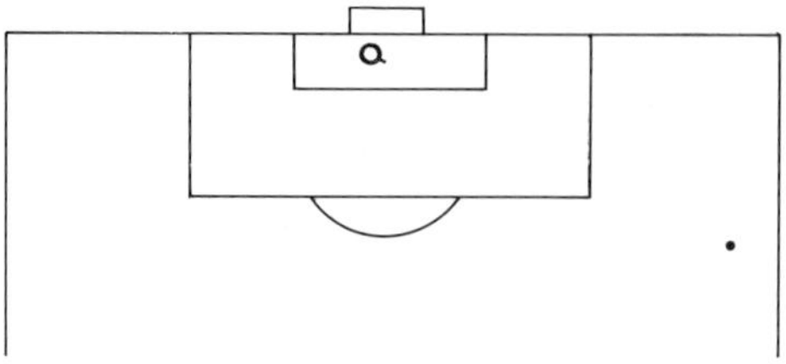

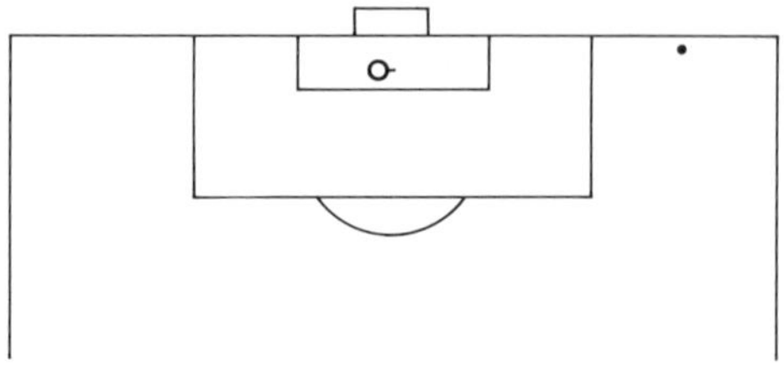

Mitte des Tores und dem hinteren Pfosten entfernt aufstellen. Tut er das nicht, und der Ball kommt aufs Tor, braucht er zuviel Zeit, um seine Stellung zu ändern.
Befindet sich der Ball nahe an der Torauslinie und etwas weiter von der Seitenlinie entfernt, ist für die Position des Torwarts entscheidend, ob der Angreifer mit rechts oder links schießen wird. Schießt er mit rechts, kann der Torwart ruhig einige Meter von der Linie gehen, weil es dann meist ein nach außen drehender oder ein gerader Ball wird. Schießt der Angreifer aber mit links, muß der Torwart mehr auf der Torlinie bleiben, weil die Möglichkeit eines nach innen drehenden Balls in Torrichtung besteht.
In beiden Fällen muß der Torwart einige Schritte von dem hinteren Pfosten stehen. Kommt der Ball näher ans Tor, muß sich der Torwart mehr zur Tormitte hin bewegen.

Kurze Bälle von der Seite innerhalb des Strafraums nahe an der Torauslinie

Während der Angreifer auf die Torauslinie zuläuft, muß der Torwart in jeder Position des Stürmers dessen Möglichkeiten abschätzen.
In der auf der ersten Abb. dargestellten Situation muß der Torwart mit einem Torschuß oder einer Flanke rechnen.
Ist der gegnerische Spieler so weit an die Torauslinie aufgerückt wie in der zweiten Abb., muß der Torwart 1 m vor den ersten Pfosten und 1 bis 1,5 m vor die Torauslinie, um einen Torschuß (nahezu unmöglich) oder einen zurückgespielten Ball innerhalb des 5-m-Raums abzufangen. Hebt der Angreifer den Ball über den Torwart ins lange Eck, muß sich der Torwart umdrehen und schnell auf den schießenden oder köpfenden Spieler zulaufen, um die Gefahr abwenden zu können.

a = Startposition

b = Endposition

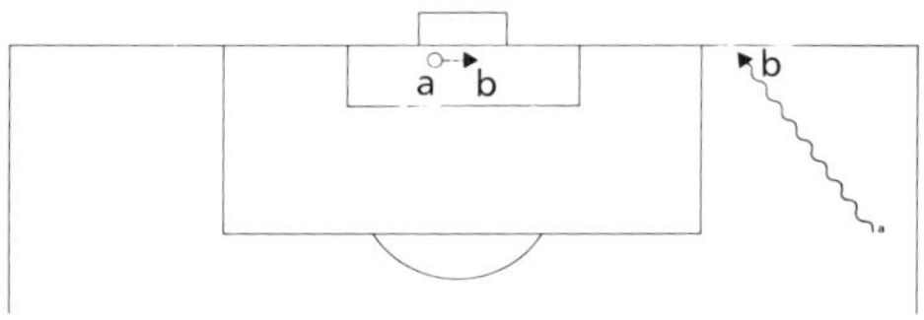

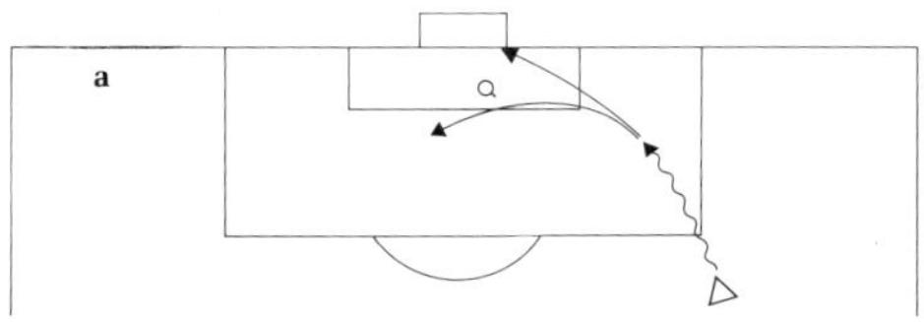

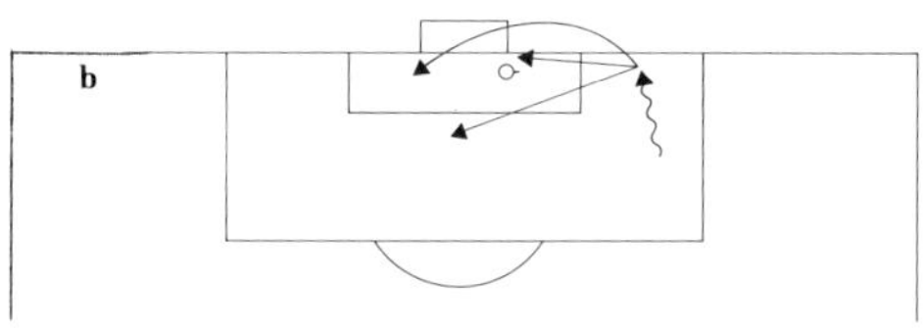

Taktische Aspekte des Torwartverhaltens

Beim Fausten und Ablenken
Kann der Ball nicht gefangen werden, muß er gefaustet oder abgelenkt werden. Beim Ablenken muß der Ball immer neben oder über das Tor gebracht werden und nie zurück ins Spielfeld. Bei einem Flankenball kann der Ball meist nur mit den Fingerspitzen berührt und so seine Richtung verändert werden. Nie den Ball in die Mitte, sondern möglichst zu den Seiten hin! Da ist der Schußwinkel für den Gegner am ungünstigsten.
Beim Fausten soll die unmittelbare Gefahr vermindert werden; deshalb müssen die Bälle immer weit weggefaustet werden, am besten an die Mittel- oder Seitenlinie, in jedem Fall weit weg. Der Ball darf nie in die Mitte vor das Tor gefaustet werden, weil sich dem Gegner dort eine große Torfläche bietet.

Auf den Ball zu
Als von der Technik die Rede war, wurde bereits gesagt, daß der Torwart immer versuchen muß, möglichst früh in Ballbesitz zu kommen. Also wenn möglich bzw. nötig, schon kurz vor der Mittellinie, sonst außerhalb des Strafraums, dann im Strafraum, dann im Torraum und schließlich auf der Torlinie. Aber stets muß der Torwart versuchen, den Ball so früh, wie er kann, unter Kontrolle zu bringen. Warte darum nie auf den Ball, sondern geh ihm entgegen, nimm ihn auf dem höchsten Punkt, erreiche ihn immer vor dem Gegner usw.

Bei Täuschbewegungen des Körpers
Bei den beiden wesentlichen Situationen, in denen Körpertäuschungen eingesetzt werden, dem Strafstoß und dem Kampf 1 gegen 1, ist der Augenblick der Bewegung entscheidend. Kommt die Täuschbewegung zu früh oder zu spät, bleibt sie ohne Wirkung. Der beste Moment ist normalerweise der kurz vor dem Schuß des Spielers. Ferner ist die Schnelligkeit, mit der die Bewegung ausgeführt wird, sehr wichtig. Wird sie zu schnell oder zu langsam ausgeführt, wird sich der Gegner kaum oder gar nicht täuschen lassen.

Zurückspielen zum Torwart
Prinzipiell muß der Torwart immer nach dem Ball verlangen, und der Spieler muß ihn neben das Tor zurückspielen. So vermeidet man alle Risiken.

Position des Torwarts in Spielsituationen

In den Abbildungen ist der Raum markiert, in dem der Torwart sich bewegen kann, wenn der Spieler mit dem Ball sich in einem bestimmten Bereich aufhält. Die günstigste Position innerhalb des Raumes, in dem sich der Torwart aufhalten soll, ist von vielen Faktoren abhängig:
- ○ Klasse des Torwarts (Schnelligkeit, Reaktionsvermögen, Antizipationsfähigkeit usw.);
- ○ Qualitäten der Mitspieler und Gegner;
- ○ Positionen von Mitspielern und Gegnern;
- ○ Witterungsbedingungen und Spielfeldbeschaffenheit.

Ball in der Hälfte des Gegners (Abb. 1)
Möglichkeiten für den Gegner: Paß in die Tiefe oder individuelle Aktion. Ein Torschuß ist nahezu unmöglich. Der Torwart kann versuchen, den in die Tiefe gespielten Ball abzufangen.

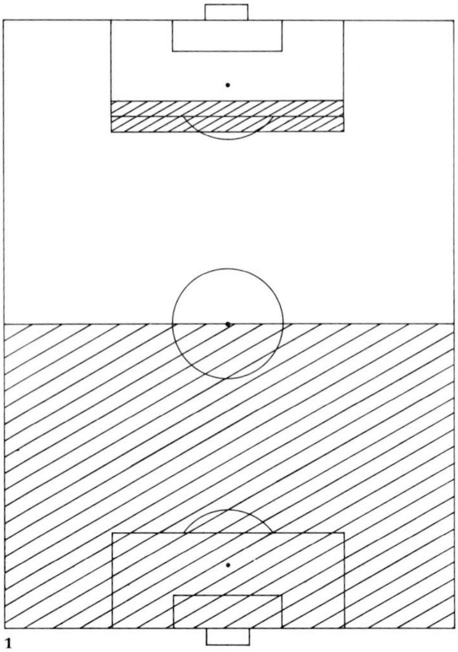

1

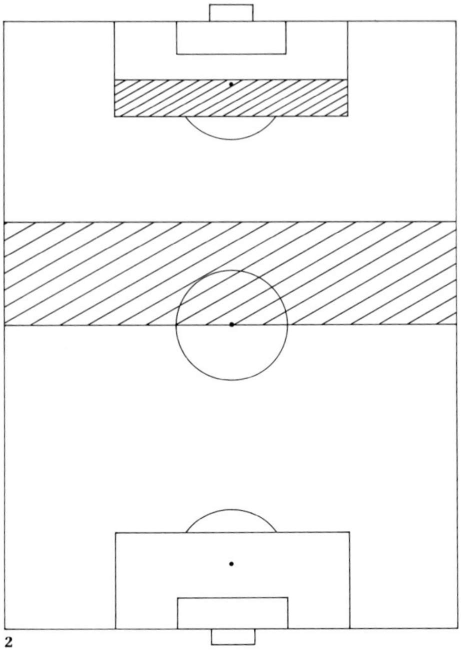

2

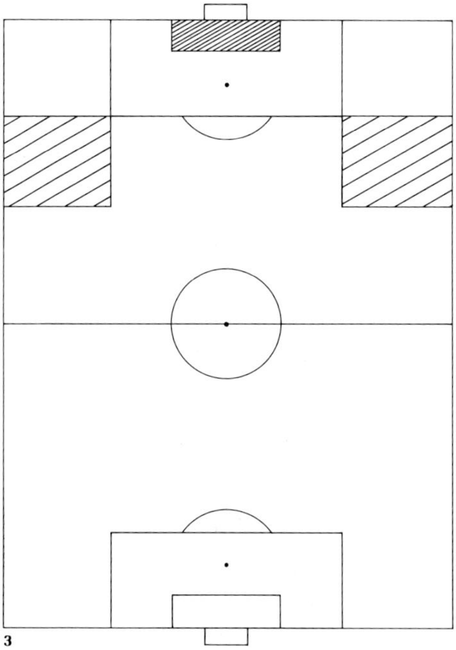

3

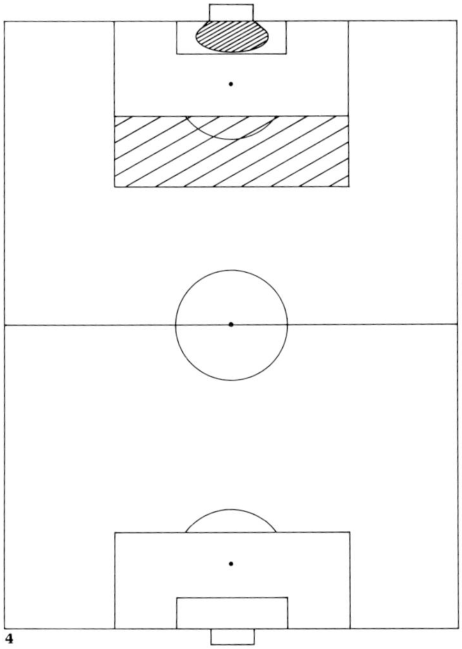

4

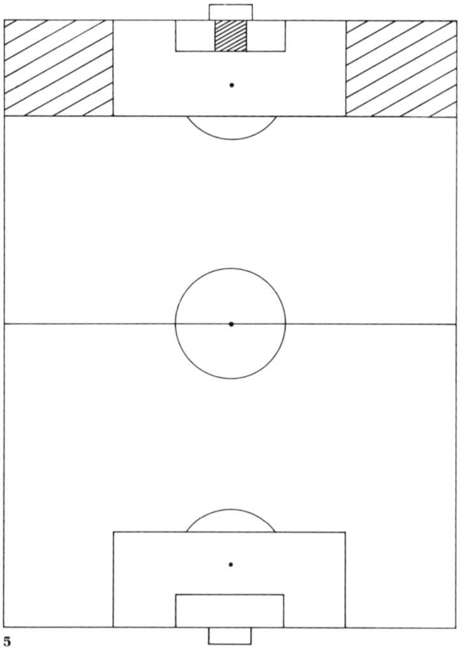

5

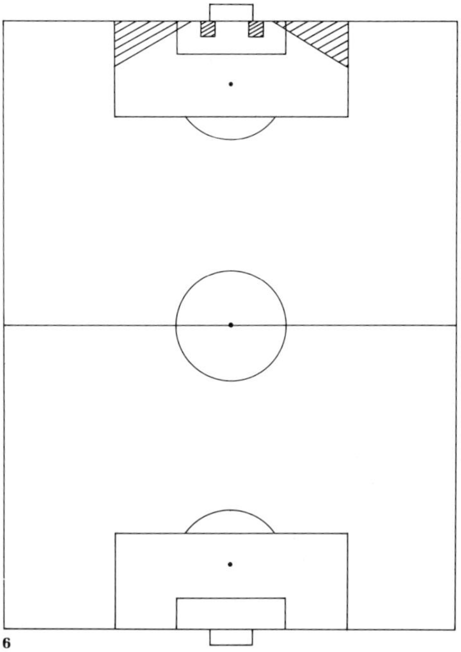

6

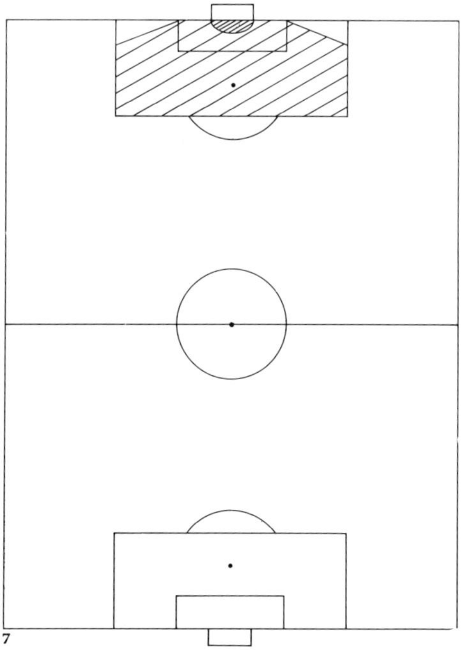

7

= Bereich, in dem sich der Torwart bewegt

= Raum, in dem der Ball gespielt wird

Besteht dazu keine Möglichkeit, dann schnell zurück und versuchen, dem Ballführenden den Ball abzunehmen, wenn keine Mitspieler mehr herankommen können. Immer auf mitlaufende Gegner achten. Bei einem direkten Schuß aufs Tor hat der Torwart genügend Zeit, sich auf die Abwehr des Balles vorzubereiten.

Ball in der eigenen Hälfte (Abb. 2)
Möglichkeiten für den Gegner: Paß in die Tiefe, individuelle Aktion, eine Flanke oder ein Schuß aufs Tor. Der Torwart kann, wenn er richtig steht, einen Paß in die Tiefe und eine Flanke abfangen. Für 1 gegen 1 geht er zuerst etwas zurück (wegen der Möglichkeit eines

Ausgangsstellung zum Zweikampf, wobei der Torwart nahe am Gegner ist

Torschusses, vor allem ein Heber kann gefährlich sein), aber er darf dabei nicht den Spieler und den Ball aus den Augen verlieren. Bei einem Torschuß muß der Torwart wahrscheinlich (abhängig von der Ballbahn) schnell zurücksprinten, um den Ball zu erreichen, ganz sicher bei einem Heber.

Ball links und rechts vor dem Strafraum (Abb. 3)
Möglichkeiten für den Gegner: Meist erfolgt aus dieser Situation ein direkter Paß oder ein hoher Schuß in Torrichtung. Aufs Tor zu schießen ist sehr schwierig und ist abhängig davon, mit welchem Fuß der Gegner schießt. Von der Grundposition aus kann der Torwart den Ball annehmen, wenn ein Steilpaß oder eine Flanke gespielt wird. Ein Schuß aufs Tor ist relativ leicht abzuwehren.

Ball vor dem Strafraum (Abb. 4)
Möglichkeiten für den Gegner: Er kann einen Steilpaß spielen oder direkt aufs Tor schießen. Er kann den Ball auch nach außen spielen; dann muß der Torwart seine Stellung ändern. Die Position des Torwarts ist entscheidend bei Schüssen aufs Tor und beim Herauslaufen auf einen Steilpaß.

Bälle von der Seite und außerhalb vom Strafraum (Abb. 5)
Möglichkeiten für den Gegner: Aus dieser Position wird der Ball meist nur hoch vors Tor gebracht. Je nach dem Schußbein und genauer Position des Spielers, der in Ballbesitz ist, kann der Ball auch aufs Tor geschossen werden. Der Torwart hat alle Möglichkeiten, den Ball anzunehmen, wenn er in Reichweite kommt.

Steht er, wie er stehen sollte, kann der Ball normalerweise kaum ins Tor gehen.

Bälle innerhalb des Strafraums seitlich des Torraums (Abb. 6)
Möglichkeiten für den Gegner: In diesem Fall kann der Ball aufs Tor geschossen oder geflankt werden. Ist der Spieler noch nicht an der Torauslinie, muß der Torwart damit rechnen, daß er aufs Tor schießt oder flankt. Entscheidend für die Wahl zwischen einem direkten Schuß aufs Tor und einer Flanke ist die Geschwindigkeit, mit der der Spieler auf die Linie zuläuft. Läuft er schnell, wird er ziemlich sicher nur eine harte und gerade Flanke schlagen. Läuft er langsam, hat er die Wahl zwischen einer harten Flanke, einem hohen Ball oder einem Torschuß.
Achte darauf, mit welchem Fuß er den Ball trifft; daraus kann man ersehen, ob er dem Ball Effet zum Tor hin oder vom Tor weg geben wird.

Bälle innerhalb des Strafraums vor dem Tor (Abb. 7)
Möglichkeiten für den Gegner: Aus dieser Position kann er zwei Dinge tun: den Ball zu einem anderen Spieler flanken (z. B. indem er den Ball quer oder etwas zurückspielt oder mittels eines Passes steil spielt) oder selbst schießen. Die Position des Torwarts ist sehr wichtig und muß ganz genau eingenommen werden. Innerhalb des Strafraums darf der Torwart keinen Fehler machen; der Abstand zwischen Ball und Tor ist so gering, daß der kleinste Stellungsfehler bereits zu einem Tor führen kann. Der Torwart muß so stehen, daß er einen direkten Schuß parieren kann; wenn er richtig steht, kann er auch bei einem Abspiel noch rechtzeitig herauskommen, um den Schußwinkel abzukürzen.

Übungs- und Lernstoff für die Taktik in Spielsituationen

Ziel: Erlernen und Verbessern des Stellungsspiels des Torwarts
1. Trainer spielt den Ball: links und rechts und über den Torwart. Der nimmt immer wieder die Ausgangsstellung ein.

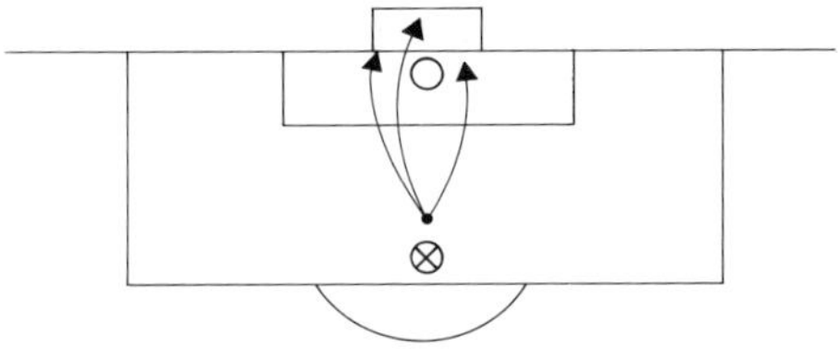

Bemerkung: Der Trainer kann den Ball auch werfen, aber er geht möglichst schnell zum Schießen über (Volley, Dropkick, Bälle vom Boden usw.).

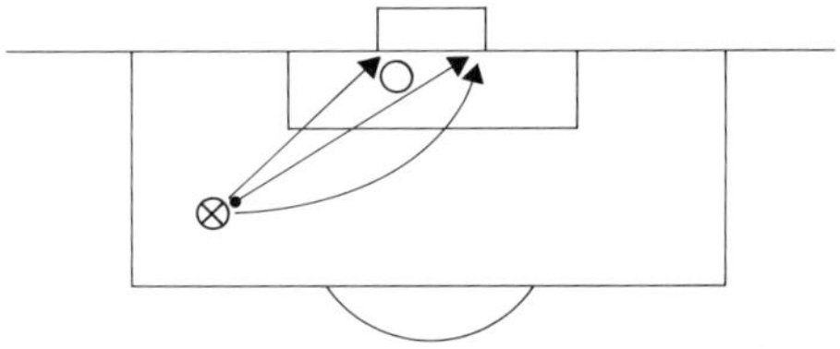

2. Wie Übung 1, aber von der Seite.
Bemerkungen zu Übung 1 und 2:
Der Trainer kann vorher angeben, in welche Ecke er die Bälle spielt; die Bälle abwechselnd spielen; die Entfernung zwischen Ball und Torwart vergrößern und verkleinern; die Ballbahn variieren (hoch, flach, gerade, im Bogen, mit und ohne Effet, mit oder ohne Aufspringen vor dem Torwart).

3. Trainer dribbelt den Ball vor dem Tor und tut immer wieder so, als würde er schießen: Torwart bewegt sich mit und

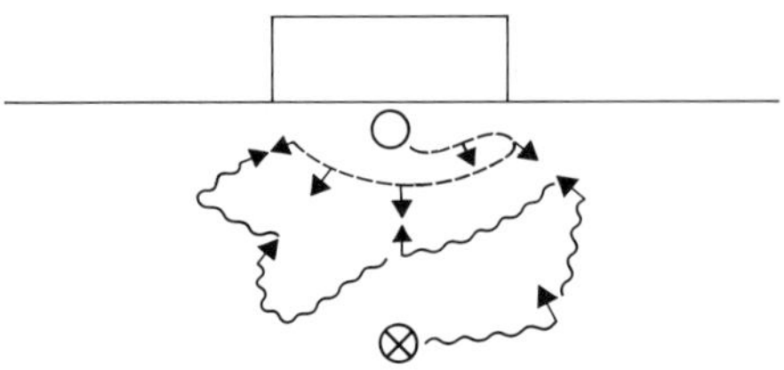

bleibt in der richtigen Position und Ausgangsstellung im Moment der Schußtäuschung stehen; das gleiche, aber jetzt schießt der Trainer den Ball, und der Torwart wehrt ab.

4. Sechs (oder mehr) Spieler stehen hinter einem Ball und haben alle eine eigene Nummer. Der Trainer steht hinterm Tor. Die Spieler schießen den Ball in Reihenfolge ihrer Nummern. Sie lassen dem Torwart Zeit, seine Position einzunehmen; sobald der Trainer ein Zeichen gibt, darf geschossen werden; die Reihenfolge kann verändert werden, indem jeweils der nächste Spieler eine Nummer aufruft.

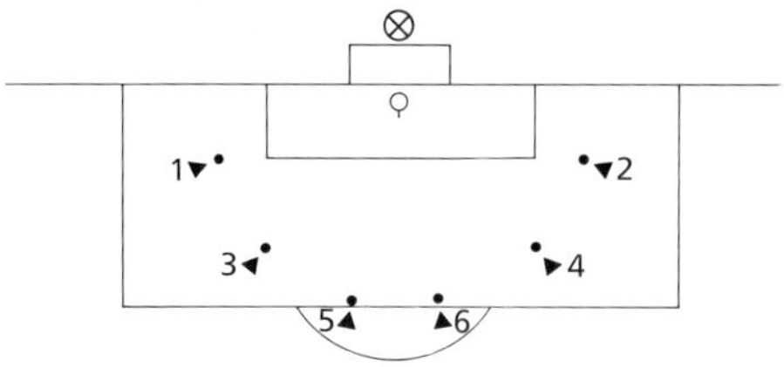

5. Vor dem Tor liegen wahllos einige Bälle, die der Trainer aufs Tor schießt. Der Torwart wählt jeweils seine Position und hält den Ball.

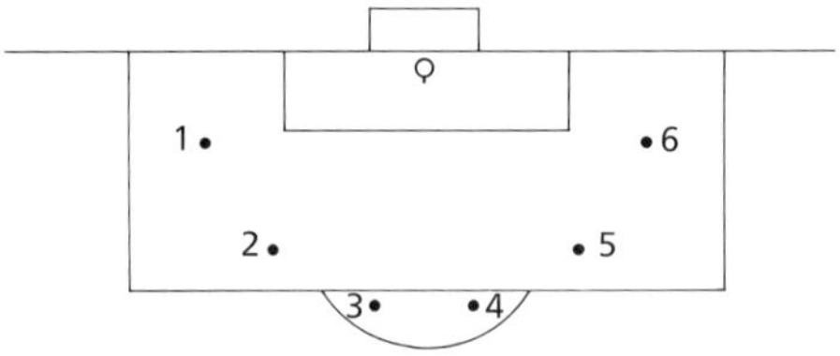

6. Zusammenspiel von drei Stürmern vor dem Tor, der Ball wird von einem vorher bestimmten Spieler aufs Tor geschossen; der Ball wird von einem beliebigen Spieler aufs Tor geschossen.

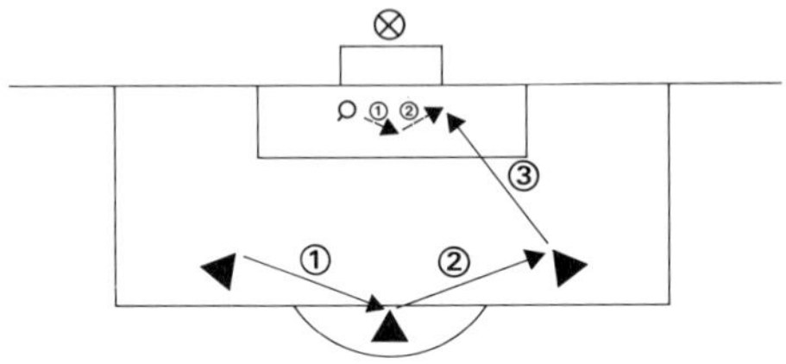

Der Torwart wählt jeweils seine Position in Ausgangsstellung und wehrt den Ball ab.

7. Ball, der lange unterwegs ist: Bälle aus dem in der Abb. mit den Linien angegebenen Raum in Richtung Tor und Strafraum spielen, wo der Torwart den Ball annehmen soll.

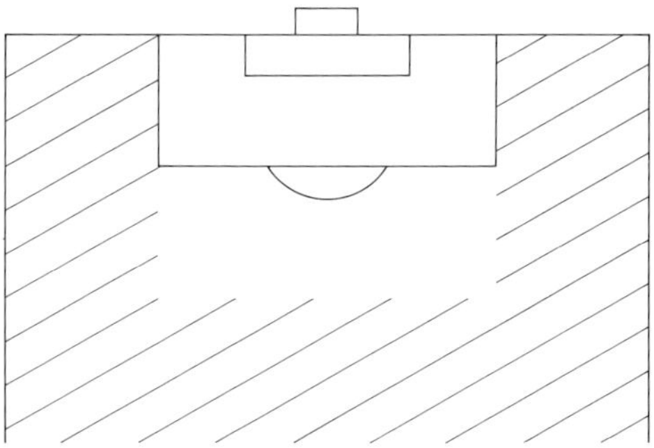

Varianten: aus dem Stand, nach einem Dribbling und nach einem Paß; unterschiedliche Ballbahnen (flach, hoch, mit und ohne Effet, nach innen oder nach außen drehend, mit oder ohne Aufspringen); Mitspieler und Gegner greifen dabei ein.

8. Ball, der kurz unterwegs ist:
Bälle von einem bestimmten Punkt in vorher angegebene Positionen spielen. Vier Möglichkeiten sind in der Abb. angegeben:

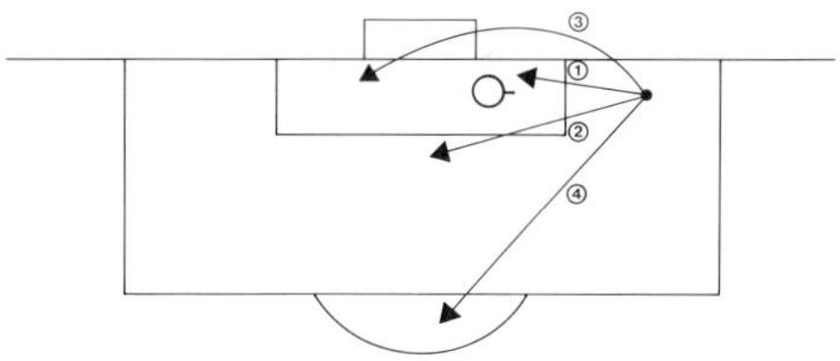

① = kurze Ecke
② = gerade Flanke
③ = Ball im Bogen über den Torwart
④ = Vorlage auf einen herbeieilenden Mitspieler

Varianten der Ausführung: alles aus dem Stand; nach einem Paß nach vorn; nach einem Dribbling; Mitspieler und Gegner greifen dabei ein.

Ziel: Erlernen und Verbessern des Zweikampfverhaltens
1. Torwart und Trainer stehen nahe beieinander; Trainer spielt den Ball links oder rechts neben den Torwart, um ihn zu umspielen; Torwart fängt den Ball ab;

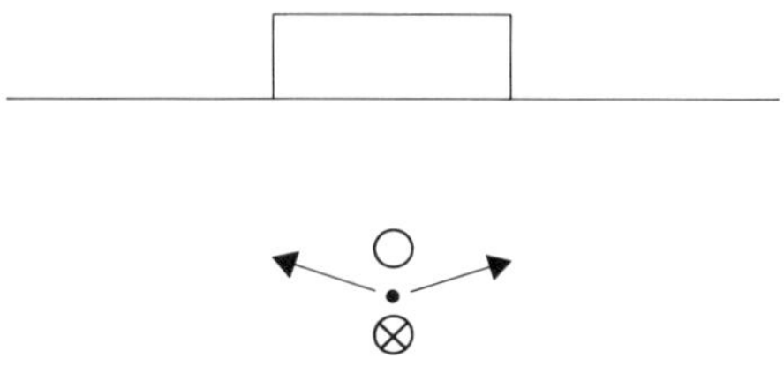

2. wie Übung 1, aber mit größerem Abstand zwischen Trainer und Torwart. Der Trainer hat dann mehr Möglichkeiten: Ball direkt links oder rechts neben dem Torwart aufs Tor schießen; übers Tor (Lob); das Umspielen des Torwarts; Torwart versucht den Ball zu halten.

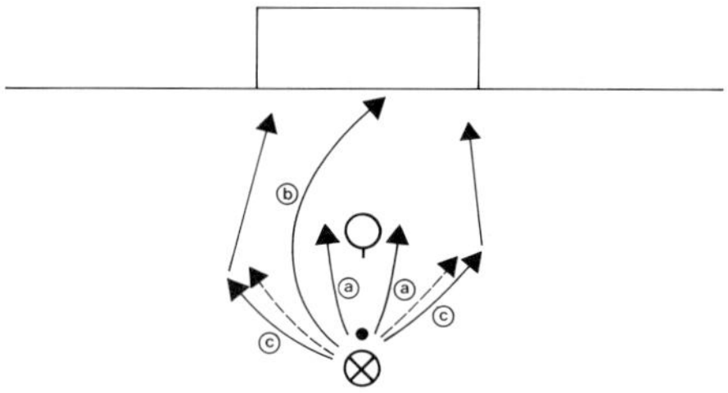

3. Aus allen Richtungen auf den Torwart spielen, um ein Tor zu erzielen: Trainer oder Spieler muß schnell auf den Torwart zukommen und aus der Distanz schießen; das gleiche, aber jetzt muß er am Torwart vorbei; sich nun selbst für eine von beiden Möglichkeiten entscheiden; wie die ersten drei Möglichkeiten, aber der Torwart hat jetzt mehr Zeit; das gleiche, aber ein Mitspieler des Torwarts läuft mit. Der Torwart versucht, den Zweikampf zu gewinnen, kommt nahe an den Gegner, drängt ihn nach außen oder zwingt ihn, sein schwaches Bein zu gebrauchen, und bringt ihn zum Stehen. Wenn sich der Angreifer den Ball zu weit vorlegt, wirft sich der Torwart. Wird er überspielt, dann schnell umdrehen zu einem neuen Versuch.

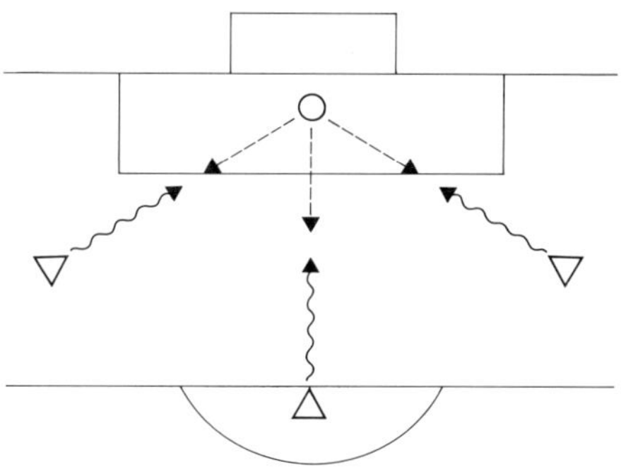

Taktisches Verhalten bei sogenannten Standardsituationen

Der Anstoß

Es scheint eher Theorie als Praxis zu sein, aber kommt gelegentlich vor, daß der Ball gleich nach dem Anstoß aufs Tor geschossen und ein Treffer erzielt wird. Normalerweise muß der Torwart immer zuerst den Torraum kontrollieren. Die Konzentration auf den Ball ist dann geringer, und das kann die gegnerische Mannschaft ausnutzen. Deshalb vom Anpfiff an die Aufmerksamkeit auf den Ball richten!

Der Eckstoß

Sobald eine Ecke gegeben wird, muß der Torwart möglichst schnell seine Verteidigung organisieren; die vorher getroffenen Absprachen (unbedingt notwendig!) müssen von ihm kurz bestätigt werden. Die möglichen Positionen für seine Mitspieler:

<u>Besetzung der Pfosten</u>

Die kurze Ecke wird fast immer von einem Mitspieler besetzt, meist von einem kleineren, weniger kopfballstarken Spieler, weil die größeren und kopfballstarken in den Zweikampf mit dem Gegner gehen sollten. Hinsichtlich der Besetzung der langen Ecke gehen die Meinungen auseinander. Sie wird abgelehnt von denen, die meinen, daß nicht noch ein Mann der Verteidigung entzogen werden dürfe, weil ja durch die Besetzung des ersten Pfostens bereits ein Gegner freisteht, und daß der Torwart den ganzen Torraum einschließlich des zweiten Pfostens abschirmen müsse. Die Befürworter halten es für eine zusätzliche Sicherheit.

Wenn der Ball über den Torwart weggeht, kann immer noch ein Verteidiger retten. Wenn erneut aufs Tor geschossen wird, schützen zwei Verteidiger das Tor. Wichtig bei der Besetzung der beiden Pfosten ist, daß der mutigste Kopfballer nahe am ersten Pfosten steht, weil dort normalerweise die meisten Zweikämpfe ausgetragen werden. Der Torwart muß von seinen Verteidigern an den Pfosten verlangen, daß sie aktiv eingreifen, also nicht nur am Pfosten stehen und diesen festhalten. Nähert sich der Ball und tritt der Torwart in Aktion, müssen beide Spieler nach innen aufschließen und dem Torwart Rückendeckung geben.

<u>9,15 m vom Ball entfernt</u>

Wenn man draußen an der Ecke einen Mitspieler plaziert, muß der Gegner den Ball über ihn oder an ihm vorbei schießen. Der Ball geht dann hoch oder im Bogen um ihn herum. Das bringt einen Zeitgewinn für die anderen Spieler und den Torwart, um die Ballbahn einzuschätzen und in Aktion zu treten. Nachteilig ist, daß ein Spieler der Verteidigung entzogen wird.

<u>Auf der 5-m-Linie</u>

Der Vorteil liegt darin, daß der Ball auch über ihn oder an ihm vorbei muß (sonst kann dieser Spieler den Ball wegköpfen oder schießen), wobei Torwart und Verteidiger genügend Zeit haben, sich auf die Ballbahn einzustellen. Außerdem wird die Gefahr für das kurze Eck fast ausgeschlossen, weil dies von dem betreffenden Spieler abgeschirmt wird.
Die Besetzung all dieser Positionen sollte ungefähr wie in der Abb. dargestellt aussehen. Die Details hängen von vielen Faktoren ab. Ausschlaggebend sind u. a. die Qualitäten des Torwarts in der Luft, die Kopfballstärke

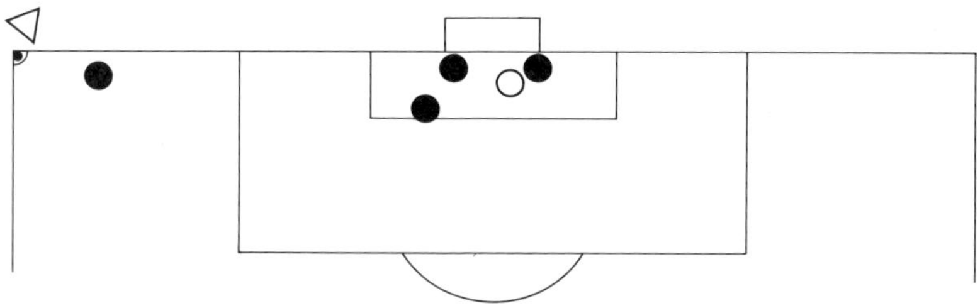

von Mitspielern und Gegnern. Es ist wichtig, vor dem Spiel, beispielsweise bei der taktischen Besprechung, gute Absprachen zu treffen, damit jeder beim Eckstoß seine Position und Aufgabe weiß.
Der Gegner hat folgende Möglichkeiten, den Eckstoß auszuführen: als Ball mit wenig Drall, Ball mit viel Drall (Flugkurve zum Tor hin, vom Tor weg), als kurze Ecke. Sorge in jedem Fall dafür, daß zwei Mitspieler in der Nähe der Eckfahne stehen, sonst entsteht eine 2 gegen 1 Situation zum Vorteil der gegnerischen Mannschaft.

Der Freistoß
Man unterscheidet den direkten vom indirekten Freistoß. Aus einem direkten Freistoß kann unmittelbar ein Tor erzielt werden; bei einem indirekten Freistoß muß der Ball erst von einem anderen (Mitspieler oder Gegner) außer dem Ausführenden berührt werden. Beim indirekten Freistoß muß der Schiedsrichter seine Hand über den Kopf heben und sie solange hochhalten, bis der Freistoß ausgeführt ist. Zugleich gibt der Schiedsrichter ein Zeichen, um ihn ausführen zu lassen. Das braucht nicht unbedingt mit der Pfeife zu geschehen! Wurde wegen einer Regelwidrigkeit gepfiffen, muß der Torwart sofort entscheiden, ob er eine Mauer will oder nicht. Wenn ja, bestimmt er, wo die Mauer stehen soll sowie aus wie vielen und welchen Spielern sie zu bilden ist. Der Torwart hält Kontakt mit einem Mitspieler, der in Abstimmung mit ihm die Mauer aufstellt. Wie viele Spieler die Mauer bilden sollen, hängt ab von der Entfernung und dem Ort, wo der Freistoß ausgeführt wird. Man kann sich an folgende Regeln halten:

- ○ Entfernung ungefähr 30 m (eine gute Chance für einen »Spezialisten«, der genügend Schußkraft hat): etwa drei Mitspieler;
- ○ Entfernung 20 m: etwa fünf Leute;
- ○ Entfernung zwischen 11 und 16 m: etwa acht Spieler;
- ○ Entfernung kleiner als 9,15 m: alle Spieler zurück und auf die Torlinie stellen; der Torwart steht dort zwischen ihnen.

Die Spieler, die die Mauer bilden, wenn ein Ball aufs Tor geschossen werden kann, sind die beiden Innenverteidiger in der Mitte, ergänzt durch Mittelfeldspieler und Stürmer. Die beiden Außenverteidiger gehen als letzte in die Mauer; sie müssen nämlich zuerst die Seiten gegen evtl. herbeieilende Gegner decken.
Wichtig ist ferner, wer auf welchem Platz steht. Meist ist die beste Position der größeren Spieler an den Seiten der Mauer – vor allem wegen der Bälle mit Effet –, und zur Mitte hin werden die Spieler kleiner. Der Torwart plaziert die Mauer in Abstimmung mit dem Spieler ganz außen auf der Seite des langen Ecks.
Die Mauer muß so stehen, daß von der Position des Torwarts im langen Eck an dem außen in der Mauer Stehenden vorbei zum Ball eine Linie verläuft.

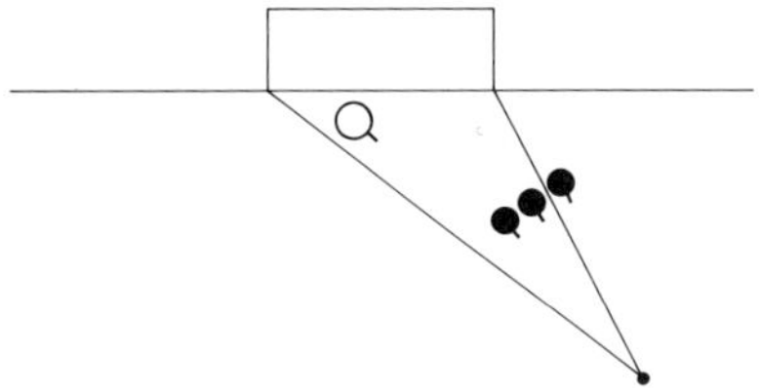

Ein Spieler – meist der ganz außen – macht noch einen Schritt zur Seite, um die Gefahren eines Balles mit Effet einzuschränken. Der Torwart deckt dann selbst die Seite des Tors, die nicht von der Mauer abgeschirmt wird. Auf diese Weise kann er an der Mauer vorbei sehen, wo der Ball liegt.
Weitere Möglichkeiten für die Aufstellung der Mauer:
Eine weitere Möglichkeit ist die, an einem oder beiden Pfosten Mitspieler zu plazieren. Sie müssen diese Seite(n) des Tors abschirmen. Der Nachteil ist, daß nicht auf Abseits gespielt werden kann. Die Absprachen und die Zusammenarbeit zwischen dem Torwart und diesen Spielern müssen perfekt sein, weil ein Mißverständnis unmittelbar zu einem Tor führen kann; deshalb wird von dieser Möglichkeit nur selten Gebrauch gemacht.
Eine andere Variante ist die offene Mauer, normalerweise bei Freistößen gerade vorm Tor. Weil der Torwart den Ball dann nicht sehen kann, wird in der Mauer ein »Loch« freigelassen, allerdings ist die Gefahr groß, daß der Ball abgefälscht wird; dann ist der Torwart chancenlos. Oft läuft der außenstehende Spieler so schnell wie möglich auf den Freistoßschützen zu, um den Schuß abzublocken. So wird das Schießen für den Gegner erheblich erschwert. Jetzt noch einige Beispiele, die auch grafisch dargestellt sind:
Zu Abb. 1 und 2: Der Torwart kann den Ball gut sehen und hat sich links bzw. rechts von der Mitte aufgestellt, um so den nicht gedeckten Raum zu verteidigen. Sollte der Gegner den Ball in die entferntere Ecke heben, muß der Torwart schnell reagieren und versuchen, den Ball zu erreichen.
Zu Abb. 3: Die Entfernung zum Tor ist so gering, daß die Mauer beide Ecken abdeckt. Der Torwart muß versuchen, den Ball zwischen den Beinen der Spieler zu sehen.
Zu Abb. 4: Die gleiche Situation, aber jetzt mit einer offenen Mauer.
Auch bei Freistößen, die mehr von den Seiten ausgeführt werden, kann die Aufstellung einer Mauer sinnvoll sein. Als Torwart muß man sowohl mit einem Schuß aufs Tor wie mit einer Flanke rechnen. Steht da eine Mauer, hat ein Torschuß kaum Chancen auf Erfolg. Kommt eine Flanke an der Mauer vorbei, hat der Torwart mehr Zeit zu reagieren.

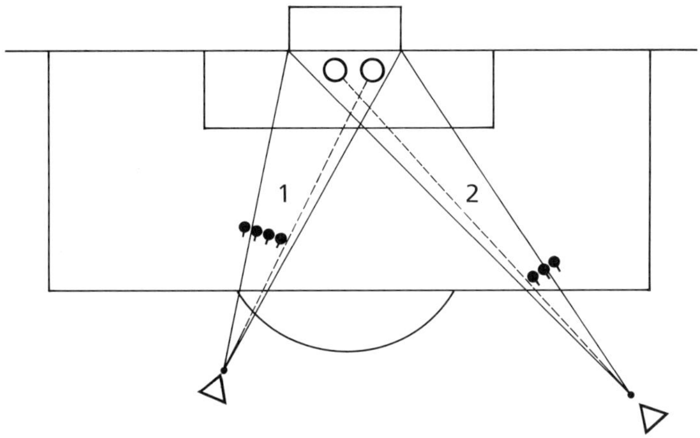

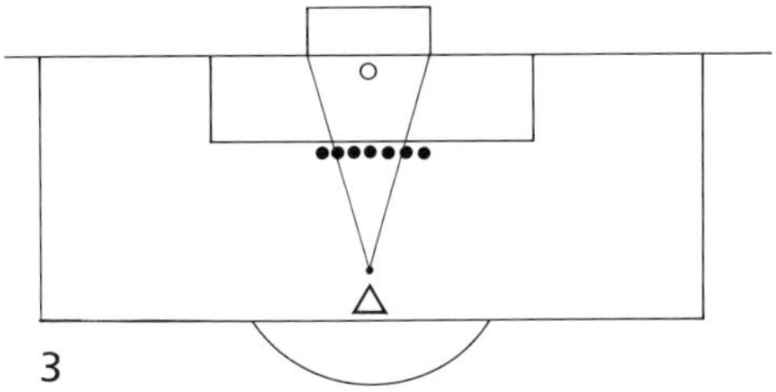

3

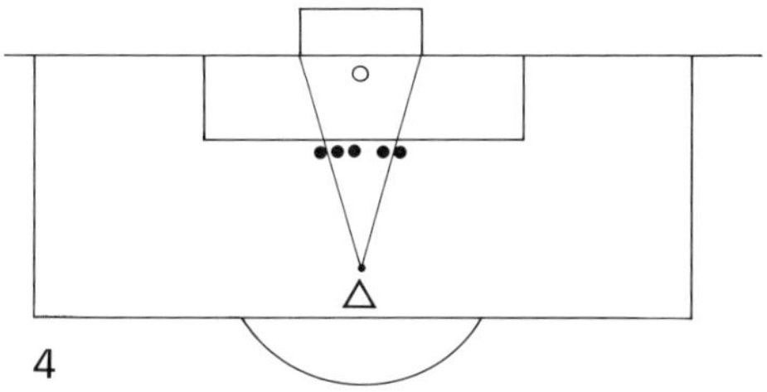

4

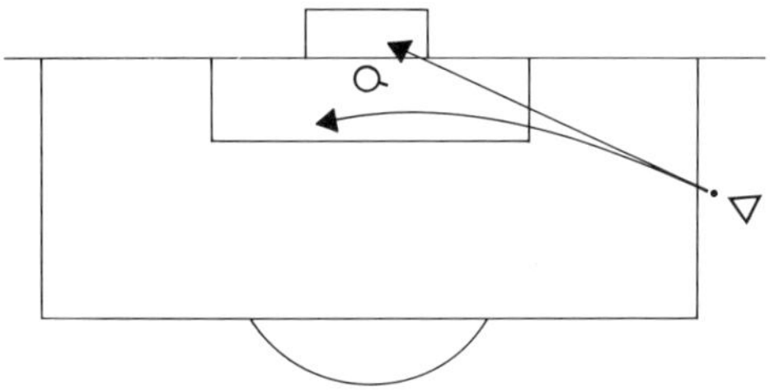

Freistoßmöglichkeiten von der Seite ohne Mauer

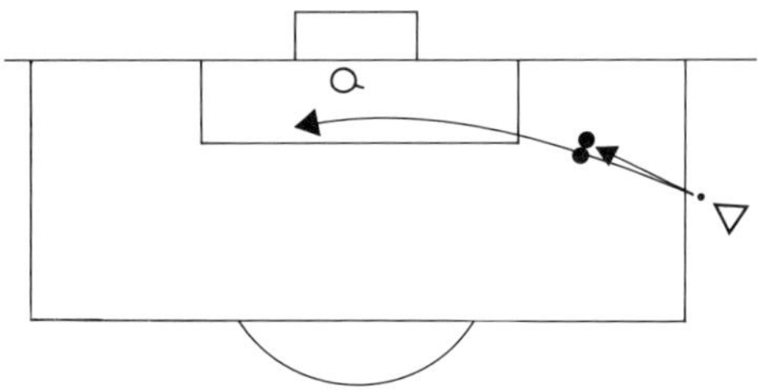

Freistoßmöglichkeiten von der Seite mit Mauer aus zwei Spielern

Wenn der Schiedsrichter einen Freistoß in Tornähe gepfiffen hat, weist der Torwart sofort einen Mitspieler an, sich vor den Ball zu stellen, und entscheidet schnell, ob eine Mauer gebildet werden muß; wenn ja, angeben, wie viele die Mauer bilden sollen. Während der Aufstellung der Mauer nie den Ball und den Gegner aus dem Auge verlieren, denn der Gegner muß nicht auf ein Pfeifsignal für die Ausführung des Freistoßes warten.

Der Strafstoß

Als Torwart muß man diese Situation als eine besondere Herausforderung sehen. Alle gehen schließlich davon aus, daß der Torwart bei einem Strafstoß fast ohne Chance ist. Wird ein Tor erzielt, wird ihm niemand einen Vorwurf machen. Hält er den Ball, ist er der Held. Bei einem Strafstoß sind die Chancen für ihn nicht in jedem Fall gleich Null; sicher nicht, wenn sich der Torwart vorab möglichst eingehend über den Elfmeterschützen informiert hat. Außerdem ist die psychologische Strategie eine »Waffe« für den Torwart. Es gibt Spieler, die im Training keinen Elfmeter vergeben, aber im Spiel das Tor doch verfehlen. Versuche deshalb als Torwart, den »Druck« auf den Ausführenden möglichst zu vergrößern. Zögere den Regeln gemäß den Moment, in dem der Elfmeter ausgeführt werden muß, möglichst weit hinaus. Je länger der Gegner »nachdenken« muß, um so besser; es kann ihn nur unsicherer machen.
Wird der Strafstoß sauber ausgeführt (nahe am Pfosten vorbei ins Tor), wartet der Torwart zunächst, setzt dann auf die Ecke, die der Schütze gewöhnlich bevorzugt (dies vorab herauszufinden ist wichtig!), und verkleinert diese. Wird der Elfmeter sehr hart geschossen, darf sich der Torwart nicht zu früh

für eine Ecke entscheiden und muß darauf hoffen, daß der Ball in Reichweite kommt, dabei setzt er auf eine schnelle Reflexbewegung und achtet darauf, wie der Schütze anläuft, was ihm einen Hinweis geben kann, in welche Ecke der Ball geschossen wird.
Auch wenn der Elfmeterschütze versucht, den Torwart zu täuschen, darf sich der Torwart nicht zu früh für eine Ecke entscheiden, sondern muß warten, bis der Strafstoß ausgeführt ist, und auf einen Fehlschuß hoffen.
Bemerkung: In den Spielregeln steht, daß der Torwart seine Stellung nicht ändern darf, bevor der Ball gespielt ist. Er darf aber seinen Gegner während des Anlaufs durch Täuschbewegungen beeinflussen, allerdings ohne die Fußstellung zu ändern.
Ein weiterer Hinweis für den Torwart ist der Anlauf des Elfmeterschützen: Ausgehend von einem rechtsbeinigen Schützen (beim linksbeinigen genau umgekehrt) ist in beiden Abb. die wahrscheinliche Schußrichtung bei einem bestimmten Anlauf skizziert. In Abb. 1 ist die linke Ecke, vom Torwart aus gesehen, am einfachsten für den Schuß aufs Tor. Bewegt sich der Torwart zu früh, kann der Schütze den Ball immer noch in die andere Ecke ziehen. Bei einem geraden Anlauf ist die Ecke rechts vom Torwart am einfachsten. Wählt der Schütze die andere Ecke, muß er seine ganze Körperhaltung kurz vor dem Schießen völlig verändern (siehe Abb. 2).

Der weite Einwurf
Es gibt Spieler, die einen Ball 25 bis 30 m weit einwerfen können. Der Ball kann dann direkt in den Torraum gelangen. Darauf müssen sich der Torwart und seine Verteidigung einstellen.
Bemerkung: Bei einem Einwurf kann ein Gegner nicht im Abseits stehen.

Der Schiedsrichterball
Manchmal wird ein Schiedsrichterball im Strafraum gegeben. Möglicherweise wird der Ball direkt nach dem Aufspringen aufs Tor geschossen. Der Torwart muß evtl. eine Mauer von zwei bis vier Spieler aufstellen und dafür sorgen, daß jeder gefährlich stehende Gegner gedeckt wird.

Taktik im Spielaufbau/Angriff

Wenn der Ball ins Spiel gebracht wird (als Spielfortsetzung oder Wiederaufnahme des Spiels), sind zwei wichtige Dinge zu beachten: die Schnelligkeit, mit der der Ball wieder ins Spiel kommt, und die Art, mit der der Ball ins Spiel gebracht wird.
Die Schnelligkeit, mit der der Ball ins Spiel gebracht wird, hängt vor allem ab vom: Spielstand, Platz in der Tabelle, Pokal- oder Punktspiel, steht

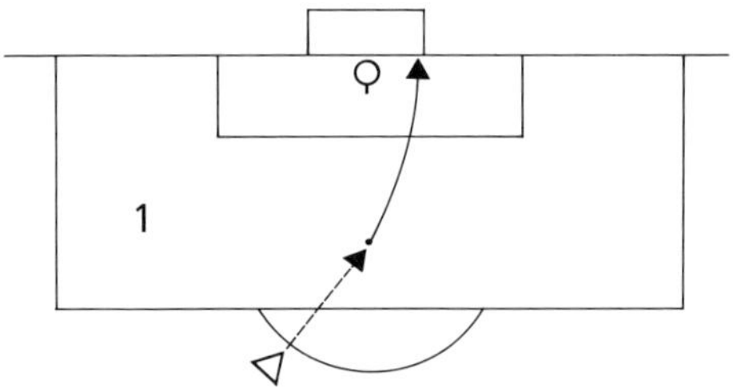

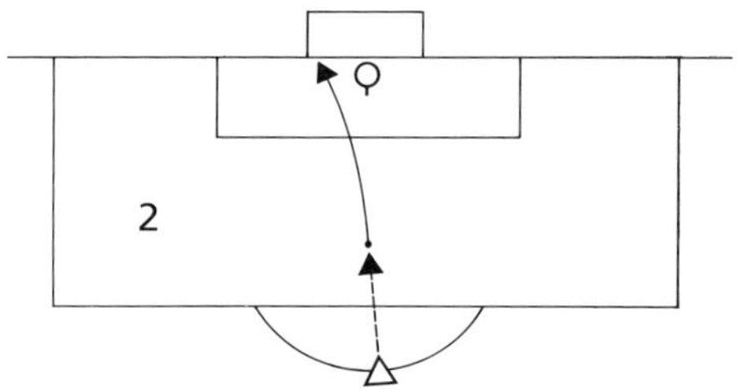

Falsch eingeschätzt!

man unter Druck, oder übt man Druck auf den Gegner aus. Steht man unter Druck, sind viele Torhüter geneigt, den Ball möglichst lange festzuhalten. Das ist nicht immer richtig, denn dann stehen gewöhnlich die Stürmer 1 gegen 1 an der Mittellinie. Manchmal lohnt es sich, ein kleines Risiko einzugehen, indem man den Stürmer möglichst schnell anspielt und hofft, daß er die Situation ausnützen kann.
Die Phase im Spiel und die augenblickliche Situation bestimmen die Schnelligkeit, mit der der Ball ins Spiel gebracht wird. Ein Torwart muß auf jede Situation eine Antwort parat haben. Wie der Ball ins Spiel gebracht wird, hängt zusammen mit der jeweiligen Situation. Ausschlaggebend sind die Position von Mitspieler(n) und Gegner(n) und die Qualitäten des Torwarts. Wie weit wirft er z. B. den Ball, und wie weit kann er ihn schießen? Muß der Ball unbedingt in den eigenen Reihen bleiben, oder darf man etwas Risiko eingehen? Die momentane Situation bestimmt zusammen mit der Position der Mitspieler und der Gegner sowie den Qualitäten des Torwarts die jeweilige Technik.

Körperliche Aspekte

Es gibt eine Reihe von körperlichen Aspekten, die letztlich die Leistung mitbestimmen. Dabei gehen wir aus von einem gesunden Körper, von seiner Gesunderhaltung und von der Behandlung, damit er wieder gesund wird.
Die körperlich entscheidenden Faktoren nennen wir auch motorisch-konditionelle Fähigkeiten: Ausdauer, Schnelligkeit, Kraft, Beweglichkeit.

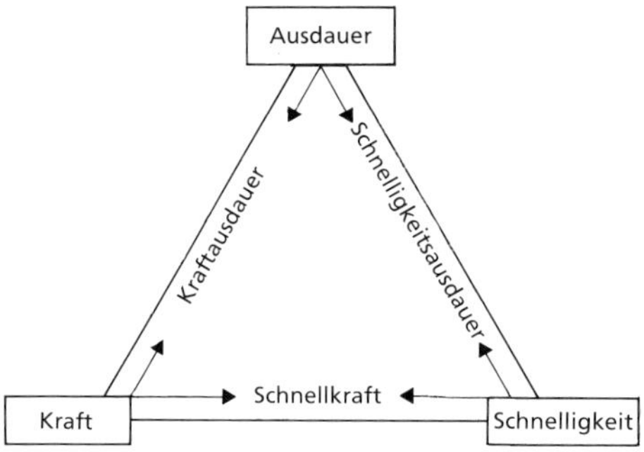

Diese Fähigkeiten sind beim Torhüten nicht voneinander zu trennen. Gezielt können sie bei der Vorbereitung und im Aufbau trainiert und verbessert werden, aber möglichst bald muß das eine ins andere übergehen.
Koordination, Körpertechnik und Balltechnik müssen in Kombination mit diesen Grundeigenschaften trainiert werden.

Kondition

Im Sport versteht man unter Kondition ganz allgemein die Summe der leistungsbestimmenden Faktoren. Dazu gehören u. a. Alter, Veranlagung, psychische und körperliche Fähigkeiten. In diesem Kapitel werden lediglich die körperlichen Faktoren näher behandelt.

Konditionsformen
Im Prinzip unterscheiden wir die allgemeine und die spezielle Kondition. Während sich die allgemeine Kondition auf ein vielschichtiges Basistraining bezieht, d. h. auf eine vielseitige Ausbildung von Herz, Lunge und Kreislauf, von Muskelkraft und Beweglichkeit, das für fast alle Sportarten die Grundlage bildet, beschränkt sich die spezielle Kondition – ausgehend von der allgemeinen Grundlage – auf die Entfaltung von sportspezifischen (leistungbestimmenden) Eigenschaften. Je breiter die allgemeine Basis ist, desto besser können sich die individuellen Möglichkeiten entfalten und um so höher kann das Niveau des speziellen Trainings sein.

Die Trainingsmethoden im Überblick
○ Dauermethode;
○ extensive Intervallmethode;
○ intensive Intervallmethode;
○ Wiederholungsmethode.
In jeder Methode sind folgende Belastungsfaktoren einbezogen (Grosser / Starischka / Zimmermann):

Reizintensität
Sie bezeichnet die Reizhöhe oder auch den Einsatz, den ein Sportler bei einer Belastung zeigt. In vielen Sportarten ist die Reizintensität quantifizierbar und damit ausdrückbar als

Höhe, Weite	m
Geschwindigkeit	m/Sek.
Größe des »Widerstandes«	kg/Watt.

Reizdauer
Die Reizdauer stellt die Zeit dar, in der ein einzelner Trainingsinhalt als Bewegungsreiz auf den Organismus wirkt. (Diese Zeit ist demnach beim Sprung kurz, beim Lauf lang.) Als Reizdauer kann aber auch die Zeit angesehen werden, in der mehrere Reize gesetzt werden (das bedeutet für eine Serie: Reizdauer = Zeit der Serie; für eine Dauerbelastung ist damit die Reizdauer = Reizumfang).

Reizdichte
Die Reizdichte bezeichnet das zeitliche Verhältnis von Belastung und Erholung in einer Trainingseinheit.

Reizhäufigkeit
Die Reizhäufigkeit ist besonders für die Gestaltung einer Trainingseinheit wichtig. Reizhäufigkeit (RH) = Anzahl der Reize.

Reizumfang
Er ergibt sich aus der Dauer und den Wiederholungen aller Belastungen einer Trainingseinheit.
Bemerkung: Bei der Intervallmethode gibt es das Prinzip der »lohnenden« Pause, d. h., am Ende der Belastung muß der Puls auf bis zu 180 Schlägen pro Minute erhöht sein. Die nächste Belastung folgt, wenn der Pulswert auf 120 Schläge pro Minute zurückgegangen ist; man hat sich also nicht vollständig erholt.

Ausdauervermögen

Unter Ausdauervermögen versteht man ganz allgemein die Fähigkeit, einer auftretenden Ermüdung widerstehen zu können. Dabei ist das Ausdauervermögen von der Fähigkeit des einzelnen bestimmt, einerseits psychische Belastungen während einer körperlichen Leistung (z. B. das subjektive Gefühl, es nicht mehr zu schaffen) zu bewältigen und andererseits die Funktion und Koordination der Körperorgane über bestimmte Zeit aufrechtzuerhalten. Letzteres kann sich auf den gesamten Organismus oder auf einzelne Teilsysteme beziehen; man spricht vom allgemeinen und lokalen Ausdauervermögen.
Eine wichtige Rolle bei der Ausdauerleistung spielt die Bereitstellung von Sauerstoff für die Muskelarbeit. Je nach Anteil des Sauerstoffs spricht man von aerober (mit Sauerstoff) und anaerober (ohne Sauerstoff) Leistungsfähigkeit. Die anaerobe Leistungsfähigkeit ist vor allem bei Dauerbelastungen von Bedeutung, die über 10 Minuten liegen. Diese Art von Belastung trifft für das Spiel im Tor in der Regel nicht zu. Trotzdem muß aber auch der Torwart über eine gute Grundlagenausdauer verfügen, um über die Gesamtdauer eines Spiels die optimale Leistung bringen zu können.

Kraft

Unter Kraft versteht man ganz allgemein die menschliche Fähigkeit, einen Widerstand zu überwinden oder ihm durch Muskelarbeit entgegenzuwirken. Diese motorische Grundeigenschaft kann man in folgender Weise aufgliedern: Maximalkraft; Schnellkraft; Kraftausdauer.

Die drei Arten des Ausdauervermögens und ihre Eigenschaften

	Kurzzeit-ausdauer-vermögen	Schnellig-keitsaus-dauervermögen	Langzeit-ausdauer-vermögen
System	Phosphatbatterie	Milchsäuresystem	aerobes System
Energiequelle	Energiereiche Phosphate	Zucker	Zucker, Fette (Eiweiße)
Dauer der Leistung	nicht länger als 1 Min.	zwischen 1 und 2 Min.	länger als 5 Min.
Beispiele aus dem Sport	100-m-Sprint	400/800-m-Lauf	5- und 10-km-Lauf

Maximalkraft

Gemeint ist die größte Kraft, die das Muskel-Nervensystem bei maximaler Anspannung aufbringen kann. Für den Torwart ist sie wichtig, weil sie eine Voraussetzung für die Schnellkraft ist. Für die Trainingsmethode:

- ○ Ausführung: maximal;
- ○ drei Wiederholungen;
- ○ völlige Ruhe (+ 3 Min.);
- ○ nach der Wiederholungsmethode trainieren.

Schnellkraft

Die Schnellkraft ist eine Kombination aus Schnelligkeit und Kraft. Es ist die Fähigkeit des Nerven-Muskelsystems, Widerstände (eigenen Körper oder den Ball) mit einer möglichst hohen Kontraktionsschnelligkeit zu überwinden. Für den Torwart ist sie bei schnellen Aktionen wie Springen, Schießen, Fausten und Werfen wichtig. Beim Trainieren der Schnellkraft gilt die »15% Regel«, d. h. beispielsweise beim Wer-

Drei Arten des Intervalltrainings zur Verbesserung des Ausdauervermögens

	Intervall-Sprinttraining	Intervall-Tempotraining	Intervall-Dauertraining
Dauer der Belastungszeit (Sek.)	10–30	30–120	120–300
Dauer der Erholungsphase	30–90	60–240	120–300
Verhältnis Belastung : Erholung	1 : 3	1 : 2	1 : 1
Zahl der Wiederholungen	25–50	10–20	3–5
Art der Belastung zwischen den Serien	geringe Belastung	mittlere Belastung	mittlere Belastung

fen oder Fausten eines Medizinballs darf dieser nicht schwerer als 15% im Vergleich zum Gewicht eines normalen Fußballs sein.

Grundregeln für das Training:

- nach der intensiven Intervallmethode und Wiederholungsmethode trainieren;
- der Akzent der Übungen liegt auf kurzzeitig starkem Krafteinsatz;
- relative Intensitätsnorm: ungefähr 90 bis 95% der Wettkampfleistung bei Sprung-, Wurf- und Faustübungen; dies alles unter wettkampfähnlichen oder erschwerten Bedingungen wie Gewichtsweste, Medizinball usw.;
- Zahl der Wiederholungen in Folge: 2–4, 4–8, 8–10 bzw. 10–20 Ausführungen bei Sprungübungen und 10–30 bei Wurf- und Faustübungen;
- Konzentration auf die Qualität der Ausführung der Übung.

Hierzu ein Beispiel zur Verbesserung der Sprungkraft in einem mehrjährigen Trainingsprozeß:

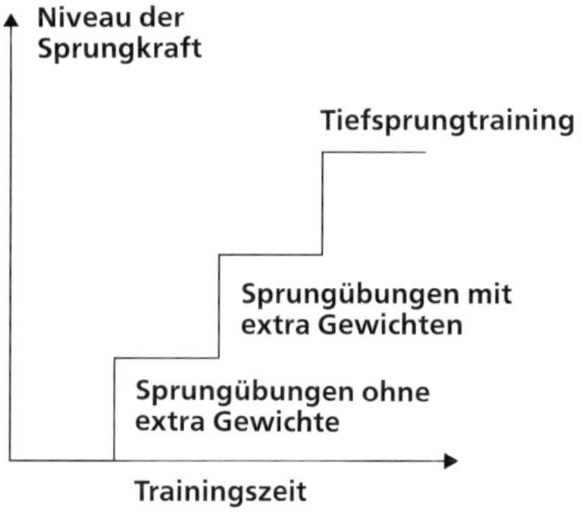

Kraftausdauer

Kraftausdauer ist die Widerstandsfähigkeit des Organismus gegen Ermüdung bei langandauernden Kraftleistungen. Sie ist wichtig für den Torwart, um z. B. auch gegen Ende des Spiels den Ball genauso weit wegfausten zu können wie in der ersten Spielminute.

Grundregeln für das Training:

- Akzent liegt auf der Vergrößerung der Reizintensität und des Umfangs;
- nach der intensiven/extensiven Intervallmethode oder Wiederholungsmethode trainieren.

Bemerkungen:

Die zu wählende Trainingsmethode (intensive/extensive Intervallmethode oder Wiederholungsmethode) bestimmt, welche Kraft (Maximalkraft, Schnellkraft oder Kraftausdauer) trainiert wird.

Bei Sprüngen, bei denen man von einer höheren Ebene nach unten springt, worauf gleich ein kräftiger Absprung erfolgt, ist Vorsicht geboten. Der Torwart muß viel Erfahrung haben, weil bei diesen Übungen Bänder und Sehnen enorm belastet werden, was bei unzureichenden Voraussetzungen zu Verletzungen führen kann.

Beim Werfen kann auch hin und wieder zur Abwechslung ein leichterer Ball (z. B. Volleyball) eingesetzt werden; dies kann vor allem der Koordination dienlich sein. Vorsicht beim Weitwerfen (Verletzungsgefahr!).

Kraftübungen können positive und negative Wirkung haben. Positiv ist eine Steigerung der Kraft und negativ eine Beeinträchtigung der Beweglichkeit (weil der Muskel dicker wird). Wichtig ist ferner, daß zwischen den Kraftübungen Lockerungsübungen gemacht werden. Nach den Kraftübungen vor allem Dehnübungen (= passive Beweglichkeitsübungen).

Kraft, Beweglichkeit und Technik sollten nicht getrennt, sondern kombiniert trainiert werden.

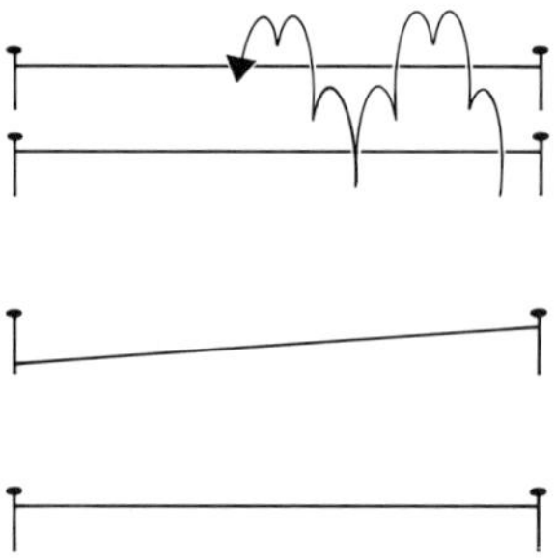

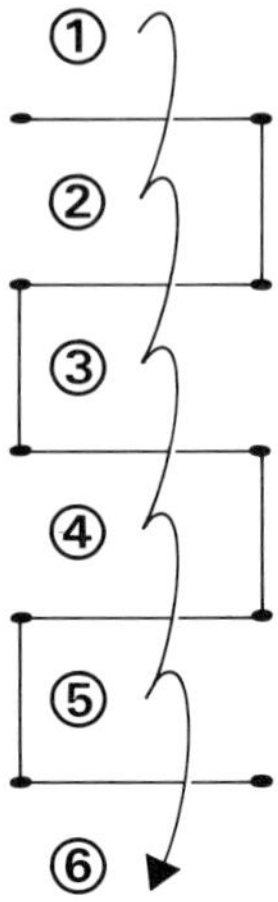

Übungsreihe zur Verbesserung der Sprungkraft:

1. auf der Stelle auf einem Bein hüpfen, dann auf beiden Beinen und abwechselnd links, rechts; auch in unterschiedlicher Höhe;
2. wie Übung 1, aber jetzt vorwärts;
3. wie Übung 1, aber jetzt seitwärts;
4. abwechselnd Übung 1 bis 3;
5. wie Übungen 2 bis 4, aber jetzt über Hindernisse: Hürden; verschiedene Varianten mit Hilfe eines Sprungseils und Pfosten.

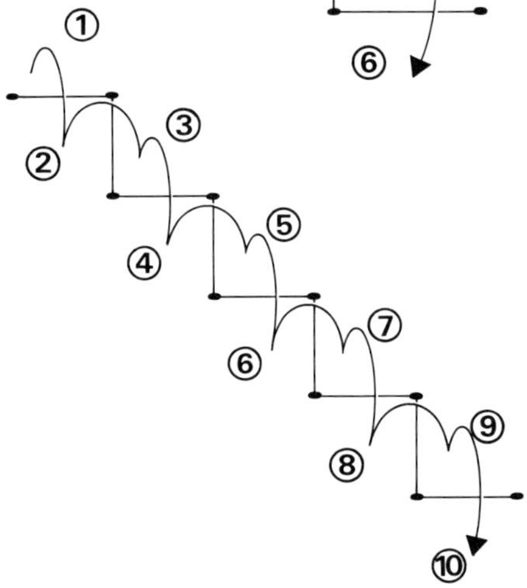

Bemerkungen: Bei allen Übungen mit Hindernissen kann man einen oder mehrere Zwischenhupfer machen; der Vorteil des Sprungseils liegt darin, daß man es auf verschiedene Höhen bringen kann und gefahrlos ist, wenn man draufspringt.

6. Übungen 1 bis 5, aber jetzt mit einem extra Gewicht (z. B. Gewichtsweste);
7. von einer höheren Ebene (bis 50 cm) nach unten springen und von dort kräftig: hoch; nach links oder rechts seitwärts;
8. nach unten und oben hechten nach links und rechts seitwärts: aus dem Stand; nach einem Schritt seitwärts; nach mehreren Schritten seitwärts;
9. das Hechten nach oben evtl. über Hindernisse.

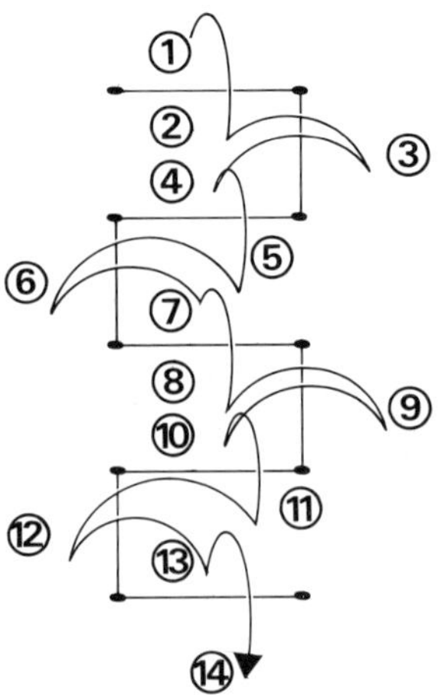

Bemerkungen: Bei den Sprungkraftübungen nicht vergessen, den Ball einzusetzen. Oft mogeln Torhüter, indem sie über kleinen Hindernissen nur ihre Beine anziehen, statt ihren ganzen Körper hoch zu bringen. Eine Hilfe kann sein, jedesmal über der Latte einen Ball zu fangen oder jedesmal mit dem Kopf oder mit den Händen eine Schnur zu berühren, an die sie gerade herankommen können.

Übungen für Arme und Schultern

1. Bauchlage, die Hände in Schulterbreite: schnell die Arme zum Liegestütz strecken, wobei der Akzent auf der Bewegung in den Ellbogen liegt.

2. Liegestütz: jedesmal nach dem Hochdrücken die Hände etwas weiter seitwärts rutschen.

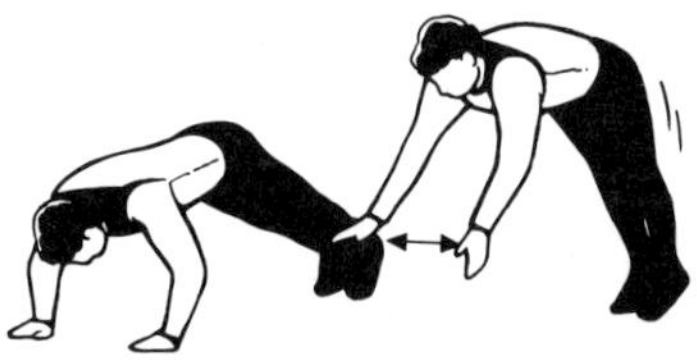

3. Liegestütz: mit den Händen kräftig abdrücken und in die Hände klatschen.

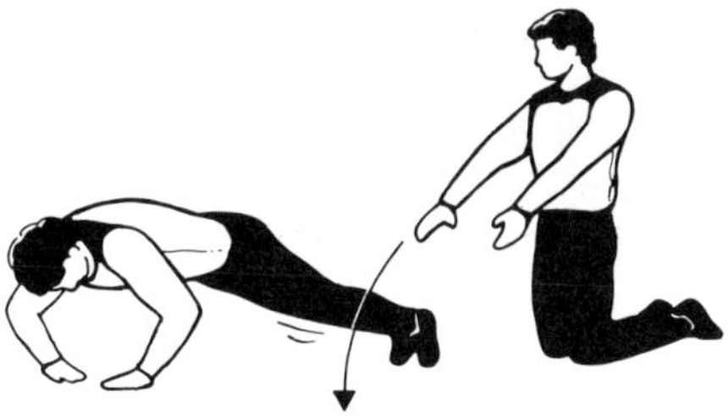

4. Aus dem Kniestand zum Liegestütz vorfallen.

5. Aus dem Stand in den Liegestütz fallen lassen.

6. A im Liegestütz, B hält A an den Knöcheln fest: A stößt sich vom Boden ab und klatscht in die Hände.

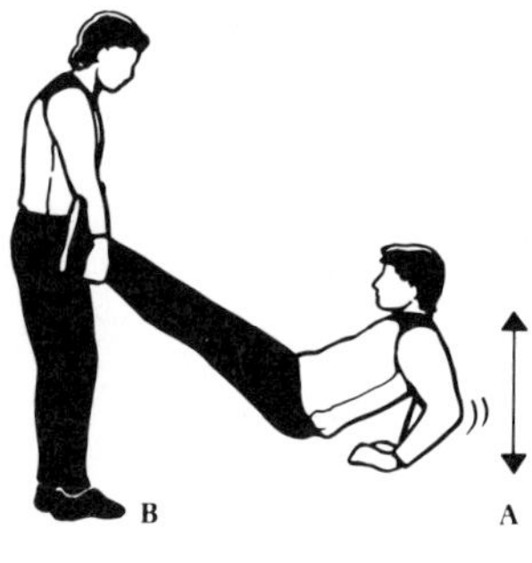

7. A im Liegestütz rücklings, B hält A an den Knöcheln fest: A beugt und streckt die Arme.

8. Aufschwingen in den Handstand gegen eine Wand oder einen Partner; auch auf den Händen laufen.

9. Den Ball auf einer Hand seitlich halten, über den Kopf werfen und mit der anderen Hand auffangen.

10. Mit beiden Händen in Brusthöhe den Ball wegstoßen: aus dem Sitz; aus dem Kniestand, aus dem Stand; aus dem Stand in den Liegestütz fallen.

Übungen für die Bauchmuskulatur

1./2. Im Sitz mit ausgestreckten Beinen, die Hände hinten seitlich auf dem Boden, die gestreckten Beine bis 45° anheben. Das gleiche aber, von links nach rechts über einen Ball (ohne Abb.).

3. Im Schwebesitz abwechselnd die Beine spreizen und schließen; die Beine kreuzen; die Beine beugen und strecken; mit den Beinen Kreisbewegungen nach innen und außen machen.

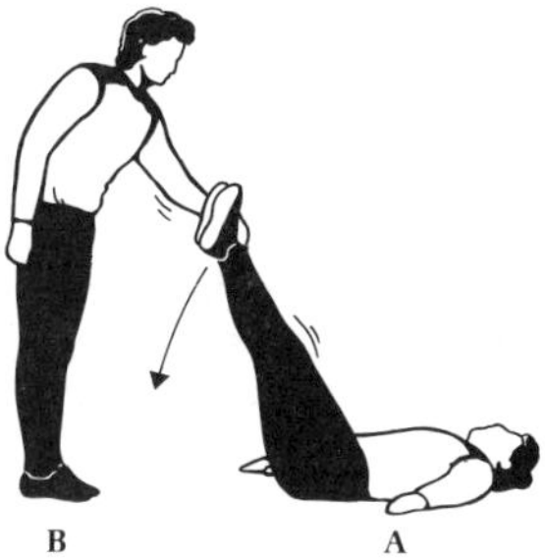

4. A in Rückenlage mit hochgestreckten Beinen, B drückt bzw. stößt die Beine nach unten, wobei A Widerstand leistet: Füße/Beine dürfen nicht den Boden berühren, kurz oberhalb des Bodens abfangen (ca. 10 cm).

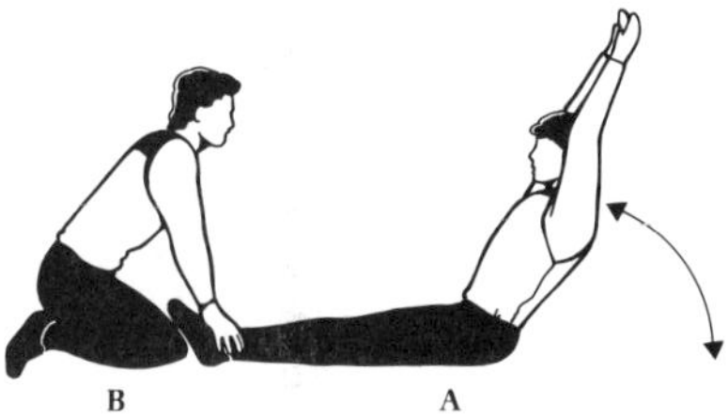

5. A in Rückenlage, Arme hoch oder im Nacken, B hält A an den Knöcheln fest: A hebt den Rumpf hoch und läßt ihn wieder zurücksinken.

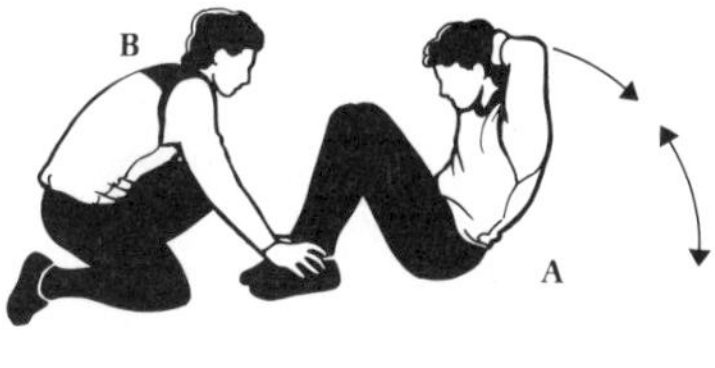

6. A im Sitz mit angezogenen Beinen, Hände im Nacken, B hält A an den Füßen fest: den Rumpf ein wenig zurückfallen lassen, und dann heben und senken.

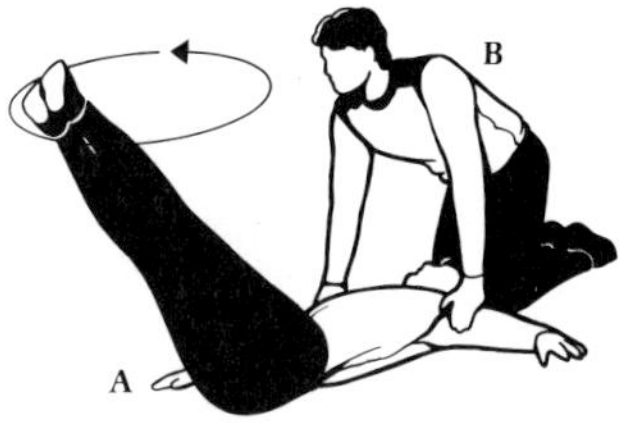

7. A in Rückenlage, B hält A an den Schultern fest: A macht mit geschlossenen und gestreckten Beinen trichterförmige Kreisbewegungen.

8. Wie Übung 9, aber die Beine abwechselnd nach links und rechts fallen lassen.

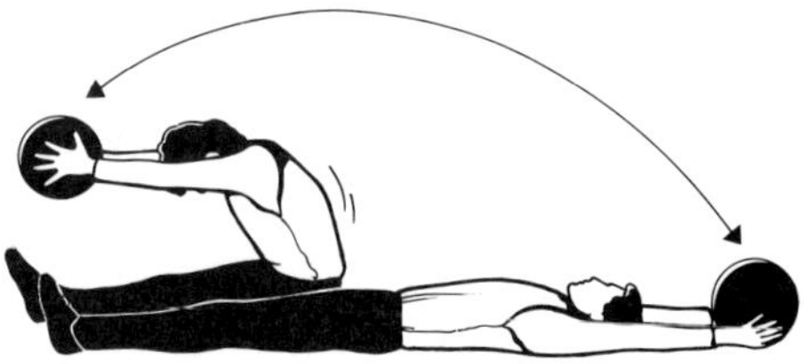

9. Aus der Rückenlage mit dem Ball Oberkörper heben, in den Sitz kommen, den Rumpf nach vorne beugen, und wieder zurück in die Rückenlage.

10. Wie Übung 1, jetzt nach dem Hochschnellen des Rumpfes den Ball zwischen die Füße klemmen, dann den Ball mit den Füßen hinter den Kopf bringen und dort wieder mit den Händen greifen.

Übungen für die Rückenmuskulatur

1. Aus der Bauchlage mit gestreckten Armen den Oberkörper und die Beine anheben und Scherenbewegungen mit den Armen.

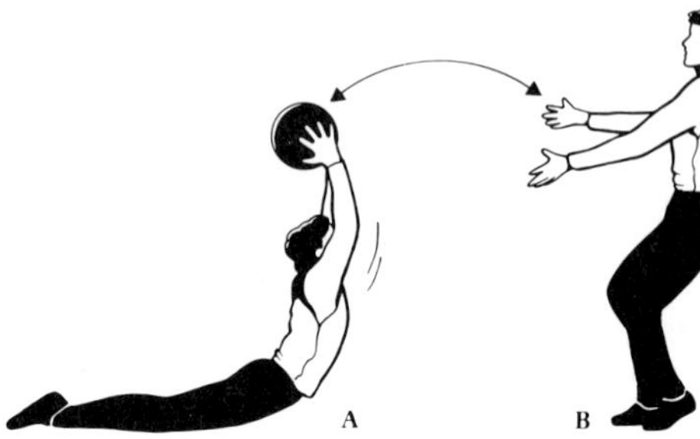

4. A in Bauchlage, B wirft einen Medizinball: A kommt hoch (ohne sich mit den Armen oder Ellbogen abzustützen!), fängt den Ball und rollt ihn zurück zu B.

2. A mit dem Rumpf nach vorn gebeugt, Füße nebeneinander, B drückt auf die Schulter von A: A versucht den Rumpf hochzubringen. Das gleiche mit Druck gegen den Hinterkopf.

3. A in Bauchlage, Arme in Hochhalte mit Medizinball, A hält B an den Knöcheln fest: A Rumpfheben und -senken.

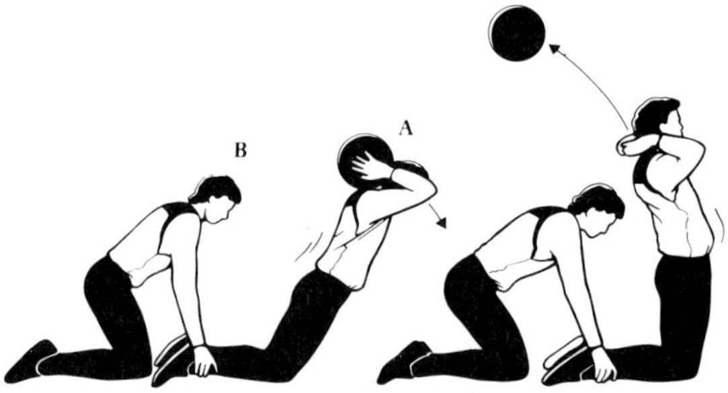

5. A auf den Knien, Ball im Nacken, B hält A an den Unterschenkeln fest: A bewegt den Rumpf nach vorn, kommt danach schnell zurück und wirft den Ball nach hinten.

Übungen zur Verbesserung der Wurf- und Stoßkraft:
1. den Ball mit den Wurftechniken so weit wie möglich werfen;
2. das gleiche, aber jetzt mit schwereren Bällen (Medizinbälle).

Übungen zur Verbesserung der Stoßkraft:
1. den Ball fausten: aus dem Stand; aus dem Kniestand; aus dem Sitz;
2. den Ball fausten mit schwereren Bällen (Medizinbälle): aus dem Stand; aus dem Kniestand; aus dem Sitz; sowohl mit beiden Fäusten als mit einer.

Allgemeine Kraftübungen

Grundregeln für das Training:
Zum Training hauptsächlich Kraftübungen, bei denen man das eigene Körpergewicht überwindet und/oder mit zusätzlichem Widerstand (durch Trainer oder Mitspieler) ohne oder mit Hilfsmitteln (Medizinball usw.);
Akzente im Trainingsprogramm:
- überwinden von geringen bis mittleren Widerständen mit einem mittelmäßigen bis geringen Übungstempo in großem Umfang zur Entwicklung der Kraftausdauer;
- überwinden von mittleren bis großen Widerständen in mittelmäßigem Tempo zur Entwicklung der allgemeinen Schnellkraft;
- wiederholen bis zur Ermüdung (= Zittern der Muskeln).

Übungen dazu S. 111 – 114.

Schnelligkeit

Das ist die Fähigkeit, auf einen Reiz (im Fall des Torwarts der Ball) schnell zu reagieren und die Bewegung mit großer Geschwindigkeit auszuführen. Die Schnelligkeit kann man aufgliedern in: Reaktionsschnelligkeit; Bewegungsschnelligkeit; Schnelligkeitsausdauer.

Reaktionsschnelligkeit
Das ist die Eigenschaft, auf einen Reiz (den Ball) auf schnellstmögliche Weise zu reagieren. Die Reflexe, als Erscheinung der Reaktionsschnelligkeit, sind nach allgemeiner Ansicht vor allem eine Sache der Veranlagung. Eine Verbesserung in diesem Bereich darf man deshalb nicht zu hoch erwarten. Aus Untersuchungen geht hervor, daß eine Verbesserung von 20 bis 25% das absolute Maximum ist. Im Vergleich zur Kraft und zum Ausdauervermögen, bei denen eine hundertprozentige Steigerung möglich ist, ist das natürlich wenig.
Äußerst wichtig ist, den Schützen und den Ball gut im Auge zu behalten, um die eigene Position zu bestimmen; dabei die richtige Ausgangsstellung einnehmen, um bewegungsbereit zu sein. Im Prinzip ist alles, was der Torwart tut, eine Reaktion auf bestimmte Reize; nur der Bewußtseinsgrad entscheidet, ob es ein Reflex oder ein schnelles Handeln ist. Bei einem Reflex reagiert der Torwart unbewußt auf den Reiz und fragt sich erst nachher, was er eigentlich getan hat. Eine komplexe Handlung, wie das Abwehren eines hohen Flankenballes, muß trotz der nötigen Reaktionsschnelligkeit wohlüberlegt und geplant sein.

Übungen:
Ziel: Erhaltung und Verbesserung der Reaktion/des Reflexes.
Zwischen den Übungen für vollständige Ruhe sorgen (etwa 2 Minuten).
1. Trainer und Torwart stehen im Abstand von 5 m einander gegenüber; der Trainer spielt den Ball in verschiedenen Höhen auf den Torwart zu: wer-

fen; schießen (vom Boden, Volley, Dropkick). Der Torwart hat seine Arme: am Körper; hinterm Körper. Varianten: Abstand verringern oder die Bälle schneller und härter anspielen (Torwart muß dann schneller reagieren); Bälle etwas weiter neben den Körper.
2. Die gleichen Übungen kann man auch mit Prellen gegen Wände, Mauern oder mit Hilfe des Trampolineffekts des »Rahmennetzes« machen. Der Torwart steht mit dem Gesicht zur Wand, der Trainer mit dem Ball/den Bällen hinter ihm, und er spielt über die Wand oder Mauer dem Torwart zu.
Ausführungsmöglichkeiten:
- ○ Trainer spielt die Bälle herein, indem er: wirft; schießt: vom Boden, Volley oder Dropkick;
- ○ Torwart startet: aus der Ausgangsstellung; mit den Händen neben dem Körper; mit den Händen hinterm Körper;
- ○ kleinerer Abstand zwischen Torwart und Wand = schneller reagieren;
- ○ Bälle schneller/härter anspielen = ebenfalls schneller reagieren.

3. Wie Übung 2, aber jetzt steht der Torwart mit dem Rücken zur Wand und mit dem Gesicht zum Trainer, also Drehung und Reaktion, sobald der Ball gespielt wird; diese Übung kann man auch in der Ecke einer Turnhalle machen (Abb. rechts).

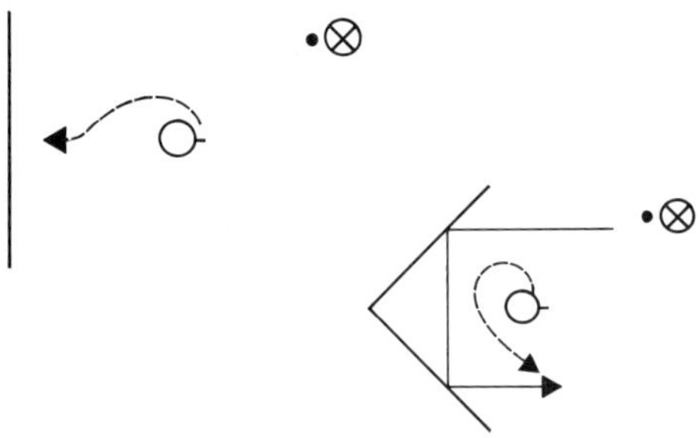

4. Zwischen Trainer und Torwart stehen oder bewegen sich ein oder mehrere Spieler; Trainer spielt den Ball (werfen, schießen), und die Spieler nehmen dem Torwart so lange wie möglich die Sicht und weichen dem Ball möglichst spät aus oder verändern die Ballrichtung.
Varianten:
- ○ Abstand Trainer-Torwart und/oder Spieler-Torwart verringern = Torwart muß schneller reagieren;
- ○ Ballgeschwindigkeit erhöhen.

5. Abstand Schütze-Tor nicht größer als 12 m; der Schütze schießt möglichst hart die Bälle auf den Torwart; hält der Torwart den Ball, dann hat er gerade die Zeit, sich hinzustellen und sich auf den nächsten Schuß einzustellen; hält er ihn nicht, dann schnell den nächsten Ball schießen.
Varianten:
Bälle spielen als Schuß vom Boden, Volley oder Dropkick: aus dem Stand; nach einem kleinen Schritt seitwärts.

Bewegungsschnelligkeit
Darunter versteht man die Eigenschaft, den Bewegungsablauf in möglichst kurzer Zeit durchzuführen. Beim Torwart ist vor allem die Startgeschwindigkeit wichtig, um in allen Situationen möglichst schnell am Ball zu sein.
Bemerkungen zur Übungsausführung:
- ○ Ausführung in submaximalem bis maximalem Tempo;
- ○ zwischen den Übungen vollständige, aber aktive Ruhe von etwa 2 Minuten;
- ○ vor dem Schnelligkeitstraining immer auf ein gutes Aufwärmen achten;
- ○ diesen Teil des Trainings stets im ausgeruhten Zustand beginnen;
- ○ Übungsstoff nach der Wiederholungsmethode.

Übungen:
1. Sprints über eine Distanz von 5–30 m.
Ausgangshaltung: Stand; Sitz; liegend auf Bauch, Rücken, Seite usw.
2. Wie Übung 1, aber jetzt auf einen ruhenden Ball zu; dann einen rollenden Ball (herrollend, wegrollend) ersprinten, auf einen aufspringenden Ball; auf einen Ball in der Luft zu.
3. In Verbindung mit dem Hechten: z. B. einen Pfosten berühren und dann zum anderen Pfosten sprinten, um dort den vom Trainer gespielten Ball zu halten.

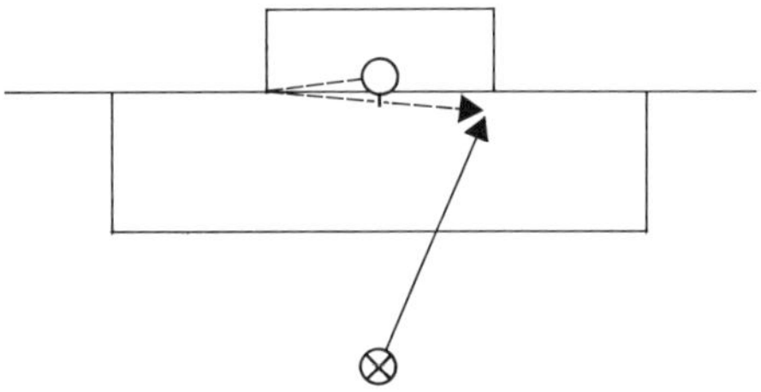

4. In Verbindung mit Aufnehmen und Fangen.
Bemerkung: Bei den Übungen 3 und 4 auch aus verschiedenen Ausgangspositionen starten.

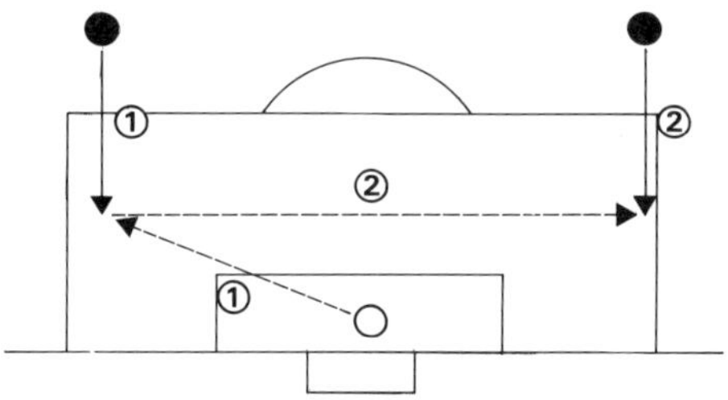

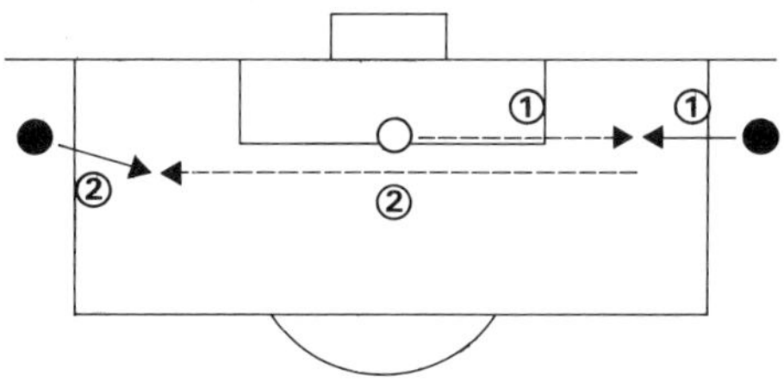

Schnelligkeitsausdauer
Das ist die Fähigkeit, die größte Schnelligkeit möglichst lange zu halten. Für den Torwart ist es wichtig, im Spiel auch den letzten Sprint zu gewinnen. Für das Training der Schnelligkeitsausdauer ist die intensive Intervallmethode am günstigsten.

Beweglichkeit

Unter Beweglichkeit versteht man die Fähigkeit, Bewegungen mit großer Schwingungsweite durchzuführen. Diese Beweglichkeit wird bestimmt vom Bewegungsspielraum des Gelenks, der Elastizität der Sehnen und Bänder und der Dehnbarkeit der Muskulatur. Die Beweglichkeit ist in erster Linie eine Voraussetzung für eine gute Ausführung der Bewegung. Außerdem muß der Torwart häufig die seltsamsten »Verrenkungen« machen, um den Ball seinem Tor fernzuhalten. Die Eigenschaft kann am besten durch Training einmal oder zweimal täglich entwickelt werden. Es gibt aktive und passive Beweglichkeitsübungen.

Grundregeln für das Training:
- zweimaliges Training täglich;
- immer kurz nach dem Aufwärmen oder am Schluß der Aufwärmphase;
- zwischen den Übungen Entspannungs- und Lockerungsübungen;
- die maximale Dehnung soll immer wieder erreicht werden;
- nur eine hohe Zahl von Wiederholungen und Serien gewährleistet den Erfolg;
- Dehnübungen in den Pausen des Krafttrainings oder anschließend (Aufwärmen/Abkühlen) haben die Funktion von Entspannungsübungen und dienen nicht der Verbesserung der Beweglichkeit.

Übungen für die aktive Beweglichkeit:
1. Arme kreisen lassen, Schulterrollen, Arme schwenken, im Stehen, Gehen und im Laufen.
2. Im Stand: ein Bein vor-, rück- und seitwärts schwingen.
3. In der »Kerze«
beide Beine gleichzeitig spreizen und schließen, vor- und rückwärts spreizen.

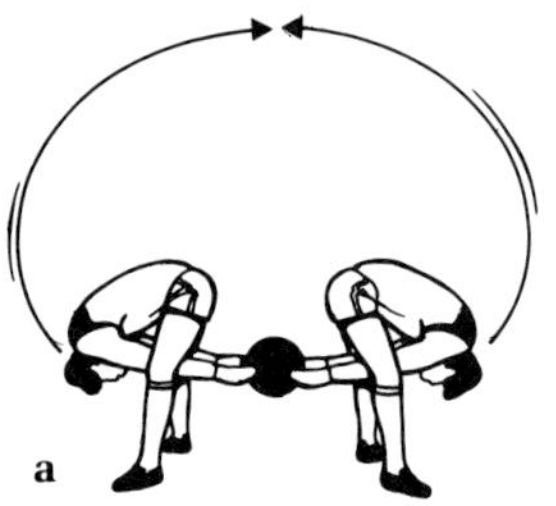

a

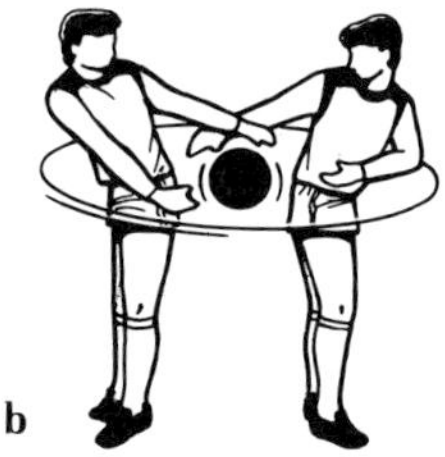

b

4. Im Stand oder Strecksitz: Fuß kreisen lassen, Beugen und Strecken des Fußes.
5. Aus dem Hüpfen auf der Stelle: spreizen – schließen, vorn und hinten kreuzen, Beine geschlossen und Hüftdrehung.
6. Liegestütz: spreizen – schließen.
7. Aus der Rückenlage: Klappmesser.
8. Grätschstand: Oberkörper nach links und rechts drehen, Hände in die Hüften gestützt oder Arme gestreckt in Seithalte;
den Oberkörper nach links und rechts seitwärts beugen.
9. Der Ball wird achterförmig um die Beine geführt, in Knöchel- oder Kniehöhe.
10. Hüftkreisen um den von einer in die andere Hand übergebenen Ball.
11. Bein gestreckt vor – hochheben, Ball unterm Bein von der gleichseitigen Hand zur anderen übergeben; ebenso unter dem anderen Bein; auch mit der gegenseitigen Hand beginnen; allmählich mit höherem Tempo bis zum Lauf auf der Stelle kommen.
12. Partnerübung: Ball zwischen den Beinen durch und über dem Kopf weitergeben (Abb.).
13. Partnerübung: Ball seitlich greifen und an der anderen Seite weitergeben (Abb.).

Passive Beweglichkeit (Stretching):
Bei allen Übungen auf gute Ausgangshaltung und immer korrekte Ausführung achten! Folgende Hinweise sind wichtig:
- ○ nie federn!;
- ○ langsam dehnen (keine abrupten Bewegungen), und immer langsam zurück zur Ausgangshaltung;
- ○ minimal 8 Sekunden (20 Sekunden für Fortgeschrittene) die Dehnung anhalten, jede Übung drei- bis fünfmal wiederholen;
- ○ täglich oder zumindest dreimal pro Woche üben;
- ○ nie bis zur Schmerzgrenze dehnen, nicht die eigenen Möglichkeiten überschätzen;
- ○ sich auf die zu dehnende Muskelgruppe konzentrieren;
- ○ Atemholung nicht blockieren: durchatmen;
- ○ lockere und warme Kleidung tragen.

Übungssammlung

Koordinationsübungen mit Ball

Ziel: Verbesserung des Ballgefühls und der technischen Fertigkeiten mit konditionellem Aspekt

Übung 1:
Ball vor dem Körper halten; mit den Fingerspitzen von links nach rechts bewegen.

Übung 2:
Ball um den Körper in Hüfthöhe kreisen; mit den Fingerspitzen annehmen und weitergeben.

Übung 3:
Wie Übung 1, aber über dem Kopf.

Übung 4:
Ball über den Kopf aus der Seithalte von links nach rechts werfen. Nimm dem Ball die Fahrt durch eine mitgehende Bewegung der Arme und des Oberkörpers und evtl. Beugen der Beine.

Übung 5:
Ball hinterm Rücken an der Schulter vorbei werfen und mit der anderen Hand auffangen.

Übung 6:
Ball mit beiden Händen zwischen den Beinen durch, dann schräg nach vorn hochwerfen und mit beiden Händen auffangen.

Übung 7:
Ball mit beiden Händen gerade hochwerfen; eine ganze Drehung um die Längsachse, und ihn mit beiden Händen fangen.

Übung 8:
Ball wird zwischen den Beinen festgehalten, dabei eine Hand an der Hinterseite und die andere an der Vorderseite der Beine. Der Ball wird losgelassen und nach einem schnellen Wechsel der Hände wieder aufgefangen; ebenso anders herum; Tempo immer etwas höher.

Übung 9:
Ball wird mit beiden Händen hinter den Beinen festgehalten. Ball etwas nach vorn hochwerfen, die Hände von hinten nach vorn bringen und den Ball vorn auffangen; ebenso anders herum; Tempo immer etwas höher.

Übung 10:
Ball in beiden Händen, Körper in Bogenspannung: Ball loslassen, schnell drehen und schnappen, bevor er den Boden berührt.

Übung 11:
Ball unter dem angehobenen Bein zur anderen Seite hin aufspringen lassen; dort den Ball auffangen und ebenso zurück am anderen Bein vorbei; Tempo erhöhen.

Übung 12:
Den Ball so aufspringen lassen, daß er zur anderen Körperseite springt, sowohl vorn als auch hinten vorbei.

Übung 13:
Ball zwischen den Beinen aufspringen lassen; von vorn nach hinten und umgekehrt.

Übung 14:
Ball mit beiden Händen zwischen den Beinen aufspringen lassen, schnelle Drehung um die Längsachse und den Ball auffangen.

Übung 15:
Ball mit beiden Händen vorm Körper aufspringen lassen, schnelle Drehung um die Längsachse und den Ball fangen, bevor er den Boden berührt.

Übung 16:
Liegend den Ball mit beiden Händen hochwerfen, sich schnell hinstellen und den Ball so hoch wie möglich fangen.

Übung 17:
Ball mit einer Faust oder mit beiden hochhalten; Ball mit einer Hand oder mit beiden tippen; beides aus dem Sitz, Kniestand und Stand, auf der Stelle oder in Bewegung und in unterschiedlicher Höhe.

Übung 18:
Ball auf dem Spann oder Oberschenkel jonglieren: auf der Stelle, in Bewegung und in unterschiedlicher Höhe.

Technikübungen

Ziel: Verbesserung der individuellen Technik des Torwarts

Die folgenden Übungen sind in erster Linie dazu gedacht, die Technik des Torwarts, d. h. das Stellungsspiel, Fangen, Fausten usw., zu verbessern. Natürlich spielen dabei auch taktische und konditionelle Aspekte eine Rolle. Die Wirkung auf die Kondition ist von Intensität, Umfang usw. bei der Übungsausführung abhängig.
Die Übungsabfolge ist mehr oder weniger komplex; die Ziffern in den Kreisen geben die Reihenfolge an. Für einzelne Aktionen sind Varianten angegeben.

- Die Abstände bei den Übungen und die Geschwindigkeit der anzuspielenden Bälle sind u. a. abhängig vom Ziel der Übung sowie vom Alter und Niveau des Torwarts.
- Unter Zuspielen wird verstanden: zuwerfen, aber auch schießen. Am besten natürlich schießen, aber das Ziel der Übung muß stets im Vordergrund stehen; es darf nicht verfehlt werden, weil der Trainer die Bälle nicht gut schießt.
- Wenn der Torwart den Ball hält, kann er den Ball neben das Tor werfen oder zum Trainer zurückgeben bzw. den Ball zu einem Spieler oder auf ein vorher angegebenes Ziel werfen oder schießen. Wenn vereinbart ist, daß der Ball aufs Tor oder davor oder in die Ecke gespielt werden soll, so kann das folgendermaßen geschehen: gerade (über den Boden oder durch die Luft), mit oder ohne Effet und mit unterschiedlicher Geschwindigkeit.

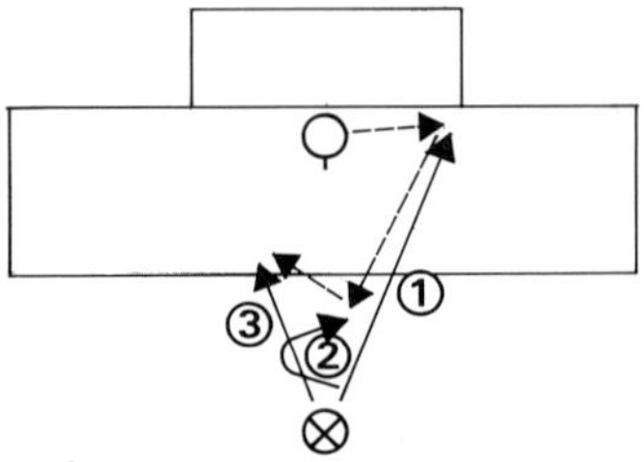

Übung 1:
① Ball in die Ecke;
② kurzer, hoher Ball;
③ Ball in die andere Ecke.
Variante:
② kurzer, flacher Ball;
③ hoher Ball.

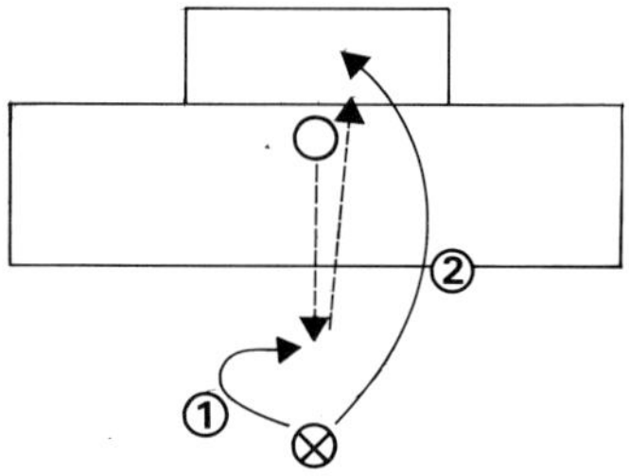

Übung 2:
① kurzer, hoher Ball;
② Heber über den Torwart.
Variante:
① Ball flach;
① nicht auf den Torwart zu, sondern mehr nach links, rechts und seitwärts;
② Heber mehr in die Ecken des Tors.

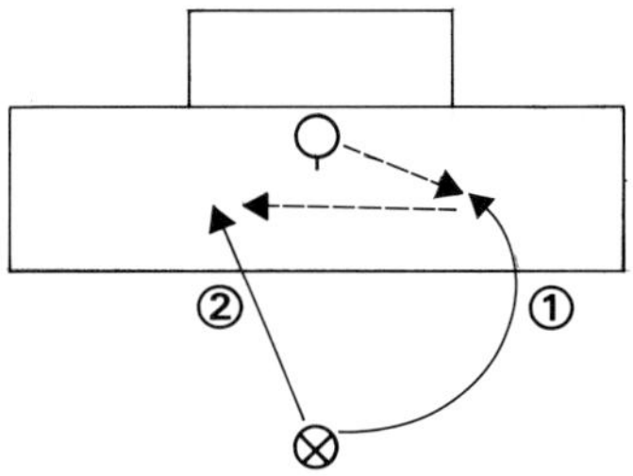

Übung 3:
① hoher Ball an den Rand des 5-m-Raums;
② Ball in die Ecke.

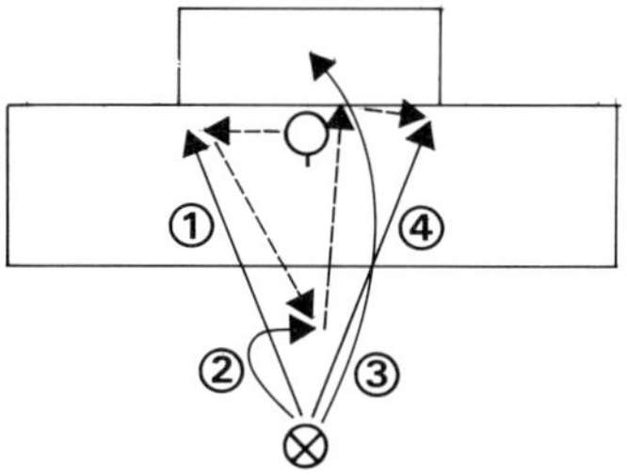

Übung 4:
① gerader Ball in die Ecke;
② kurzer, hoher Ball;
③ Heber über den Torwart;
④ Ball in die Ecke.

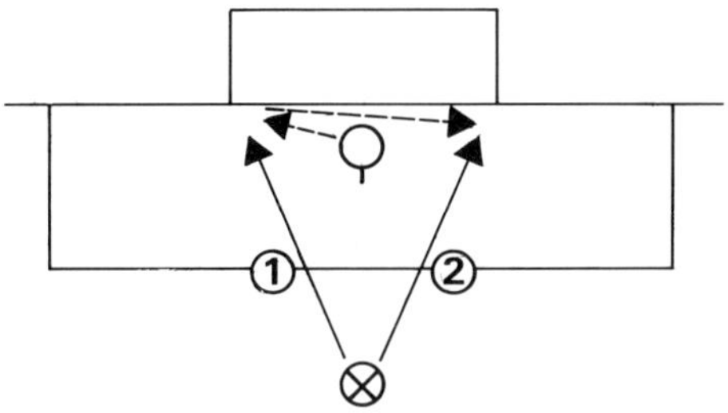

Übung 5:
① Ball in die Ecke;
② Ball in die andere Ecke.

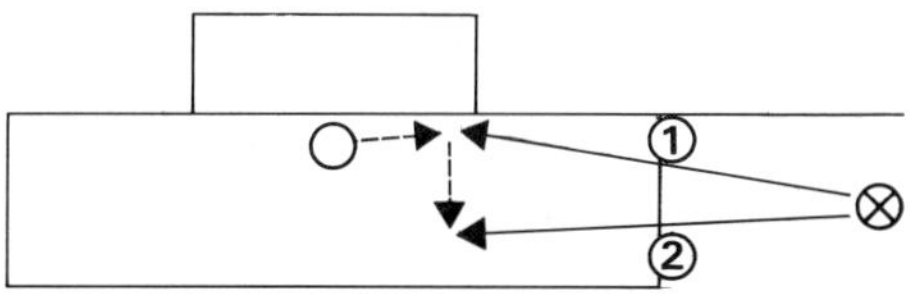

Übung 6:
① + ② flache Bälle.
Variante:
hohe Bälle durch die Luft;
abwechselnd hohe und flache Bälle.

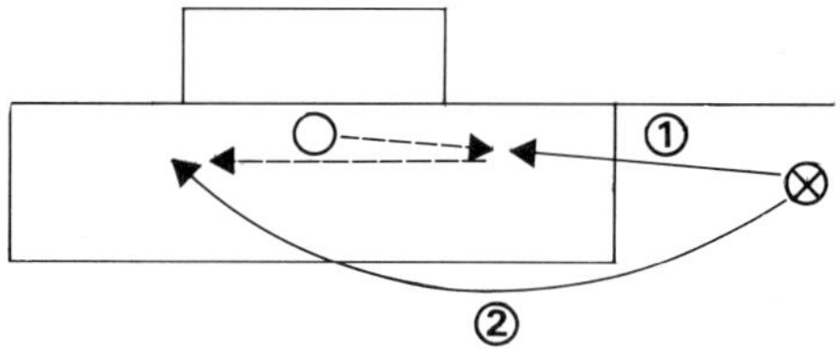

Übung 7:
① flacher Ball;
② hoher Ball.

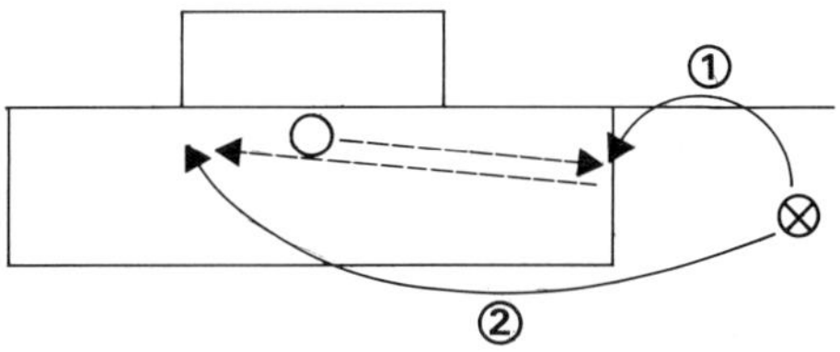

Übung 8:
① kurzer, hoher Ball;
② Heber über den Torwart.

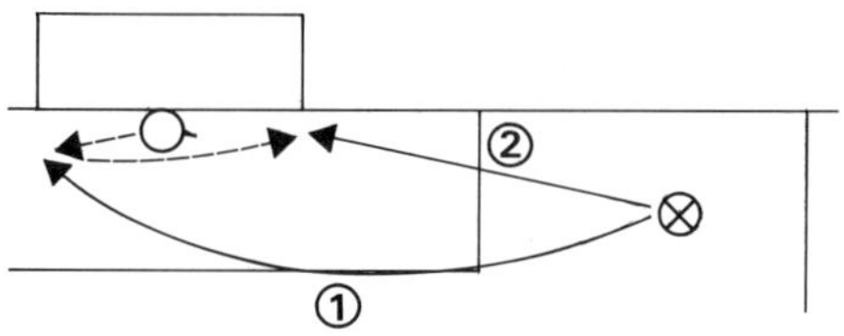

Übung 9:
① Heber über den Torwart;
② gerader Ball.
Variante:
① kurzer, hoher Ball.

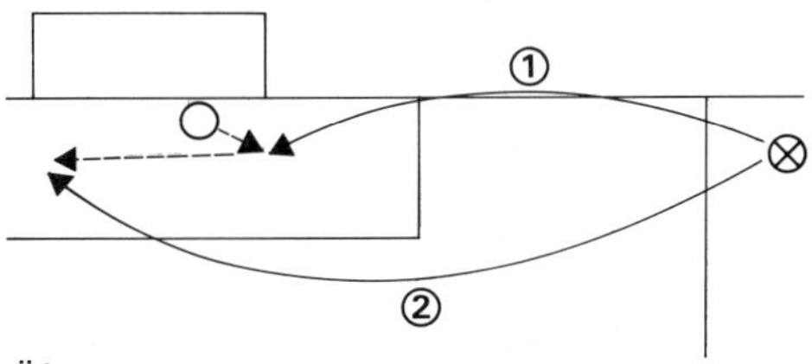

Übung 10:
① Effetball aufs lange Eck;
② hoher Ball aufs lange Eck.

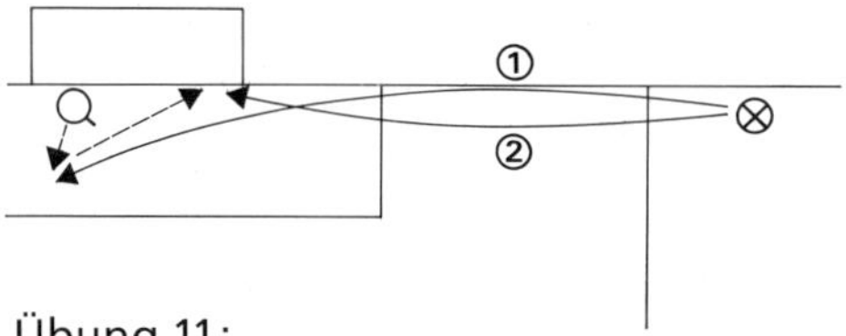

Übung 11:
① Flanke aufs kurze Eck;
② Schuß aufs kurze Eck.

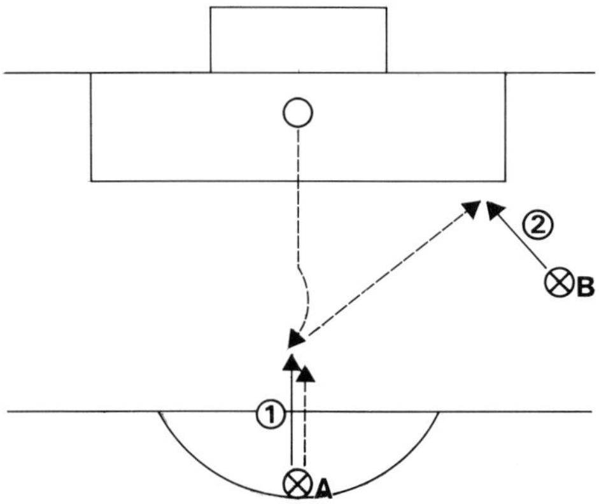

Übung 12:
① Trainer A legt sich den Ball etwas vor, dann Zweikampf mit dem Torwart;
② Trainer/Spieler B schießt den Ball gerade aufs Tor, Torwart wirft sich in die Füße des Spielers oder in die Schußbahn.

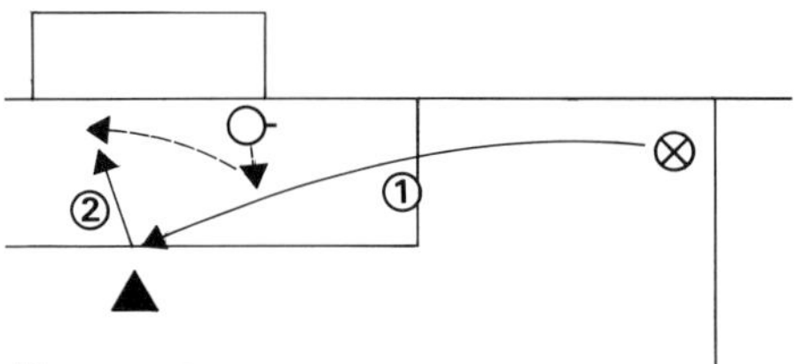

Übung 13:
① Flanke: Torwart versucht den Ball anzunehmen; gelingt dies nicht, dann:
② Spieler schießt oder köpft den Ball aufs Tor; Torwart wirft sich in die Ballbahn.

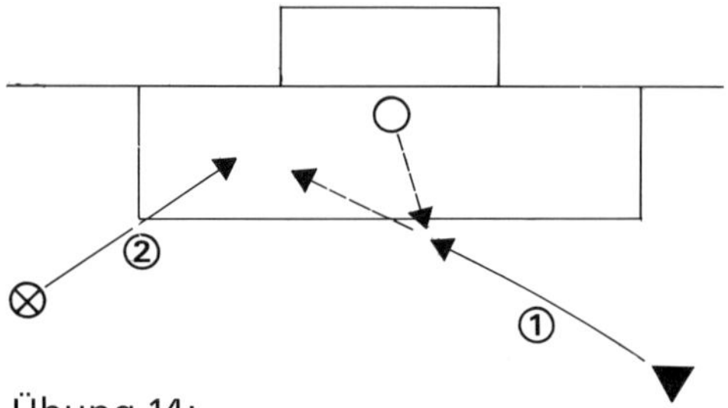

Übung 14:
① hohe Flanke in die Mitte;
② Schuß aufs Tor.

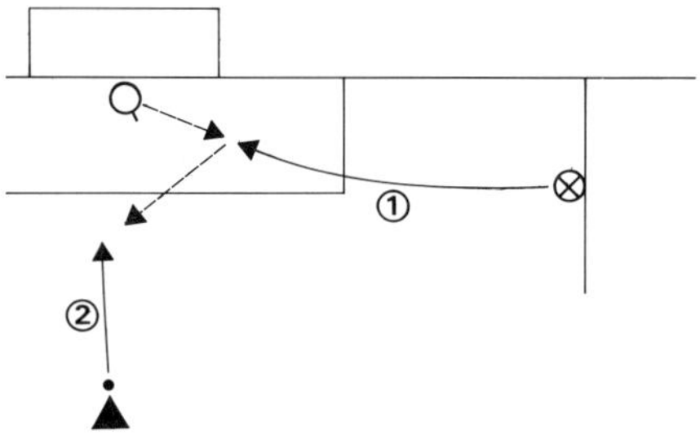

Übung 15:
① hohe Flanke aufs Tor;
② Schuß aufs Tor.
Variante:
mit oder ohne Effet; erster oder zweiter Pfosten; innerhalb oder außerhalb des Torraums.

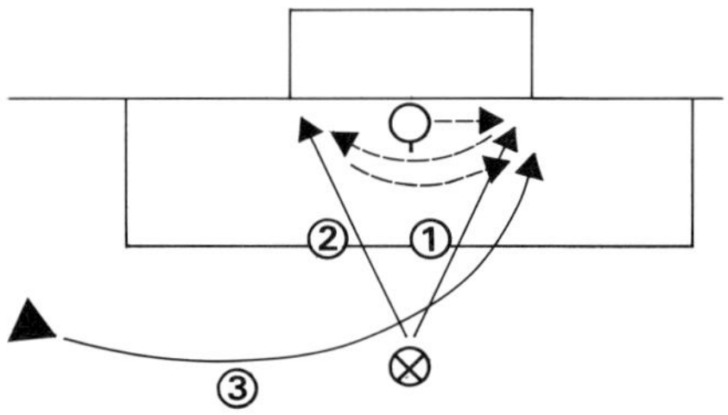

Übung 16:
① Ball in die Ecke;
② Ball in die andere Ecke;
③ Ball mit Effet ins lange Eck.

Übung 17:
Schußübungen auf den Torwart.

Hinweise zur Übungsausführung:

- ○ Je mehr Spieler von den Seiten das Tor decken, um so kleiner ist der Schußwinkel. Für den Torwart ist es dann leichter, die Bälle zu halten, und für die Spieler schwieriger, Tore zu erzielen.
- ○ Die Spieler können bestimmte Aufgaben bekommen, z. B. nur hohe oder flache Bälle aufs Tor zu schießen, evtl. links oder rechts vom Torwart oder nach freier Wahl.

Bei 1 gegen 1: Torwart muß umspielt werden oder vorher schießen (flach oder hoch).

- ○ Die Entfernung zum Tor kann ganz unterschiedlich sein; das ist u. a. abhängig vom Ziel der Übung, vom Alter und von der Kraft.
- ○ Immer darauf achten, daß diese Übungen für den Torhüter (vor allem, wenn er allein ist) sehr ermüdend sein können.
- ○ Der Torwart versucht natürlich, alle Bälle zu halten: fangen; gelingt das nicht, dann ablenken oder wegfausten.
- ○ Wenn der Torwart den Ball gefangen hat, kann die folgende Aufgabe sein, den Ball herauszuwerfen oder zu einem Spieler zu schießen.

Technik und taktisches Verhalten

Ziel: Schulen und Verbessern der technisch-taktischen Fähigkeiten des Torwarts

In all diesen Spielformen muß der Torwart mit seinem/seinen Mitspieler(n) zusammenarbeiten, um die Chance auf Gegentreffer möglichst gering zu halten. Wichtig ist dabei:

- ○ Regie führen, dem/den Verteidiger(n) Anweisungen geben;
- ○ Augenblick des Herauslaufens; kommt der Verteidiger noch an den Ball?
- ○ wenn ein Mitspieler in Ballbesitz ist, gut mitspielen und evtl. anspielbar sein für einen zurückgespielten Ball.

Übung 1:
Ein Verteidiger und ein Angreifer kämpfen um den Ball. Der Torwart übt das richtige Verhalten in unterschiedlichen Situationen.

Übung 2:
Wie Übung 1, aber zwei Angreifer gegen einen Verteidiger vor dem Torwart.

Übung 3:
Wie Übung 1, drei Angreifer gegen zwei Verteidiger vor dem Torwart.

Übung 4:
Wie Übung 1, aber vier Angreifer gegen zwei Verteidiger.

Übung 5:
Wie Übung 1–4, aber 5 gegen 3, 6 gegen 3, 5 gegen 4, 6 gegen 5.

Übung 6:
Der Trainer/die Spieler müssen die Bälle vors Tor schießen. Der Torwart muß sie in Zusammenarbeit mit seinen Mitspielern unter Kontrolle bringen. Der Torwart muß zunächst jeden in der Abwehr gut plazieren und, wenn der Ball kommt, »Du!« (= Mitspieler nimmt den Ball) oder »Los!« (= Torwart hält den Ball) rufen.

Varianten:

- ○ Trainer schießt die Bälle: erster oder zweiter Pfosten, im Bogen oder gerade, ohne Effet, mit Effet, zum Tor hin oder von ihm weg;
- ○ die Gegner kommen herbeigelaufen, ändern ihre Position, springen zu früh nach dem Ball; stelle einen Mitspieler vor den Torwart usw.

Verbesserung von Technik und Taktik

Parteispiele mit Mannschaften unterschiedlicher Anzahl

Spiel 1:
Spielfeld: Länge ca. 60 m und Breite ca. 35 m.
Spieleranzahl: 4 gegen 4, 5 gegen 5 oder 6 gegen 6.
Aufgabe für die Spieler:
- ○ Ballbesitz: freilaufen und vor allem versuchen, in die Tiefe zu spielen, schnell anschließen bis über die Mittellinie;
- ○ Ballverlust: nahe beieinander stehen und sofort stören und versuchen, den Ball zu erobern; Jagd nach dem Ball (also nicht zurück zum eigenen Tor).

Auftrag für die Torhüter:
- ○ 5-m-Raum ist Strafraum, also nur in diesem Raum den Ball in die Hände nehmen, außerhalb als Feldspieler agieren;
- ○ Regie führen, dirigieren und organisieren;

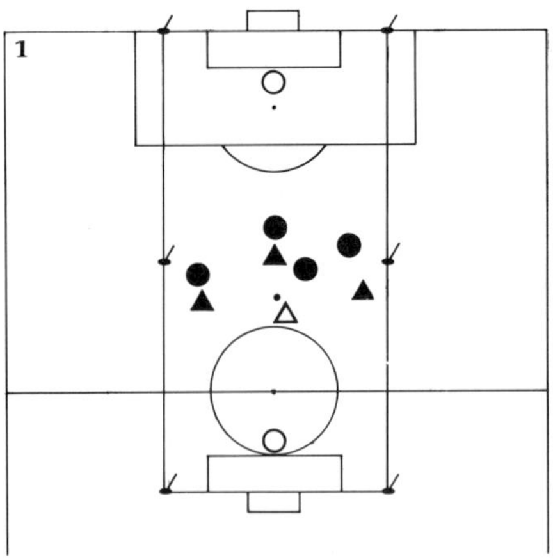

- ○ Ballbesitz: anschließen bis über die Mittellinie und dort minimal 1 gegen 1 spielen lassen;
- ○ Ballverlust: Deckung dichtmachen, Jagd auf den Ball machen lassen, und wenn der Spieler passiert ist, ihn auffordern zurückzukommen. Außerhalb des Strafraums (= 5-m-Raum) wie ein Feldspieler mitspielen; ferner alle Bälle halten und im Falle erneuten Ballbesitzes ein guter Spielaufbau.

Spiel 2:
Spielfeld: Länge ca. 20 m und Breite ca. 35 m.

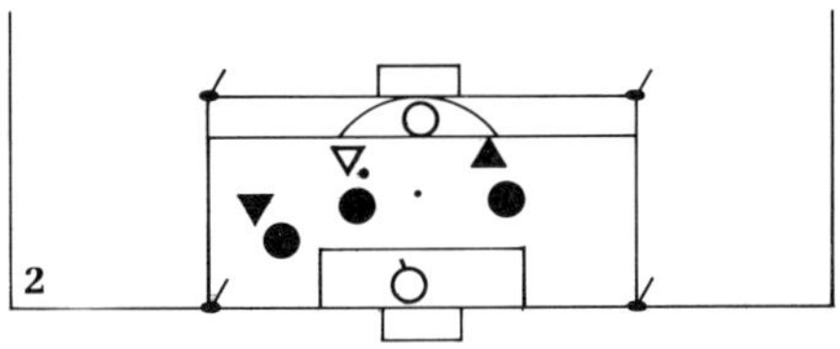

Spieleranzahl: 4 gegen 4 bis 8 gegen 8.
Aufgabe für die Spieler:
- ○ Ballbesitz: bei Schußmöglichkeit aus allen Entfernungen und Positionen schießen;
- ○ Ballverlust: Jagd nach dem Ball.

Auftrag für die Torhüter:
- ○ Regie führen, dirigieren und organisieren;
- ○ alle Bälle halten;
- ○ Ballbesitz: guter Spielaufbau.

Bemerkung: Wegen des kurzen Feldes und der vielen Spieler entsteht für den Torwart eine ziemlich unübersichtliche Situation; meist sind schnelles Handeln und gute Reflexe erforderlich.

Spiel 3:
Spielfeld: ungefähr die volle Breite, nicht zu lang (16–25 m) und eine neutrale Fläche für zwei Flügelspieler, die nur dort stehen dürfen.

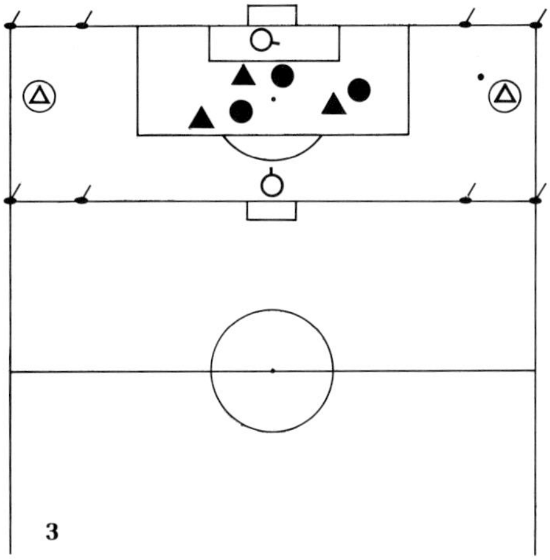

Spieleranzahl: zwei Flügelspieler und im Feld 3 gegen 3 oder 6 gegen 6.

Aufgabe für die Flügelspieler:

- ○ Alle Bälle unterschiedlich vors Tor schießen: hoch, zum ersten und zum zweiten Pfosten, nach innen oder nach außen drehend, gerade oder im Bogen; die Partei, deren neutraler Spieler den Ball bekommt, darf angreifen.

Aufgabe für die übrigen Spieler:

- ○ Ballbesitz: direkt aus der Flanke mit dem Kopf oder Fuß ein Tor zu erzielen suchen; evtl. einmal zurücklegen, aber dann versuchen, aufs Tor zu schießen. Im Ballbesitz, aber nicht als Folge einer Flanke und nicht in Torschußposition, wieder direkt zu einem der Flügelspieler spielen.
- ○ Ballverlust: gut decken;

Auftrag für die Torhüter:

- ○ Regie führen, dirigieren und organisieren;
- ○ hohe Bälle zu halten suchen (fangen, wegfausten oder ablenken); gelingt das nicht, dann auf den nächsten Ball reagieren (Kopfball oder Schuß);
- ○ Ballbesitz: dann auf die andere Seite spielen.

Spielmöglichkeiten für Torhüter

Linienspiel:

Spielfeld: siehe Abbildung.

Ziel des Spiels: Die Torhüter versuchen, den Ball über die Linie im Rücken des anderen zu spielen; gelingt dies, bringt es 1 Punkt.

Spielregeln: A beginnt von seiner Linie aus, den Ball zur Linie von B zu spielen. B versucht, möglichst schnell an den Ball zu kommen. Von der Stelle, wo B in Ballbesitz kommt, darf er den Ball in Richtung der Linie von A spielen. Geht der Ball ins Seitenaus (direkt, oder wenn der Torwart den Ball ablenkt oder wegfaustet), darf der Torwart den Ball an der Stelle, wo er ins Aus gegangen ist, wieder ins Spiel bringen. Wenn der Torwart den Ball aus den Händen schießt oder wirft, muß er die Vier-Schritte-Regel beachten.

Varianten:

Die Torhüter dürfen den Ball nur:

- ○ vom Boden schießen (Torabstoß);
- ○ aus den Händen schießen;
- ○ aus den Händen schießen, aber als Dropkick oder Volley;
- ○ werfen;
- ○ werfen: nur als Schleuderwurf (evtl. mit den Händen oben oder seitwärts) oder Schlagwurf (seitwärts oder von oben);

Spielfeld vergrößern oder verkleinern.

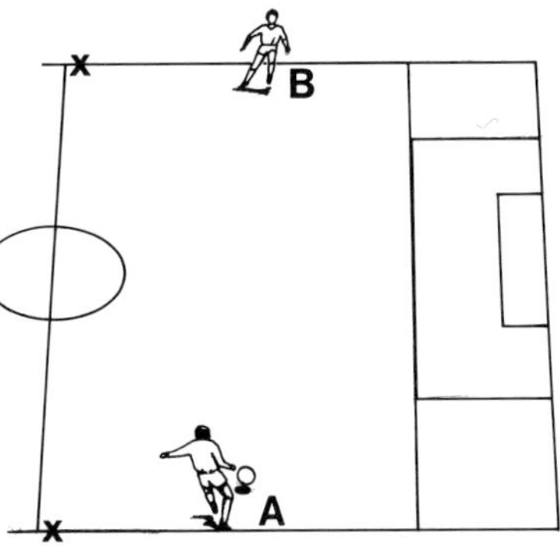

Fußball-Tennis:
Spielfeld: siehe Abbildung.
Ziel des Spiels: Versuchen, den Ball so ins Feld des Gegners zu spielen, daß er ihn nicht fangen kann, bevor er den Boden berührt.
Spielregeln: A bringt von der hinteren Linie aus den Ball aus der Hand als Volley ins Spiel. Wenn B den Ball fängt, darf er ihn von der Stelle aus, wo er den Ball gefangen hat, mit einem Volley wieder ins Feld von A spielen (maximal ein Schritt von der Stelle ist erlaubt).

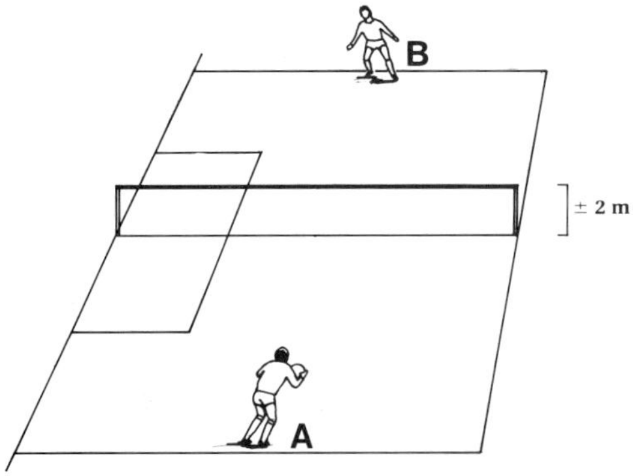

Zählung der Punkte:
○ Ball auf dem Boden im Feld des Gegners = 2 Punkte;
○ Torwart lenkt oder faustet den Ball aus seinem Spielfeld = 1 Punkt;
○ Ball unter dem Seil durch oder außerhalb des Spielfelds des Gegners = kein Punkt.

Servieren: Am Beginn und nach jedem Punkt von der hinteren Linie aus servieren. Man kann wie beim Volleyball oder Tischtennis zählen und die Angabe wechseln.
Varianten:
○ Ball nicht durch einen Volley, sondern durch einen Dropkick ins Spiel bringen;

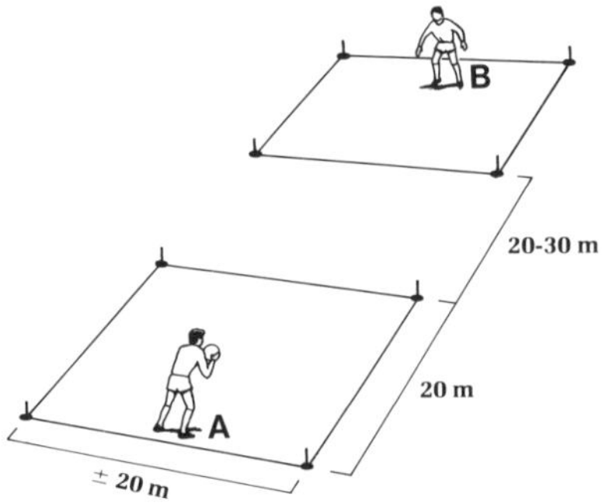

○ das Netz höher spannen (auf ca. 2 m); jetzt nicht mehr schießen, sondern alle Bälle werfen;
○ Spielfeld vergrößern und verkleinern.
○ Spielfeld: wie auf der Abb. oben variieren.
○ Spielregeln, Ziel des Spiels, Varianten, siehe oben.

Kleinfeldfußball:
Spielfeld: siehe Abbildung.
Ziel des Spiels: Versuchen, den Ball ins Tor des anderen Torwarts zu schießen.
Spielregeln: A beginnt von seiner Torlinie. Er spielt den Ball in Richtung Tor von B; B hält den Ball, und von der Stelle, wo er den Ball fängt, darf er ihn nach maximal zwei Schritten wieder in Richtung Tor von A spielen. Lenkt oder

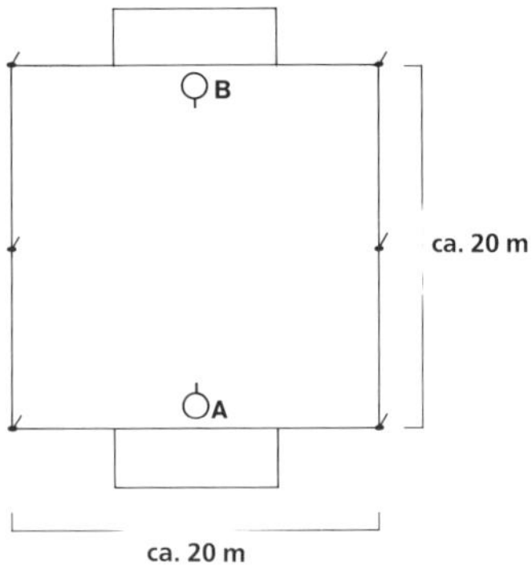

faustet der Torwart den Ball aus dem Spielfeld (also über die Seiten- oder Torlinie), bekommt der Gegner den Ball. Beide Torhüter dürfen nicht über die Mittellinie kommen.
Zählung der Punkte: Jedes Tor ist ein Punkt.
Servieren/Wiederaufnahme bzw. Beginn des Spiels: immer von der Torlinie aus: zu Spielbeginn, nach einem Tor, oder wenn der Ball aus dem Spielfeld gelenkt oder gefaustet worden ist.
Seitenwechsel: nach einer bestimmten Zeit oder nach einer bestimmten Anzahl Tore.
Varianten:
Der Torwart darf den Ball nur:
- Schleuder- oder Schlagwurf;
- aus den Händen schießen;
- als Volley oder Dropkick;
- vom Boden schießen;
- vor dem Torwart aufspringen lassen und so Tore erzielen;
- Spielfeld größer oder kleiner;
- wenn der Torwart den Ball neben oder übers Tor schießt, ist das ein Punkt für den anderen.

Drei gegen einen
Spielfeld: siehe Abbildung.
Ziel des Spiels: Der Torwart versucht innerhalb einer bestimmten Zeit möglichst viele Punkte zu machen. Die Spieler an den Seiten versuchen, dies zu verhindern.
Spielregeln:
- für die Spieler an der Seite: Spieler passen sich den Ball zu, Ball maximal dreimal berühren, nicht mit den Händen;
- für den Torwart: der erste Ball ist frei (der Torwart darf ihn nicht aufgreifen).

Zählung der Punkte:
- Torwart hält den Ball: 2 Punkte;
- Torwart berührt den Ball: 1 Punkt;

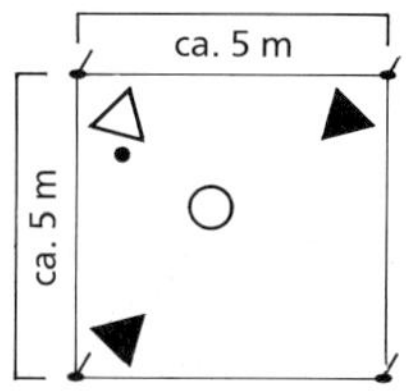

- Ball außerhalb des Feldes: 1 Punkt für den Torwart.

Varianten:
- 4 gegen 1;
- Spieler dürfen den Ball nicht dreimal, sondern nur zweimal berühren;
- Ball gleitet dem Torwart durch die Beine: er verliert alle Punkte;
- Spielfeld vergrößern und verkleinern.

Torwart-Handball
Spielfeld: siehe Abbildung.
Anzahl der Teilnehmer: wenigstens 3 gegen 3; höchstens 8 gegen 8.
Ziel des Spiels: den Ball sechs- bis zehnmal zusammen spielen.
Spielregeln, alle Torwartregeln gelten:
- nicht mehr als vier Schritte;
- Ball nicht aus den Händen reißen oder schlagen;
- Ball so oft wie vereinbart gespielt: 1 Punkt;
- Ball im Aus: Gegenpartei bekommt den Ball an der Seitenlinie.

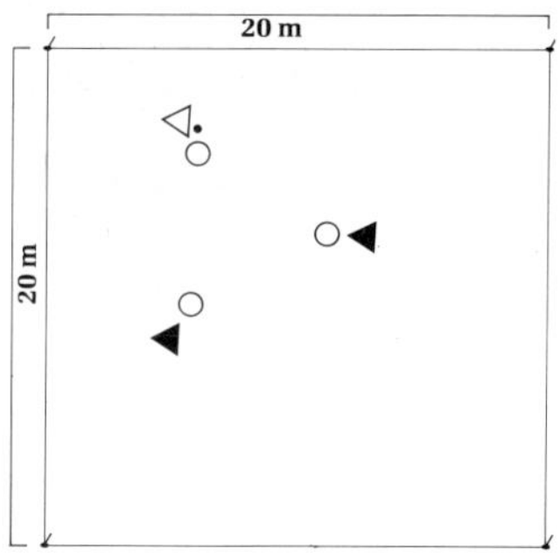

Varianten:
- ○ Ball darf nicht den Boden berühren; wenn dies doch geschieht, erneut von Null an zu zählen beginnen;
- ○ Ball spielen mittels: eines Volleys; eines Dropkicks; eines Wurfs (rollen, Schleuder- oder Schlagwurf);
- ○ A wirft: B muß den Ball oberhalb der Schulter zu einem seiner Teamgefährten fausten;
- ○ Spielfeld vergrößern oder verkleinern.

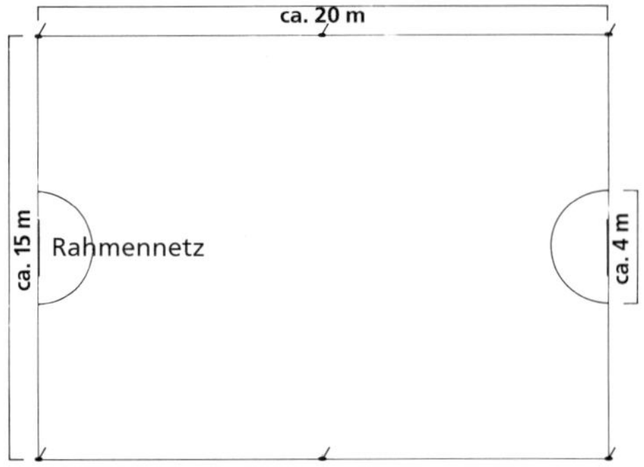

»Rahmennetz«-Ball:

Spielfeld: siehe Abbildung.
Anzahl der Torhüter: wenigstens 3 gegen 3; höchstens 8 gegen 8.
Ziel des Spiels: Durch das Zusammenspiel den Ball in eines der Rahmennetze werfen, danach fängt man selbst oder einer der Mitspieler den zurückprallenden Ball.
Spielregeln, alle Torwartregeln gelten:
- ○ nicht mehr als vier Schritte; Ball nicht aus den Händen reißen oder schlagen usw.;
- ○ nicht in den Kreis kommen; wenn das doch geschieht, geht der Ball an die Gegenpartei;
- ○ nach einem Torversuch (gelungen oder verfehlt) darf man weitermachen hin zum anderen Rahmennetz; hat man im Zusammenspiel die Mittellinie passiert, darf man auch wieder zurück zum Rahmennetz, wo der vorige Torversuch stattfand;
- ○ an der Mittellinie beginnen; nach einem Tor darf die gleiche Partei gleich weiterspielen.

Varianten:
- ○ Ball darf während des Zusammenspiels nicht den Boden berühren; geschieht das doch, dann ein freier Ball für die Gegenpartei;
- ○ Torhüter dürfen den Ball mit einem Volley oder Dropkick spielen;
- ○ Spielfeld vergrößern oder verkleinern.

Mentale Aspekte

Enttäuschung und Freude, Sieg und Niederlage, Applaus und Kritik, für den Torwart liegt das alles eng beieinander. Sein Ansehen kann von einer einzigen unglücklichen Sekunde abhängen. Viele Sportler verarbeiten ihre Gefühle nahezu unsichtbar für das Publikum, und manchmal selbst für Nahestehende; trotzdem geht im Kopf eines Sportlers immer viel um. Die Leistung wird nicht nur durch den Körper bestimmt, entscheidend ist auch die geistige Verfassung, die Psyche der betreffenden Person. Körper und Geist sind eng miteinander verbunden und beeinflussen einander. Man hat festgestellt, daß sich eine bewußte mentale Einflußnahme in verschiedenen Situationen (Angst, Unsicherheit usw.) positiv auswirken und die Leistung verbessern kann. Diese geheimnisvollen Kräfte aber können die Form auch negativ beeinflussen. Der Trainer muß seinem Spieler in dem Bereich beistehen. Am besten ist es, wenn der Torwart selbst seine mentale Verfassung, sein Verhalten und die körperliche Reaktion auf Emotionen kennenlernt. Man muß ihm die Möglichkeit geben, daran zu arbeiten und zu einer größeren psychischen Ausgeglichenheit zu kommen. Der Torwart muß den Willen haben zu siegen sowie das entsprechende Selbstvertrauen und den Kampfgeist, um dieses Ziel zu erreichen.

Motivation

Wenn ein Torwart mit großem Fleiß und viel trainiert, die Aufgaben sorgfältig ausführt, lernbegierig ist usw., kann man sagen, daß er gut motiviert ist. In der Praxis arbeitet man gern mit einem solchen Torwart. Die Art der Motivation unterscheidet man in innere Motivation und äußere Motivation.
Innerlich motivierte Torhüter sind von sich aus stark motiviert; da sie ganz und gar von ihrem Sport begeistert sind, braucht sie niemand zu drängen. Niederlagen bringen sie kaum aus der Ruhe; sie gehen ihren Weg.
Äußerlich motivierte Torhüter brauchen Anregung von anderen. Sie müssen besonders stimuliert werden, beispielsweise von den Eltern, vom Trainer oder von den Mitspielern. Sie brauchen einen besonderen Antrieb, um nicht aufzugeben. Wichtig ist, daß das, was sie tun, auch Erfolge zeitigt; die brauchen sie. Bleiben sie aus und geht alles schief, nimmt die Motivation schnell ab, und die Versagensängste nehmen in gleichem Maße zu.
Bei Torhütern sind die beiden Arten der Motivation eng miteinander verbunden. Meist ist die innere Motivation die Grundlage. Schließlich beginnt man als junger Mensch mit einer Sache, weil sie einem Freude macht; und dann baut man darauf auf. Die Motivation kann jedoch abnehmen, aber mit der Hilfe von anderen (äußere Motivation) kann sie wieder gestärkt werden. Außerdem können

rein persönliche Umstände über eine kürzere oder längere Zeit die Motivation negativ beeinflussen; auch hier kann die Umgebung beitragen, dem Abhilfe zu schaffen.

Motivierend wirkt auf den Torwart:

- ○ Aufgaben zu stellen, die herausfordern, meist mit einem gewissen Schwierigkeitsgrad, damit der Torwart nicht immer die gleiche Dinge zu wiederholen braucht. Wiederholungen sind zwar eine wichtige Grundlage, aber kleine Abwechslungen in der Planung und Art des Trainings können wohltuend und motivierend auf den Torwart wirken.
- ○ An sich selbst arbeiten ist wichtig. Mit »Hausaufgaben« kann an bestimmten Dingen neben und nach dem Clubtraining gearbeitet werden.
- ○ Fortschritte: Das Aufzeigen der Fortschritte kann eine enorme Antriebskraft sein. Wichtig ist besonders das Urteil des Trainers. Vor allem stark motivierten Spielern sollte der Trainer offen und ehrlich seine Meinungen sagen. Ein bewußt falsches Urteil kann einen Vertrauensbruch zwischen Trainer und Torwart bewirken.
- ○ An der Zukunft arbeiten: Ein Torwart muß ein Ziel haben; er plant etwas und arbeitet dann auf dieses Ziel hin; und das braucht er nicht unbedingt der Außenwelt kundzutun. Ebenso handelt der Trainer. Damit ist eine Basis geschaffen, um gemeinsam eine kurzfristige und auch längerfristige Planung zu entwickeln.

Der Trainer sollte vor allem darauf achten, daß das Training selbst motivierend wirkt; dazu ist zu beachten:

- ○ Das Training muß eine Linie haben: als Trainer vorgeben, was zu tun ist und worin der Sinn dessen liegt; ein guter Aufbau des Übungsstoffes; nicht nur Anweisungen im Training geben, sondern auch andeuten, zu welchem Ergebnis sie führen müssen.
- ○ Die Torhüter auf dem laufenden halten über ihre Leistungen; ganz allgemein, aber auch mit Hilfe von Übungen: Sie sollen sich zunächst selbst äußern, wie sie darüber denken; mach sie aufmerksam auf Fortschritte, wie klein sie auch sein mögen; aber zeige auch auf, wo noch Mängel sind; sage, was falsch ist; suche die Ursache dafür, und zeige auf, wie es sein müßte.
- ○ Arbeitsatmosphäre: Die Arbeitsatmosphäre, um Topleistungen zu erreichen, ist abwechslungsreich und u. a. abhängig von den Eigenheiten des Torwarts und des Clubs. Ziel muß immer sein, den Torwart zu optimalen Leistungen anzuspornen. Außer der Klarheit ist auch die Freundlichkeit eine wesentliche Grundlage, um immer neu zu beginnen. Abwertungen fördern die Angst, etwas Neues in Angriff zu nehmen, weil man dann möglicherweise wieder versagt. Trotzdem ist es manchmal notwendig, auch hart zu sein, aber nur, um den Torwart dadurch zu fördern.

Selbstvertrauen

Das Selbstvertrauen baut darauf, daß man sich auf sein Können verlassen kann, und gibt innere Kraft. Wer Selbstvertrauen hat, der ist stark. Ohne Selbstvertrauen steht ein Torwart auf verlorenem Posten. Es ist eine der wichtigsten Eigenschaften, um Leistungen bringen zu können. Wie entwickelt sich das Selbstvertrauen?

Der Torwart muß seine Fähigkeiten erkennen, andere bestätigen ihn darin. Hat man ein bestimmtes Grundvertrauen geschaffen, kann man einen Schritt weitergehen. Man kann als Trainer bewußt Situationen provozieren, von denen man annehmen kann, daß sie der Torwart nicht bewältigt. Wird ein Fehler gemacht, so besteht die Kunst für den Trainer darin, dem Spieler bei der Bewältigung der Enttäuschung zu helfen und das Selbstvertrauen möglichst bald wiederherzustellen, nach dem Motto: »Was mich nicht umbringt, macht mich stärker.« Gerade ein Torwart muß für Versagen und Unsicherheiten einstehen. Das ist ein Zeichen der Reife. Werden die Schwächen erkannt, kann man an ihnen arbeiten. Viele Eigenschaften sind nicht angeboren. Neben einer gewissen Veranlagung muß unglaublich viel trainiert werden. Es liegt jedoch auf der Hand, daß man nicht unmittelbar ein Resultat von Einsatz und Training sieht. Besonders positiv wirkt auf das Selbstvertrauen, wenn die Erfolge auch im Spiel irgendwann sichtbar werden.
Die innere Verfassung wird durch viele Fehler und Niederlagen untergraben. Dann beginnt man zu zweifeln und hat Angst, sich zu blamieren. Der Trainer macht sich an die Arbeit, indem er die Situation aufgreift, um zu helfen. Er kann dies mit Hilfe von Gesprächen und/oder im Training tun; meist ist beides miteinander verbunden. Flüchte dich nie in alle möglichen Ausreden, und denke immer positiv! Geh von deinen starken Seiten aus, zeige sie und verdränge deine Schwächen, doch arbeite wohl daran!

Versagensängste

Versagensängste zeigen sich in Momenten, in denen eine Leistung erbracht werden muß, aber gleichzeitig die Möglichkeit des Versagens gegeben ist. Für den Torwart beziehen sie sich gewöhnlich auf das vor ihm liegende Spiel. Er ist dann mit einem besonderen Druck seitens seiner Mitspieler konfrontiert, weil ein Fehler von ihm den Sieg seiner Mannschaft gefährden kann. Niemand wird mit Versagensängsten geboren. Gewöhnlich sind sie die Folge einer Reihe von vorhergehenden Negativerfahrungen. Die Versagensängste kommen dann nicht nur wegen der eigentlichen Fehler, sondern vor allem wegen der Art, mit der die Umgebung (Trainer, Mitspieler, Angehörige, Presse usw.) darauf reagieren. Wenn ein Torwart Fehler macht und diese ständig von der unmittelbaren Umgebung betont werden, kann das sein Selbstvertrauen untergraben, und er traut sich dann selbst nichts mehr zu. Im äußersten Fall bildet sich eine Art Apathie, wobei es den Anschein hat, als könne der Torwart gar nichts mehr. Bei Versagensängsten können auch körperliche Reaktionen auftreten: Agression oder Flucht. In solchen Situationen sind die Muskeln, das Herz und die Lungen besonders gefordert; es werden Stoffe frei, die den Körper beeinflussen. Diese Stoffe (Adrenalin und Noradrenalin) haben über bestimmte Gehirnfunktionen einen aktivierenden Einfluß aufs Herz, das schneller schlägt. Die Lungen müssen schneller Luft holen, und die Schweißdrüsen sind besonders aktiv. Gleichzeitig beeinträchtigen diese Stoffe die Hirntätigkeit. Unter Umständen (große Angst!) kann das einen zweitweisen »Blackout« zur Folge haben.

Diese Stoffe rufen also geistige, emotionelle und körperliche Spannungen hervor. So erklärt sich in der Praxis, daß manche Torhüter im Training alles beherrschen, aber im Spiel einen völligen Einbruch erleiden.
Einige Hilfen für gefährdete Spieler:

- ganz allgemein helfen, mit Fehlern und Versagen umzugehen;
- nach Fehlern auf das Wie und Warum der Fehler eingehen und an einer Lösung mitwirken;
- erklären, wie er auf negative Kritik reagieren muß und wie er sie verarbeiten kann: sie relativieren und weiterkämpfen, um zu einer besseren Leistung zu kommen;
- auch das trainieren, worin und wodurch sich der Torwart unsicher fühlt;
- ihnen besondere Aufmerksamkeit widmen und Vertrauen schenken, indem man ihre Stärken deutlich macht;
- die Umgebung beeinflussen;
- dafür sorgen, daß sie an ihr eigenes Können glauben;
- lernen, sich richtig zu entspannen.

In einer Atmosphäre, in der es um Leistungen geht, suchen viele Sportler ihre Zuflucht in einer bestimmten Form von Aberglauben. Das Maskottchen im Tor, der besondere Platz im Umkleideraum, das Kettchen, die Reihenfolge, in der die Wettkampfkleidung angezogen wird, oder als letzter aufs Feld gehen, das sind nur einige Beispiele der vielfältigen Formen des Aberglaubens, die besonders in der Welt des Sports ein Eigenleben führen. Durch den Aberglauben wird eine Scheinsicherheit geschaffen, durch die die Leistung positiv beeinflußt werden soll. Es ist eine geistliche Einflußnahme, die bei vielen Sportlern eine wichtige Rolle spielt und die man auf allen Ebenen findet. Man sollte sie auf keinen Fall als Schwäche deuten. Der eine ist empfänglicher dafür als der andere.
Der Trainer sollte sich nie zwischen den Spieler und seinen Aberglauben stellen. Selbst wenn er sich ein riesiges Maskottchen ins Tor hängt, wird das seiner Leistung und damit auch seinem Team zugute kommen. Wird das Ritual durchbrochen, so wird dadurch in den meisten Fällen das Selbstvertrauen beeinträchtigt.
Bemerkung: Sowohl für die Konzentration wie auch bei Versagensängsten können Entspannungs- und Atemholungsübungen zu einer besseren Leistung beitragen.

Konzentration

Durch Konzentration wird man befähigt, seine Aufmerksamkeit auf einen Punkt oder Gegenstand zu richten und sie solange wie nötig zu bewahren.
Gute Konzentration ist die Voraussetzung, um im Training oder Spiel optimale Resultate zu erzielen. Wenn man sich ordentlich konzentriert, wird man nicht durch andere Dinge abgelenkt.
Man begibt sich sozusagen in einen Kreis, in dem alle Dinge etwas miteinander zu tun haben. Für den Torwart sind dies beispielsweise seine Schuhe, seine Kleidung, das Spielfeld, das Tor, der Gegner usw. Außerhalb des Kreises sind viele Elemente (Zuschauer, Privatangelegenheiten usw.), die die Konzentration stören können.
Natürlich ist der Moment des Konzentrierens wichtig. Bei der Konzentration vor dem Spiel geht es auch darum, wann sie einsetzt: je früher vor dem Spiel, desto geringer ist die Konzentration. Während des Spiels ändert sich der Grad der Konzentration.
Der Grad der Konzentration und ihre

Dauer hängen zusammen mit dem Gefahrenelement; so kann man während des Spiels hohe, mittelmäßige und geringe Konzentration unterscheiden.

Sehr hohe Konzentration:

- ○ bei direkter und indirekter Gefahr vorm Tor (Schüsse aufs Tor, Kopfbälle, Flanken usw.; Spielwiederaufnahme: Eckstöße, Freistöße usw.);
- ○ bei Wiederaufnahme des Spiels (Torabstoß, Freistoß) oder Spielfortsetzung (werfen oder schießen);
- ○ am Anfang und Ende einer jeden Halbzeit;
- ○ nach Verletzungen;
- ○ nach einem erzielten Tor (für oder gegen die eigene Mannschaft).

Mittelmäßige Konzentration:

- ○ bei Ballbesitz der eigenen Mannschaft;
- ○ bei Spielunterbrechungen (Verletzungen).

Geringe Konzentration:

- ○ bei Wiederaufnahme des Spiels seitens der eigenen Mannschaft in der gegnerischen Hälfte.

Konzentration vor dem Spiel
Im Zusammenhang mit dem, was bei einer wichtigen Auseinandersetzung auf dem Spiel steht, kommt es häufig vor, daß ein Torwart durch negative Emotionen beeinträchtigt wird. Sie können negative Spannungen hervorrufen, die einer gezielten Konzentration schaden. Diese negativen Emotionen müssen ausgeräumt werden. Das kann geschehen durch eine bestimmte Ablenkung vor dem Spiel (lesen, Musik hören, fernsehen usw.). Man muß jedoch darauf achten, daß durch diese Ablenkung während des Spiels keine Verminderung der Konzentration eintritt. Der Torwart kann auch Angst vor den Zuschauern haben. Hierauf kann der Trainer eingehen, indem er es zur Sprache bringt und beispielsweise Geräusche hören oder Bilder sehen läßt, so daß sich der Torwart auf das, was ihn erwartet, besser einstellen kann. Sobald er gegen diese negativen Reaktionen gefeit ist, kann der Akzent auf die Verbesserung der Konzentration gelegt werden. Sie wird erheblich vom Willen beeinflußt und ist eine Äußerung, die zur geistigen Kontrolle führt; und daran kann sicherlich etwas getan werden. Das Vermögen, sich gezielt zu konzentrieren und zu denken, kann ebenso entwickelt werden wie die Kraft der Muskeln und Organe. Bei beiden spielt der Wille eine Rolle; sie erfordern viel Zeit und Aufmerksamkeit.

Übungen zur Verbesserung der Konzentration vor und während des Spiels

- ○ Widme auch den Dingen des Alltags besondere Aufmerksamkeit, und laß dich nicht schnell ablenken durch Musik, andere Menschen und Lärm. Versuche deine Aufmerksamkeit auf das, was dich beschäftigt, zu lenken und so zu bewahren.
- ○ Sei mit voller Konzentration beim Training. Versuche, dich selbst schnell zu korrigieren, sobald du feststellst, daß du abschweifst.
- ○ Während des Spiels kannst du dir selbst helfen und dich zwingen, mit den Gedanken beim Spiel zu bleiben, indem du:
- ○ ständig mit den Mitspielern im Gespräch bleibst, wenn nötig autoritär und fordernd; ansonsten Hilfestellungen geben durch Warnungen; achte auf den Ton, und sorge dafür, daß die Mitspieler genau im richtigen Moment hören, was sie hören müssen;

○ dafür sorgst, daß der Abstand zwischen dem letzten Feldspieler und dir möglichst gleich groß bleibt; so verpflichtest du dich selbst, immer mit diesem Spieler im Kontakt zu bleiben;
○ während des Spiels ständig dem Ball folgst; achte auch darauf, daß du dabei den Überblick aufs Ganze behältst; behalte den Ball ständig im Auge, auch wenn keine Gefahr droht.

Überkonzentration
Hüte dich immer vor Überkonzentration. Dabei wird zuviel psychische Aktivität entwickelt, die auf die Nervenzellen einwirkt, die Reize aussenden müssen für bestimmte Muskelbewegungen und deren Koordination. Wenn man zu sehr/zu wenig aktiv ist, kommen diese Reize nicht bzw. sind nicht koordiniert. Der Torwart beginnt zu zittern und bekommt das Gefühl, die Kräfte hätten ihn verlassen; die Folge sind Unsicherheit und Angst.
Natürlich hört und sieht der Torwart vieles um sich. Er muß lernen, Wichtiges von Unwichtigem zu unterscheiden. Den Lärm auf oder am Spielfeld hört man anders, wenn man konzentriert ist. Man achtet darauf und ärgert sich darüber, wenn man unkonzentriert ist. Dann ist man nicht mehr ausschließlich beim Spiel!
In der Vorbereitung aufs Spiel ist der Kreis der Konzentration gefüllt mit Dingen, an die man zu denken hat. Da geht's z. B. um die Kleidung, die man anziehen muß, die Handschuhe, das Schuhwerk, die Sonne, den Wind, Verletzungen usw. Manches von dem muß während des Spiels in den Hintergrund rücken, und das ist möglich durch eine vollständige Konzentration aufs Spiel.

Vorausdenken

Vorausdenken heißt, daß man in Gedanken eine noch nicht abgeschlossene bzw. bevorstehende Situation, Handlung oder ein Geschehen bereits erfaßt hat (Antizipation).
Wichtig beim Vorausdenken ist vor allem Erfahrung mit unterschiedlichen Situationen. Tritt eine Situation mit gewisser Regelmäßigkeit auf, kann der Torwart aufgrund seiner Erfahrungen den weiteren Ablauf gut abschätzen. Ferner ist die Wahrnehmung von großer Bedeutung: bestimmte Dinge werden frühzeitig erkannt, z. B. die Stellung der Füße, der Standort des Gegners und der Mitspieler usw.
Das Vorausdenken wird beeinflußt durch das Alter (Routine), die Motivation, Angst, Konzentration, Wahrnehmung (u. a. Blickwinkel, die Sicht usw.) und die zur Verfügung stehende Zeit.
Es gibt einige Voraussetzungen, die erfüllt sein müssen, wenn der Torwart vorausdenkend agieren will: Die Wahrnehmung muß bereits in frühem Alter geschult werden. Man muß auf die Möglichkeiten hinweisen, die ein Spieler im Ballbesitz in einer bestimmten Situation hat, und wie der Torwart darauf reagieren kann. Der Torwart muß lernen, richtig wahrzunehmen, dann seine Entscheidung zu treffen und zu agieren. Wichtig bei all dem ist die Schnelligkeit. Der Torwart braucht physische Voraussetzungen wie Kraft, Schnelligkeit, Ausdauervermögen, Koordination (Technik) und Gewandtheit, um die Bewegung ausführen zu können. Er muß gut motiviert sein, wenn er wirklich voraus- und mitdenken will. Er muß verschiedene Spielsituationen trainieren, die sich ergeben können, um im frühen Stadium Tore zu verhindern.

Mut und Kampfgeist

Diese Eigenschaft kann man schwer umschreiben. In geistiger Hinsicht heißt das normalerweise, daß man es wagt, verantwortbare Risiken einzugehen; in körperlicher Hinsicht betrifft es beispielsweise das Stürzen vor die Füße des Gegners.

Regie führen, dirigieren und organisieren

Als Chef seines Teams in der Abwehr ist selbstsicheres Auftreten und Zuverlässigkeit sehr wichtig. Aufgrund seiner Position auf dem Feld hat der Torwart die Aufgabe, Regie zu führen; er hat nämlich die beste Übersicht. Vom Anstoß an soll der Torwart deshalb mit den Anweisungen an seine Mitspieler beginnen. Ist der Ball weit vom Tor weg, muß er darauf achten, daß seine Teamgefährten die gegnerischen Stürmer richtig decken, und sie notfalls korrigieren. Sieht ein Torwart, daß ein Gegner freisteht, muß er seine Mitspieler darauf aufmerksam machen. Der Torwart muß einen Mitspieler auch dann dirigieren, wenn dieser den Gegner im Ballbesitz angreift. Er kann ihn beispielsweise anweisen, daß er »dran bleiben« oder ihn »nach außen drängen« soll.
Ferner können sich Situationen ergeben, in denen eine ganz präzise Abstimmung mit dem Torwart erforderlich ist, vor allem bei Bällen, die sowohl vom Torwart wie auch von einem Verteidiger angenommen werden können. Oft ist dies der Fall, wenn die Bälle in die Tiefe gespielt werden, und bei Bällen von den Seiten. Der Torwart ergreift dann die Initiative und ruft »Los!« oder »Du!« Beim »Los« nimmt der Torwart den Ball, und die anderen Spieler können das Tor weiter abschirmen; beim »Du« muß der Mitspieler übernehmen und der Torwart für die nötige Rückendeckung sorgen. Diese verschiedenen Situationen des Dirigierens ergeben sich während des gesamten Spiels.
Wichtig ist die Art, wie man Regie führt. Je nach der Situation muß der Torwart seine Anweisungen äußern. Je näher der Ball ans Tor kommt, desto größer ist die Gefahr von Gegentreffern. Das bedeutet, daß alles (Dekkung, Zusammenarbeit usw.) optimal abgestimmt sein muß, um die Chance auf Gegentreffer zu verringern. Der Torwart muß seine Anweisungen ganz deutlich geben.
Im Prinzip sollte sich der Torwart mit seinen Anweisungen auf die Verteidigungsaufgaben beschränken und nicht auf den Angriff einwirken. Er sollte also einem Stürmer nicht zurufen, wie er aufs Tor schießen muß...
Ein Torwart hat vor allem die Aufgabe, Gegentreffer zu verhindern; kümmert er sich um andere Dinge, kann dies auf Kosten seiner eigenen Leistung gehen oder Ärgernis in der übrigen Mannschaft hervorrufen und so die Leistungen beeinträchtigen. Werden gute Anweisungen gegeben, so wirkt das positiv auf die Leistung der Mitspieler und des Torhüters. Wenn er ständig seine Teamgefährten im Auge behält, bleibt seine Konzentration während des ganzen Spiels optimal.
Es ist ganz und gar falsch, wenn ein Torwart nach einem Tor schimpft oder herumschreit. So versucht er, die Schuld am Tor den anderen zuzuschieben. Äußere dich vor oder in bestimmten Situationen, aber nicht nachträglich. Nachher ist immer noch Gelegenheit dazu. Bemühe dich, solche Reaktionen zu vermeiden; sie gehören nicht aufs Sportfeld.

Neben den mündlichen Anweisungen ist ein resolutes, überzeugendes und sicheres Auftreten von großer Bedeutung für die eigene Mannschaft und für die Gegner. Die eigene Elf fühlt sich wohl, wenn der Torwart Selbstsicherheit ausstrahlt, und wird dadurch bestärkt. Damit kann man auch dem Gegner imponieren. Vermeide Nervosität und Ängstlichkeit!

Einflüsse durch Zuschauer, Presse und Familie

Auch ein Torwart ist kein Roboter, den alles, was um ihn herum geschieht, kalt läßt. Trotzdem muß er immer bemüht sein, zu einer optimalen Leistung zu kommen. Die Einflüsse von außen sind vielfältiger Natur. Als Profi in einem großen Verein muß der Torwart verfügbar sein für die Presse und gegebenenfalls für die Zuschauer; das gehört einfach dazu. Mit Hilfe des Trainers oder einer anderen Vertrauensperson muß er lernen, vernünftig mit öffentlicher Kritik umzugehen, ob sie nun berechtigt oder unberechtigt ist. Auch überschwengliches Lob ist richtig einzuordnen, um Überheblichkeit zu vermeiden.
Größeren Einfluß hat vor allem bei jüngeren Menschen die unmittelbare Umgebung (Familie, Schule, Arbeit usw.). Aber auch dieser Einfluß kann sich positiv oder negativ auswirken. Beispiele von gutwilligen Eltern, die immer für ihr Kind Partei ergreifen, gibt es genug. Es ist eine Aufgabe des Trainers, die Nahestehenden über bestimmte Entwicklungen und Pläne auf dem laufenden zu halten, damit hinsichtlich der Entwicklung des Torwart alle an einem Strang ziehen.

Probleme der Ersatztorhüter

Im Gegensatz zu den anderen Spielern gibt es für den Torwart in der Mannschaft nur den Platz im Tor. Der Ersatztorhüter kann also nur auf diese eine Position seine Aufmerksamkeit richten. Der zweite Mann hat nur eine Chance aufgestellt zu werden, wenn die »erste Wahl« ausfällt. Das kann passieren aufgrund von Formverlust, von Verletzungen, wegen eines Spielverbots, oder wenn die gute Leistung des zweiten Mannes dafür spricht. Ist das nicht der Fall, muß der Ersatztorhüter mit dem Platz auf der Bank vorlieb nehmen.
Bei den Ersatztorhütern kann man vier verschiedene Typen unterscheiden:
1. Der ehrgeizige, aus der Jugend kommende Torwart. Er hat seine Ziele noch nicht erreicht, kann deshalb nichts fordern und muß auf seine Chance warten.
2. Der von einer Verletzung genesende Torwart, der seinen Stammplatz zurückerobern will. Verläuft die Genesung wunschgemäß und wird seine frühere Form nicht durch den Ersatzmann übertroffen, so gibt es wenig Probleme. Wenn der neue Mann seine Aufgabe gut macht, wird das Comeback des genesenen Torwarts erheblich erschwert.
3. Der übergangene Torwart. Meist ist dies das Resultat eines Formverlusts oder des Besserwerdens der Reserve. Die Umgebung wird dann oft mit einem frustrierten Torwart konfrontiert, was für den Trainer Schwierigkeiten mit sich bringen kann.
4. Der gelassene Ersatzmann. Ein solcher Torwart macht sich nie oder wenige Gedanken wegen seines Platzes auf der Bank. Er findet es richtig, daß der erste Mann spielt, und akzeptiert, daß er nur im Fall einer Verlet-

zung, eines Spielverbots oder bei anderen Problemen in Aktion treten kann. Für den Trainer ist es gut zu wissen, mit welchem der vier Typen er zu tun hat, um darauf eingehen zu können. Im allgemeinen ist es wichtig, daß der Trainer dem Ersatztorhüter den Eindruck vermittelt, daß er ganz mit dazugehört. Er muß besonders darauf achten, daß er es mit jemandem zu tun hat, der seinen Sport liebt und so behandelt werden will wie der erste Torwart. Das muß auch im Training zum Ausdruck kommen und gegebenenfalls bei der Spielvorbereitung und -besprechung. Der Trainer hat die Aufgabe, zwischen seinen (meist) zwei Torhütern eine Wahl zu treffen: eine ziemlich leichte Entscheidung, wenn der Klassenunterschied deutlich ist. Schwieriger wird's, wenn beide fast ebenbürtig sind. Der Trainer muß dann bei seiner Wahl von der Zusammensetzung der Mannschaft ausgehen. Wenn es um die Entscheidung zwischen einem etwas älteren und einem jüngeren Torwart geht, kann beispielsweise die Routine innerhalb des Teams den Ausschlag geben. Wenn der jüngere Torwart viel Erfahrung hat, kann die Wahl zu seinen Gunsten ausfallen (bessere physische Voraussetzungen); hat er wenig Routine, würde das eher für den älteren sprechen. Ist die Entscheidung gefallen, muß der Trainer das baldmöglichst sagen und auch die Gründe für seine Wahl angeben. In der Praxis hat sich gezeigt, daß es meist schiefgeht, wenn man zwei Torhüter gegeneinander ausspielt. Das regelmäßige Wechseln (z. B. übergehen, wenn ein Fehler gemacht wurde) wirkt sich nämlich auf die Form beider aus, was auf die Dauer Konsequenzen fürs Punktekonto hat.

Es ist daher besser, einem Torwart das volle Vertrauen zu geben. Wenn der Trainer sich einmal entschieden hat, sollte er seine erste Wahl auch in einer Reihe von Spielen zum Zuge kommen lassen.
Wichtig ist, daß der Ersatztorwart möglichst wenig an Kondition verliert. Er muß das Gefühl haben, daß er ganz dazugehört. Um dies zu fördern, ist es sinnvoll, ihn in Freundschaftsspielen während der Saison einzusetzen.

Beziehung Torwart—Trainer

Diese Beziehung kann entscheidend sein für das gute bzw. schlechte Spiel eines Torwarts. Der Trainer sollte Interesse für die Person, für seine Sorgen und Probleme zeigen, das ist eine wichtige Aufgabe. Geduld, Vertrauen, Sachverstand und Interesse sind Dinge, die man bei der Betreuung einsetzen kann. Einem Torwart sollte man mehr Aufmerksamkeit widmen als den Feldspielern. Deshalb ist es natürlich ideal, wenn sich ein Trainer ganz auf den oder die Torhüter konzentrieren kann. Das ist eine gute Basis für eine förderliche Zusammenarbeit. Von Vorteil ist, wenn der Torwarttrainer selbst Erfahrung im Tor hat. Das sind gute Voraussetzungen, um ein Vorbereitungsprogramm aufzustellen, mit dem man arbeiten kann. Während dieses Prozesses wird vor allem die Geduld auf die Probe gestellt. Der Trainer muß sich bewußt machen, daß ein langer Weg zurückzulegen ist, damit der Torwart leistungsmäßig seine Möglichkeiten voll ausschöpfen kann. Kein Trainer kann im Handumdrehen einen guten Torwart heranbilden.

Ausrüstung

Treter mit Stahlkappen, ein gestrickter, schlotternder Pullover, ein paar Mal in die Hände spucken, die unumgängliche Kappe, und damit war der Torwart vor gut 100 Jahren fertig fürs Spiel. Doch die Zeiten haben sich sehr gewandelt. Technik und Kondition wurden verbessert, das Spiel wurde schneller, härter und professioneller. Die Welt des Fußballs hat sich geändert. So sind auch der Pullover, die schlotternde Hose und die schweren Treter verschwunden. Die höheren Anforderungen an Spieler und Trainer haben auch auf den Torwart und seine Ausrüstung ihre Auswirkungen gehabt: Kleidung, Schuhwerk, Handschuhe, alles wurde angepaßt. Dennoch ist klar, daß die Wahl des verwendeten Materials eine persönliche Entscheidung ist und daß Faktoren wie Geld, Spielregeln, Witterungsbedingungen und Spielfeld dabei eine wichtige Rolle spielen. Der Torwart hat heutzutage viele Möglichkeiten bei seiner Ausrüstung.
Für die Jugend gilt das ebenso, obwohl regelmäßig der Fehler gemacht wird, Spieler aus der Jugend als »kleine« Erwachsene zu betrachten. Material, das Profis verwenden, ist nicht immer geeignet für den Torwart aus der Jugend. Man sollte ihn im Blick auf die Ausrüstung allmählich zum Niveau eines erwachsenen Torwarts heranführen. In den verschiedenen Altersgruppen gibt es wiederum ganz unterschiedliche Anforderungen. Man kann einen Sechsjährigen nicht mit einem Sechzehnjährigen vergleichen. Im folgenden soll deshalb auch davon die Rede sein, was für junge Torhüter in den verschiedenen Altersgruppen nützlich ist. Ferner sollen Spieler und Trainer ausführlich über alle Vor- und Nachteile des evtl. zu verwendenden Materials informiert werden, damit jeder in dem riesigen Materialangebot eine gute Auswahl treffen kann.

Das Trikot

Es begann mit einem gestrickten Wollpullover. Bei kaltem Wetter wurde dieses bleischwere Kleidungsstück meist noch mit einem großen Kragen getragen, aber darüber hat sich in der »guten, alten Zeit« keiner Gedanken gemacht. Solange man sich in der Farbe von den Mitspielern und Gegnern unterschied und im Winter nicht unter Kälte litt, gab's keine Probleme. Mitte der fünfziger Jahre änderte sich dies, und seit der Zeit hat der Pullover des Torwarts einen Wandel erlebt. Das wollene Trikot wurde durch ein (meist) baumwollenes ersetzt, dem später einige Ergänzungen wie die Ellbogenpolsterung beigefügt wurden. Heute ist das Trikot ein wesentlicher Bestandteil der Torwartkleidung, ein funktioneller Bestandteil der Wettkampfausrüstung. Eine gute Wahl der Farbe ist unter bestimmten Umständen wichtig. Die gelbe Farbe erweist sich u. a. als vorteilhaft bei Flutlichtspielen, da sie einen reflektierenden Effekt hat. Es gibt eine Theorie, die besagt, ein Torwart in hellfarbenem Trikot (gelb oder

orangefarben) könne einen Angreifer in seiner Aktion beeinflussen. Als Beispiel wird dazu meist angeführt, daß ein Spieler während eines Flutlichtspiels auf den Torwart zukommt und plötzlich einen »Blitz« vor sich sieht. Der Angreifer schießt dann oft aus einer Art Schreckreaktion den Ball sofort in Richtung des »Blitzes«.
Eine andere Theorie ist die der sogenannten Tarnfarbe, beispielsweise grau. Ein Angreifer sieht plötzlich den Torwart aus dem »Nichts« vor sich auftauchen und ist dadurch so überrascht, daß er in die Irre geleitet wird. Bei der Wahl der Tarnfarbe muß man natürlich den Hintergrund berücksichtigen.
Ein Kapitel für sich ist die Verwendung von Trikots für unterschiedliche Witterungsbedingungen. Das Material besteht meist aus einem Kunststoff, der schlecht Feuchtigkeit annimmt. Das ist vorteilhaft bei nassem Wetter, jedoch der Nachteil liegt darin, daß die Körperfeuchtigkeit schlecht aufgenommen wird. Es ist deshalb sinnvoll, unter dem Trikot aus Wasser abweisenden Kunststoff ein T-Shirt anzuziehen, das die Körperfeuchtigkeit aufnimmt.
Baumwollene Pullover geraten immer mehr aus der Mode. Im Sommer sind sie zwar angenehm zu tragen, doch man fühlt sich darin schnell beengt. Bei nassem Wetter nehmen sie zuviel Feuchtigkeit auf und werden schneller schwer. Ein Vorteil ist, daß das baumwollene Trikot im Kontakt mit dem Ball bremsend wirkt. Die Chance, daß ein glatter Ball auf der rauen Baumwolle wegleitet, ist wesentlich geringer als beim viel glatteren Kunststoff oder bei einer Regenjacke.

Trikots mit Brustschutz

Pullover mit Diagonalstreifen und Schulterschutz

Modisches Trikot

»Breitmachender« Pullover mit Schulterschutz

Vorteile der Baumwolle:
- ○ nimmt die Körperfeuchtigkeit (Schweiß) auf;
- ○ rauhe Oberfläche (Gleiten des Balls wird gebremst).

Nachteile:
- ○ wird schnell häßlich;
- ○ verformt sich;
- ○ wird bei nassem Wetter schwer.

Vorteile der Kunstfaser:
- ○ bleibt bei nassem Wetter immer gut in Form;
- ○ wird auch bei nassem Wetter nicht viel schwerer;
- ○ bleibt lange gut in Qualität, Farbe und Form.

Nachteile:
- ○ nimmt keine Körperfeuchtigkeit auf;
- ○ Oberfläche ist ziemlich glatt; vor allem ein Ball mit Kunststoffbeschichtung kann beim Halten vor der Brust weggleiten.

Die meisten Trikots sind deshalb eine Kombination aus den oben genannten Materialien, womit auch die aufgeführten Vor- und Nachteile kombiniert sind. Achte bei der Wahl des Trikots darauf, daß es lang genug ist, damit der Rücken nicht entblößt wird.
Gegenwärtig wird bei der Anfertigung des Torwarttrikots dem Schutz des Körpers viel Aufmerksamkeit gewidmet. Deshalb sind in jedem guten Trikot auch die sogenannten »gepolsterten« Ellbogen aus mehreren Lagen Schaumstoff eingearbeitet. Darüber ist man geteilter Meinung: Man moniert die doch minimale Bewegungseinschränkung, aber zweifelt auch an der Schutzfunktion. Beim Gleiten schieben sie sich meist auf den Oberarm, und außerdem sind sie dünn. Für die meisten sind sie lediglich eine willkommene Verstärkung an der Stelle, wo das Trikot am ehesten verschleißt. Trotzdem ist vor allem bei Frost oder bei starker Trockenheit der Schutz so, daß es gegenüber einem ohne Polsterung vorzuziehen ist.
Unter den genannten Umständen ist ein besonderer Schutz notwendig, u. a. auch die Ellbogenschützer. Außer

dem Ellbogenschutz ist eine Reihe von Fabrikanten zur Einarbeitung von Schutz an den Schultern übergegangen. Diese Polsterung schützt den Torwart, wenn er sich mit dem Ball an der Brust über die Seite seines Körpers hin abrollt, und man sollte diesen Schulterschutz nicht überschätzen. Durch die Füllung wirkt der Torwart etwas breiter und flößt dem Gegner etwas mehr Respekt ein, aber das ist eigentlich der einzige nennenswerte Vorteil.
Funktionell aber ist das neuentwikkelte Trikot mit Brustschutz, einer aus Schaumstoff gefertigten Polsterung für das Brustbein. Die Brust wird geschützt, und gleichzeitig wirkt es bremsend auf den Ball. Der Torwart hat dann etwas mehr Zeit, seine Arme um den Ball zu schließen, und das Risiko, daß der Ball weit von der Brust abprallt, ist geringer.
Natürlich achten die Hersteller auch auf verschiedene neue Modestoffe und Farben. So werden neue Farben und Materialkombinationen entwikkelt wie die sogenannten »Schatten«-Shirts, die Bahnen aus Baumwolle und Kunststoff haben. Man sieht Streifen auf dem Trikot in waagrechten, senkrechten oder diagonalen Bahnen, die optisch verbreitern oder strecken. Das Trikot darf nie zu eng sitzen, sonst wird der Wärmeaustausch beeinträchtigt und die Bewegungsfreiheit eingeschränkt.

Allgemeine Tips:
- Achte darauf, daß das Trikot angenehm sitzt. Es darf nicht zu weit oder zu eng sein und muß in der Länge passen; der Rücken darf nie entblößt sein.
- Denke bei der Wahl des Materials (Baumwolle, Kunstfaser oder eine Kombination von beiden) an alle Vor- und Nachteile.
- Bei der Wahl der Farbe spielt manchmal der Aberglaube eine Rolle. Wähle immer die Farbe, von der du meinst, daß du damit am besten spielen kannst.
- Es ist sinnvoll, immer ein baumwollenes T-Shirt unter dem Torwarttrikot anzuziehen.
- Wähle immer zwei Torwarttrikots, die sich farblich unterscheiden. Bei schlechtem Wetter kann man in der Pause ein sauberes und trockenes Trikot anziehen. Zudem vermeidet man mit zwei Trikots das Risiko, daß man dasselbe Trikot anzieht wie der Gegner.

Tips für Jugendliche:
6 bis 12 Jahre: Für diese Altersgruppe ist ein einfaches Baumwolltrikot zu empfehlen. Auch in dieser Art gibt es übrigens Modelle, die denen der Erwachsenen ähneln.
12 bis 16 Jahre: Wer will, kann in diesem Alter schon die Topmodelle der Trikots für Torwarte tragen.

Die Hose

Früher spielten die Torhüter meist in derselben Hose wie auch ihre Mitspieler. In den vergangenen Jahren hat sich das erheblich geändert. Maier war der erste, der eine längere Hose trug (bis kurz über die Knie), und wurde deshalb anfänglich von den Zuschauern belächelt. Mittlerweile wird diese Hose allgemein akzeptiert. Das längere Modell hält nicht nur die Muskeln des Oberschenkels wärmer, es schützt auch vor Schürfwunden.
Der Schutz der Hüften ist eine wichtige Funktion der Torwarthose. Häufig ist der Boden wegen Frost oder Trockenheit hart. Von den dabei unvermeidbaren unsanften Landungen schützen

Kurze Torwarthose mit Hüftschutz

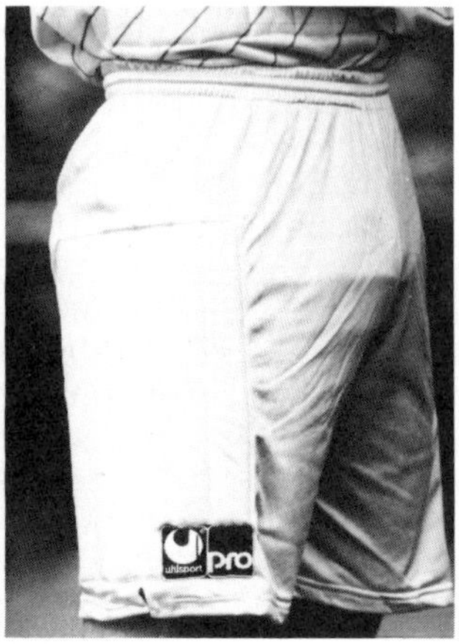

Eine halblange Hose mit Hüftschutz

Kurze Hose, Spielermodell

Eine lange Torwarthose mit Hüft- und Knieschutz

Schaumstoffeinlagen, die je nach Bedarf in dafür vorgesehene Taschen gesteckt werden können. Zu empfehlen sind Schaumstoffeinlagen mit einer Kunststoffbeschichtung, damit sie bei nassem Wetter keine Feuchtigkeit aufnehmen und nicht schwerer werden.
Bei der Wahl des Materials gilt das gleiche wie bei den Trikots. Man kann wählen aus Baumwolle, Kunstfaser oder einer Kombination aus beiden, wobei die erwähnten Vor- und Nachteile zu bedenken sind. Vorzuziehen ist eine Hose, die möglichst leicht ist und in der sich der Torwart ungehindert bewegen kann.

Allgemeine Tips:

- ○ Wähle ein Modell, das gut sitzt und in dem du dich wohlfühlst.
- ○ Verwende die Einlagen an den Hüften nur, wenn es wirklich notwendig ist, sonst sind sie nur Ballast.

Tips für Jugendliche:

6 bis 12 Jahre: In dem Alter sind noch keine Schutzpolster notwendig.

Die Stutzen und Strümpfe

Zur Standardausrüstung gehören natürlich auch die Stutzen. Am besten sind Stutzenstrümpfe, weil dabei keine zusätzlichen Socken mehr notwendig sind. Vom Material her sollten sie aus Baumwolle, Frottee oder Wolle sein, weil diese Stoffe Feuchtigkeit aufnehmen und weniger scheuern als synthetisches Material. Sie dürfen keine Löcher haben, weil man sonst auf einer unregelmäßigen Oberfläche läuft und möglicherweise Blasen bekommt. Um das Rutschen zu verhindern, verwendet man am besten Pflasterstreifen; lieber keine Gummibänder, damit das Blut ungehindert zirkulieren kann.

Die Schuhe

Einen Torwart, der ausgleitet beim Sprung nach dem Ball, der sein Gleichgewicht verliert beim Herauslaufen oder beim Hechten nicht von der Stelle kommt . . ., das sieht man nicht selten. Grund ist oft die falsche Schuh- oder Stollenwahl. Von einem solchen Fehler kann der Erfolg oder Mißerfolg der gesamten Mannschaft abhängen. Der Torwart hat also in diesem Punkt eine große Verantwortung.
Die Standfestigkeit wird großenteils durch die Schuhe, die Sohle und die Wahl der Stollen bestimmt. In der Praxis werden meist Schuhe mit auswechselbaren Aluminiumstollen verwendet, häufig die sogenannten langen Stollen (16 mm). Sie leisten bei weichem Boden gute Dienste; man hat damit den besten Stand.
Die Gefahr vor allem der langen Stollen ist, daß bei Drehungen des Beines im Stand das Knie verletzt werden kann. Die Begutachtung des Spielfeldes und die damit verbundene sorgfältige Wahl der Schuhe und Stollen sind wichtig für die eigene Sicherheit und für den guten »Griff« der Schuhe am Boden.
Weniger geeignet sind Schuhe mit einer Gumminockensohle; schließlich ist der Torraum der Teil des Feldes, der am meisten betreten wird und schon beim Einschießen innerhalb einer Viertelstunde »umgepflügt« sein kann. Es ist nicht sinnvoll, dann Sohlen mit den flachen Gumminocken zu verwenden, weil dadurch die Absprungmöglichkeiten beeinträchtigt werden. Ausnahmen kann man machen auf vereisten oder sehr harten und trockenen Feldern. Auf dem harten Boden können die langen Stollen nicht eindringen. Dann sind Noppensohlen am besten; die ca. 100 kurzen Gumminoppen greifen bei solchen Bodenverhältnissen und geben den notwendigen Halt.
Neu ist ein speziell entwickelter Schuh für Kunstrasen, dessen Unterseite ein Profil hat, das beim Antritt griffig genug ist, seitlich aber den Schuh nicht am Boden fixiert, so daß Rutsch- und Drehbewegungen möglich sind; das verhindert die oben erwähnten Knieverletzungen. Dies ist bislang eine der besten Entwicklungen auf der Suche nach geeignetem Schuhwerk für glatte und harte Felder, aber auch für das Spiel auf Kunstrasen, Tartanbelägen, roter Feinasche usw.
Die letzte Entwicklung auf dem Gebiet der Sohlen mit Stollen sind die auswechselbaren »Duo-snap-on«-Stollen. An die Stelle der Schraube ist ein Bajonettverschluß getreten; man kann die Stollen mit einer halben Drehung befestigen und lösen. So können die insgesamt 12 Stollen sehr schnell und einfach ausgewechselt und der Schuh den individuellen Bedürfnissen angepaßt werden.

1. Halbhohes Modell mit fester Nockensohle

2. Hohes Modell mit Schraubstollen

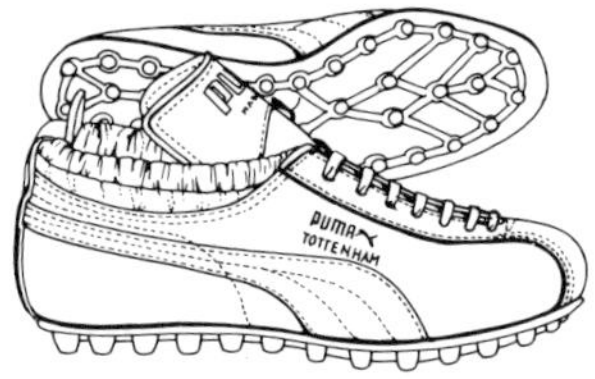

1

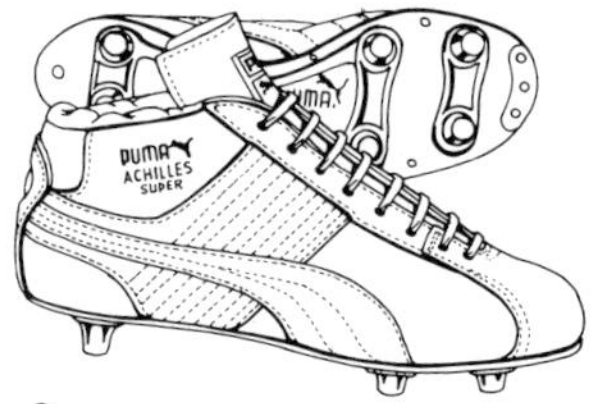

2

3,4. Zwei Modelle, die sich besonders für harte Felder (im Sommer) und auf vereisten Feldern (im Winter) eignen

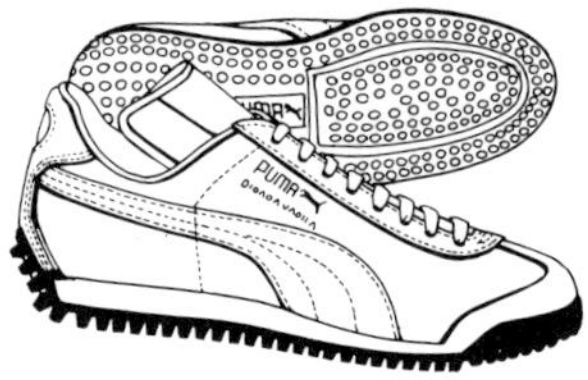

3

4

5. Flaches Modell mit auswechselbarer Stollensohle

6. Flaches Modell mit neuentwickeltem Stollensystem

5

6

Hinsichtlich des Oberteils des Schuhs hat man die Wahl aus drei Modellen: flach, halbhoch oder hoch. Das halbhohe Modell ist fast gar nicht mehr gebräuchlich; meist wird das flache Modell getragen. Das hohe Modell ist geeignet für Spieler mit Knöchel- und Achillessehnenproblemen; es gibt den Gelenken einen besonderen Schutz. Das Obermaterial ist meist aus Leder: Spaltleder, Rindsleder, Rindboxleder oder Känguruhleder. Dabei gibt es harte und spröde, aber auch unglaublich weiche und geschmeidige Leder. Abhängig von den persönlichen Wünschen und dem verfügbaren Geld kann jeder seine Wahl treffen. Welcher der ideale Torwartschuh ist, das ist schwer zu sagen, weil man immer noch nicht zu einer Spezialisierung übergegangen ist. Doch das gegenwärtige Angebot an Fußballschuhen ist so reichhaltig, daß man für jeden Fußtyp das Passende findet. Wichtig ist, daß der Schuh gut paßt, nicht zu eng oder zu weit ist. Die Zehen müssen unbedingt genügend Raum haben, man braucht ein gutes Fußbett und Halt an den Fersen.

Allgemeine Tips:

- ○ Die Schuhwahl ist abhängig: von der Bodenbeschaffenheit; von der Fußform; von der Empfindlichkeit für Verletzungen, emfindlichen Achillessehnen und Knöcheln. Schutz bieten beispielsweise hohe Schuhe.
- ○ Pflege deine Schuhe selbst. Stecke nach dem Reinigen Spanner oder Zeitungen in die Schuhe, damit sie

die richtige Form behalten. Verwende bei Lederschuhen spezielles Lederfett, damit sie geschmeidig bleiben. Fette die Schuhe ein, wenn sie noch feucht sind (das Fett zieht dann besser ins Leder), und poliere sie, wenn sie trocken sind. Trockne sie nie an der Heizung oder im grellen Sonnenlicht, sondern möglichst draußen im Wind.

- ○ Fette beim Auswechseln der Stollen auch die Stollenlöcher ein, damit sich kein Rost bildet.
- ○ Bewahre die Schuhe in einer besonderen Schuhtasche oder in einem Plastikbeutel auf.

Tips für Jugendliche:
Im Alter von 6 bis etwa 14 Jahren sind Schuhe mit einer Gumminockensohle zu empfehlen. Das Kind ist noch voll in der Wachstumsphase, und Schraubstollen können vor allem den Knien schaden. In dieser Altersgruppe sind Schraubstollen überflüssig, weil die Kinder noch nicht so kräftig sind. Wenn sie gute Nockensohlen haben, ist die Gefahr des Ausgleitens ziemlich gering. Eine gute Absprungtechnik ist allerdings unbedingt erforderlich; daher sind sie auch vom technischen Standpunkt aus zu empfehlen.
Schraubstollen sollte man erst einsetzen, wenn ein Torwart trotz guter Technik oft ausgleitet und deswegen Fehler macht. Dann ist es Zeit für andere Schuhe; doch auch dann sollte man die nötige Vorsicht walten lassen.
Auch Jugendliche im Alter von 14 bis 18 Jahren sind noch in der Wachstumsphase, und deshalb ist von der Verwendung der ganz langen Stollen aus medizinischen Gründen abzuraten.
Wichtig ist auch ein gutes Fußbett im Schuh. Von den hohen Schuhen ist insofern abzuraten, als dadurch bestimmte Muskeln entlastet und so geschwächt werden. Ein flaches Modell tut gute Dienste.
Noch ein paar Bemerkungen zu den Schnürsenkeln: Sicher ist es für den Torwart besser, keinen Knoten oben auf dem Schuh zu machen. Beim Abschuß des Balls aus den Händen gebraucht er nämlich den Volley oder Dropkick, also meist einen mit dem Rist ausgeführten Schuß; deshalb sollten alle Unebenheiten auf der Ristfläche vermieden werden. Der Schnürsenkelknoten kann zur Außenseite des Schuhs hin oder durch das nicht zu stramme Umbinden der Knöchel verborgen werden. Dadurch wird keineswegs die Möglichkeit von Knöchelverletzungen vergrößert. Wenn die Schnürsenkel nicht zu stramm gebunden sind, macht das gar nichts; der Schuh sitzt deshalb auch nicht lockerer.

Die Handschuhe

Neben dem »Griff am Boden« ist der Griff am Ball entscheidend für die Leistung des Torwarts. Letzteres wird neben einer guten Technik großenteils von den Handschuhen bestimmt. Sie sind in allen Sorten und Größen augenblicklich auf dem Markt. An die Stelle des echten Lederballs ist heutzutage der Ball mit einer Kunststoffbeschichtung gerückt. Trockenes Leder und Speichel bildeten früher eine ideale Kombination, um den Ball problemlos mit den Händen zu fassen. Bei nassem Wetter reichte einst der gewebte englische Handschuh mit genoppten Kunststoffstreifen (wie beim Tischtennisschläger). Durch den zum Teil aus Kunststoff bestehenden Ball hat sich das geändert. Für die Feldspieler brachte er fast ausschließlich Vorteile, aber der Torwart mußte sich ganz entschieden anpassen. Die Vorteile liegen

1

2

3

4

5

6

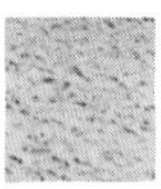
7

8

9

u. a. darin, daß das Ballgewicht unter allen Umständen gleich bleibt (der Lederball nahm Feuchtigkeit auf und wurde dadurch schwerer) und daß der Ball ziemlich lange seine runde Form behält. Für den Torwart aber ist es schwerer, den Ball richtig zu greifen. Speichel und englische Handschuhe nützten nicht mehr viel. Auch hier hat der ehemalige deutsche Nationaltorhüter Sepp Maier neue Wege aufgezeigt. Er experimentierte viel mit selbstangefertigten Handschuhen. Gegenwärtig arbeitet fast jeder Torwart meist mit ganz unterschiedlichen Sorten, die sowohl bei nassem wie auch bei trockenem Wetter optimale Dienste leisten müssen. Bei manchen Torhütern steht und fällt die Moral mit dem Griff des Handschuhs am Ball. Kommt ein Torwart beispielsweise bei einer Flanke gerade mit den Fingerspitzen an den Ball, um ihn dann aufgrund der Rauheit der Handschuhe unter Kontrolle zu bringen, so stärkt das sein Selbstvertrauen.
Worauf muß man beim Kauf der Handschuhe achten? Hinsichtlich der Größe ist das für jeden Torwart unterschiedlich. Viele Torhüter kaufen ihre Handschuhe absichtlich eine Nummer größer, weil sie aufgrund der größeren Oberfläche mehr Kontakt mit dem Ball haben. Andere wieder finden es angenehm, wenn sie perfekt an der Hand sitzen. Auf jeden Fall darf die Hand nicht von selbst aus dem Handschuh rutschen. Um das zu verhindern, sind die besseren Modelle mit einem Klettverschluß am Handgelenk ausgestattet, und der Torwart kann selbst bestimmen, wie stark er sie festzieht. Natürlich ist die Innenseite weitaus der wichtigste Teil des Handschuhs; durch sie wird der Griff auf den Ball bestimmt. Deshalb folgt hier eine Übersicht der unterschiedlichen Innenseiten mit Angaben, wofür sie sich eignen.
1. Schaumstoff, glatt und dünn: für alle Witterungsbedingungen, ideal vor allem bei nassem Wetter; kann auch bei trockenem Wetter verwendet werden, aber der Verschleiß ist dann enorm; aufgrund des dünnen Materials ist das Ballgefühl optimal.
2. Schaumstoff, glatt und dick: hat die gleichen Eigenschaften, die vorher genannt wurden; nur ist aufgrund der dicken Beschichtung das Ballgefühl geringer; kann aber vorteilhaft sein, vor allem bei sehr nassem Wetter. Der Handschuh saugt sich selbst voll mit Wasser, was auch eine Sogwirkung auf den Ball hat.
3. Drei Lagen Schaumstoff: geeignet für feuchtes und trockenes, aber auch nasses Wetter; im Vergleich zu 1 und 2 ist der Griff bei Nässe geringer, aber sicher nicht unzureichend. Dieser Handschuh ist stärker an der Innenseite und hält länger; ideal, um etwa im Alter von 10 Jahren damit anzufangen.
4. Geriffelt/Schaumstoff: geeignet für alle Witterungsbedingungen, doch besonders bei feuchtem oder nassem Wetter ist der Griff weniger gut als bei 3. Das Material aber ist dünn, und das Ballgefühl gut.
5. Der Schaumstoff ist versehen mit »Nadelstichen«: ideal bei trockenem Wetter und im Training. Der Schaumstoff ist ineinander gepreßt, so daß er sehr strapazierfähig ist und sehr lange hält. Auch geeignet für die Halle.
6. Schaumstoff mit »Waffelprofil«: Etwa gleich wie 4, nur jetzt ein viereckiges Profil, in dem der Schaumstoff stärker zusammengepreßt ist; so hat man einen guten und direkten Kontakt mit dem Ball und eine strapazierfähige Innenseite.

7. Long-last-Griff: eine Spezialanfertigung der Innenseite für das Spiel auf roter Feinasche und in der Halle. Besonders strapazierfähig.
8. Zweifarbiger Schaumstoff mit Blokkiersystem: Innenseite besteht aus zwei Lagen Schaumstoff. Eine Lage ist der Grundschaum mit Wellungen, die andere ist zwischen den Rundungen angebracht. Dem liegt die Theorie zugrunde, daß bei Ballkontakt zuerst die Schaumstofflage oben bremsend wirkt. Bleibt die Ballgeschwindigkeit danach noch hoch, sorgt auch die Lage darunter für eine Bremswirkung. Im übrigen ist die Innenseite für alle Witterungs- und Spielfeldgegebenheiten geeignet.
9. Zweifarbig mit einem aus zwei oder drei Lagen aufgebauten Schaumstoff: geeignet für alle Witterungs- und Spielfeldgegebenheiten. Aufgrund der verschiedenen Lagen ist der Verschleiß enorm hoch.
10. Genoppter Kunststoff (ohne Abbildung): ideal für die Jugend zwischen 6 und 10 Jahren.

Für den Schaumstoff an den Innenseiten gilt: Je leichter (Schaum nicht hart zusammengepreßt) und dicker der Schaum ist, um so besser ist der Griff; aber der Verschleiß ist dann auch erheblich größer. Wenn man das Material vorher anfeuchtet, kann der Verschleiß verringert und der Griff erheblich verbessert werden. Ist er dagegen dünn und kräftig zusammengepreßt, ist der Verschleiß zwar geringer, aber der Griff besonders bei feuchtem und nassem Wetter minimal. Bei trockenem Wetter (oder in der Halle) leistet diese Innenseite perfekte Dienste; geringer Verschleiß und ein phantastischer Griff.

Dann gibt es verschiedene Modelle, von denen einige etwas mehr zu den Trockenwettermodellen und andere mehr zu den Naßwettermodellen tendieren. Das sind die sogenannten Allroundmodelle, verwendbar sowohl bei trockenem wie auch bei nassem Wetter. Der Griff ist immer recht gut, und sie verschleißen nicht zu schnell. Für den Schutz der Rückseite der Hand (u. a. beim Fausten) ist auf allen Handschuhen auch Schaumstoff an der Oberseite angebracht, der meist die gleiche Beschaffenheit hat wie der an der Innenseite.

Ganz neu im Blick auf den Schutz ist ein Handschuh, der an der Rückseite der Hand das Handgelenk schützt (mittels einer kleinen Platte aus Hartplastik im Klettverschluß) und auf dem Rücken (mittels einer dicken Schaumstofflage).

Im Blick auf die Modellwahl ist über die normalen und halblangen Versionen nichts Erwähnenswertes zu sagen. Es geht vor allem darum, was der Torwart selbst am angenehmsten findet.

Allgemeine Tips:

- Achte auf eine gute Wahl, abhängig von den Witterungs- und Spielfeldgegebenheiten und der Beschichtung des Balls. Natürlich kann man Naßwetterhandschuhe auch bei trockenem Wetter verwenden, allerdings ist der Verschleiß dann groß.
- Bei Verwendung von Naßwetterhandschuhen wird empfohlen, sie vorher schon naß zu machen; dadurch wird schnellem Verschleiß vorgebeugt, und man hat meist einen besseren Griff am Ball.
- Nach Gebrauch in lauwarmem Wasser ausspülen und in der Außenluft trocknen; nie in der prallen Sonne oder an der Heizung. Sie werden dann hart und sind fast unbrauchbar. Sind die Handschuhe schon älter, so daß der Schmutz fast nicht mehr abgeht, müssen sie in lauwar-

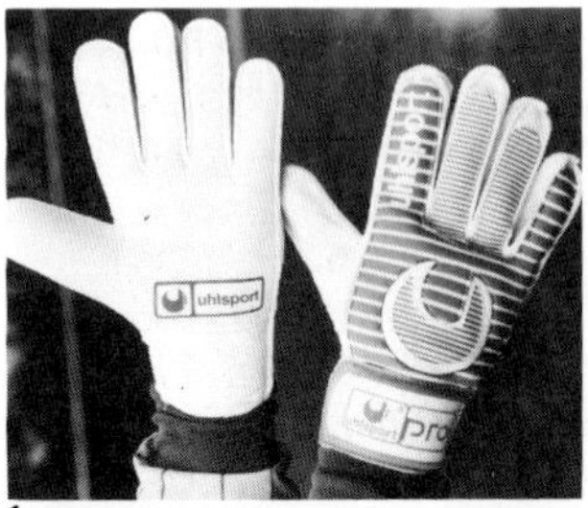

1

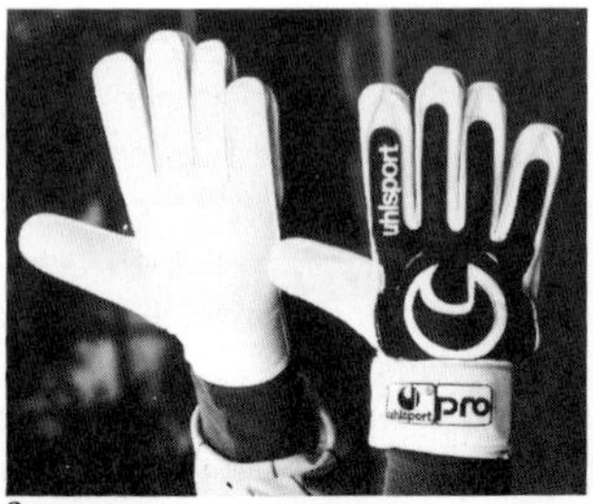

2

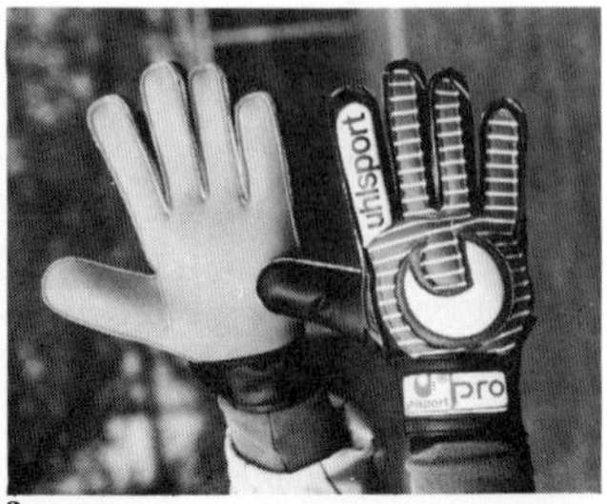

3

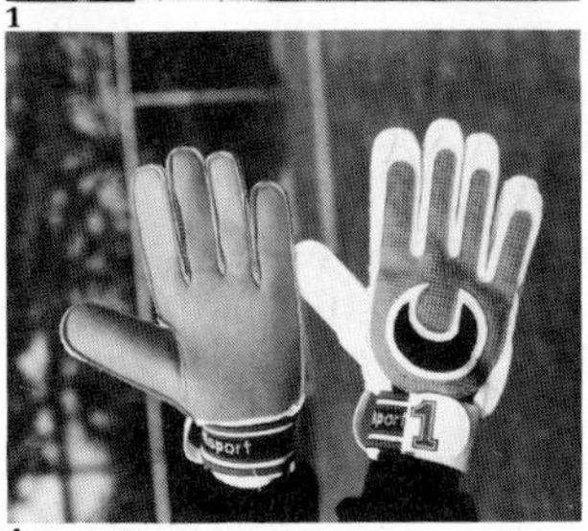

4

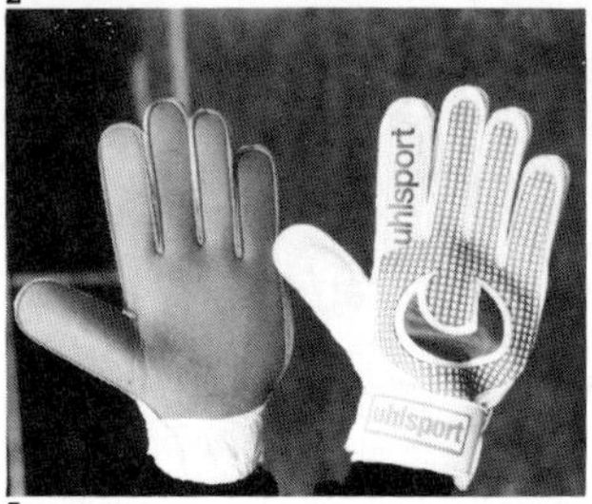

5

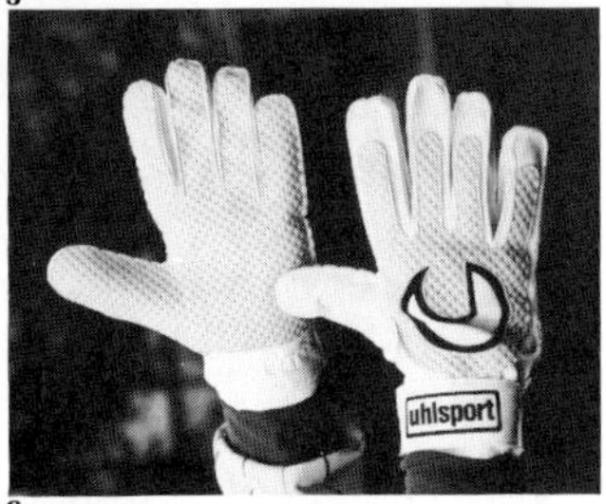

6

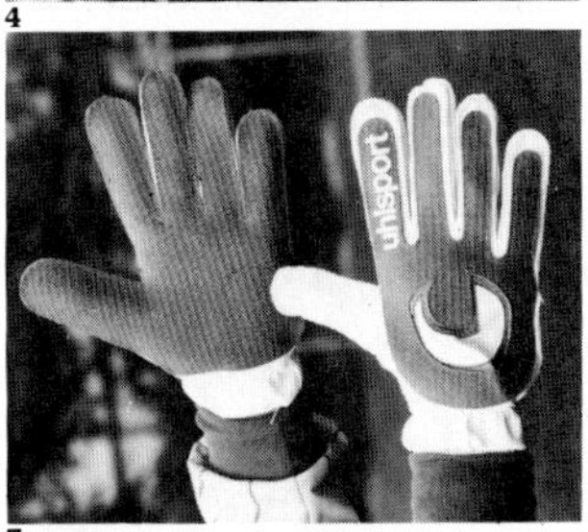

7

8

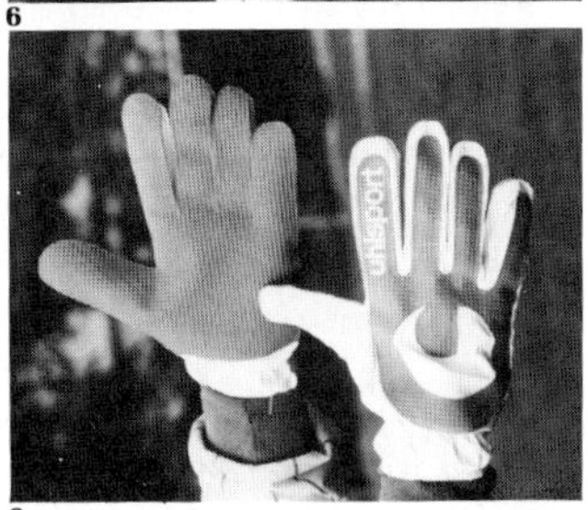

9

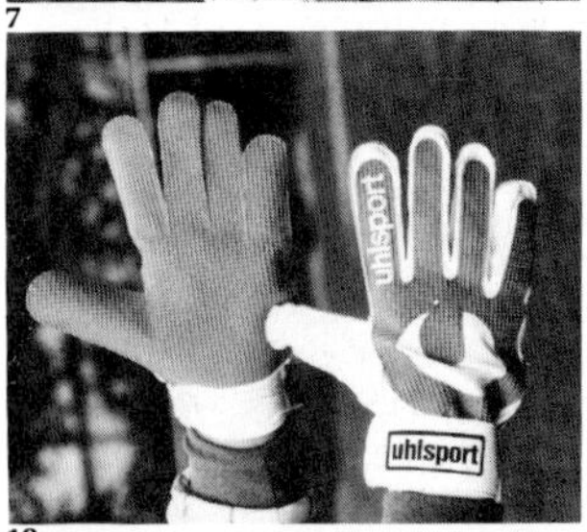

10

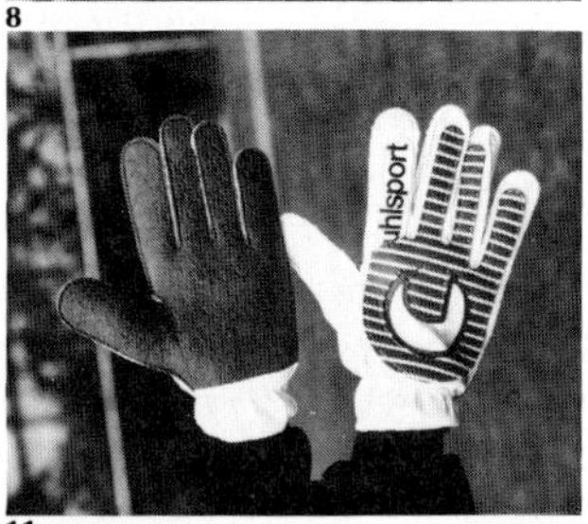

11

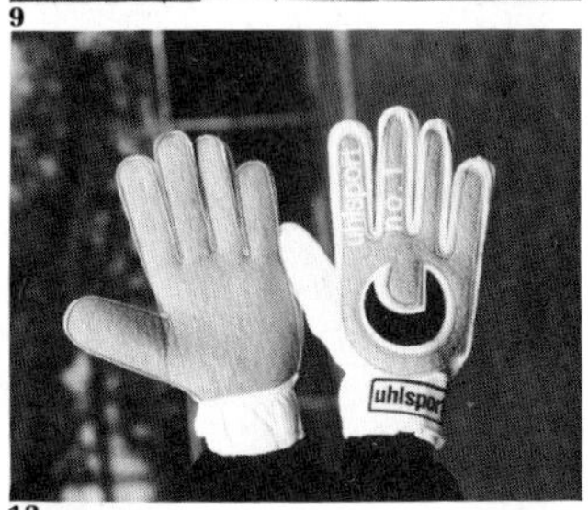

12

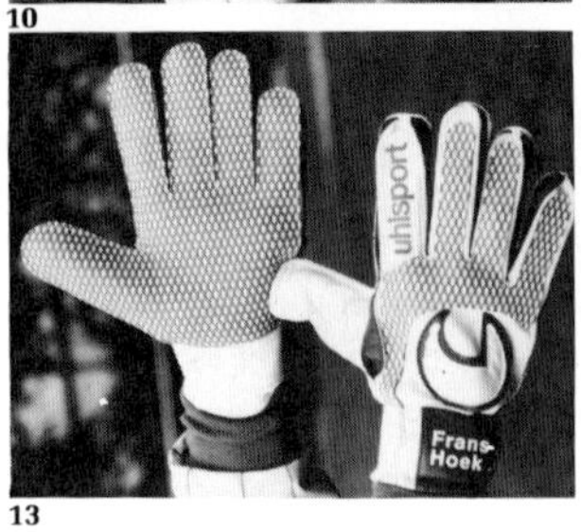

13

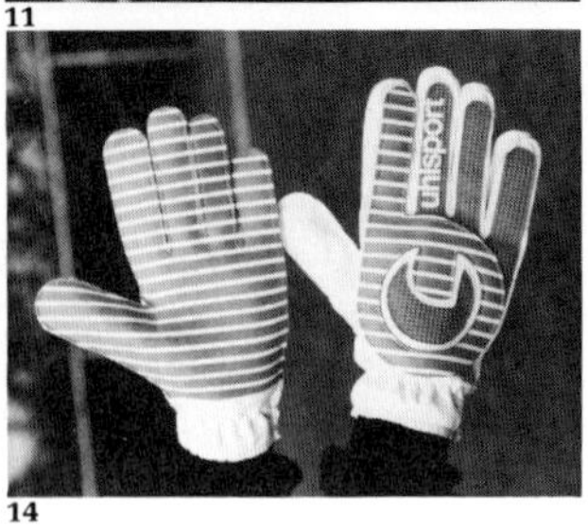

14

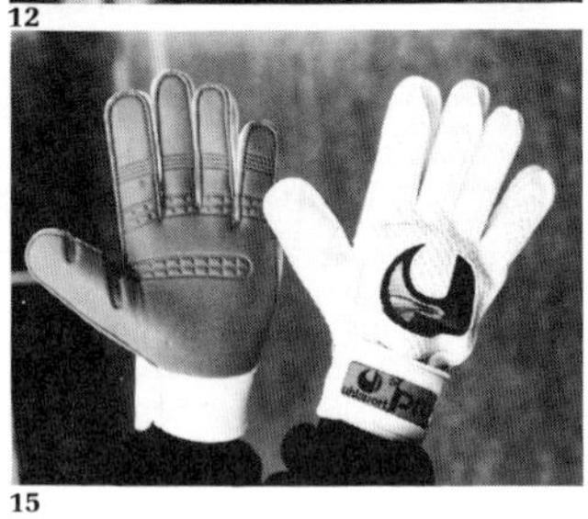

15

mem Wasser mit einem Feinwaschmittel gereinigt werden; anschließend in sauberem Wasser ausspülen und an der Außenluft trocknen.

- ○ Sie werden in einen Plastikbeutel gesteckt, wenn sie noch ein wenig feucht sind, damit sie nicht austrocknen können.
- ○ Verwende die Naßwetterhandschuhe nur im Spiel; werden sie im Training oder in der Aufwärmphase gebraucht, ist der Verschleiß ziemlich groß. Ältere Handschuhe eignen sich dafür besser.
- ○ Der Gebrauch von drei Paaren Handschuhe pro Jahr – vorausgesetzt, daß sie pfleglich behandelt und im richtigen Wetter getragen werden – müßte reichen, und zwar ein Paar speziell für nasses Wetter, ein Paar für trockenes Wetter und ein Paar Allroundhandschuhe fürs Training und die Aufwärmphase vor dem Spiel.

Tips für Jugendliche:
Da sie alle gern die »Großen« nachahmen wollen, ist das nicht so einfach. Im Alter zwischen 6 und 10 Jahren trägt man am besten gar keine Handschuhe. Wer unbedingt Handschuhe anziehen will, sollte Wollhandschuhe mit Streifen oder Teilen aus genoppter Kunstfaser wählen.
Im Alter von 10 bis 14 Jahren ist ein Kunststoffhandschuh zu empfehlen (mit oder ohne Klettverschluß) mit Schaumstoff an der Innenseite. Der Griff am Ball ist gut.
Die Frage ist natürlich, wann man mit den Topmodellen anfangen kann und muß. Maßgeblich hierfür ist, wenn der Ball verschiedene Male dem Torwart trotz guter Fangtechnik durch die Hände gleitet. Dann wird's Zeit für spezielle Handschuhe. Im Alter von 14 bis 16 Jahren sollte der Torwart mit den Tophandschuhen zu spielen beginnen, weil die Bälle dann härter geschossen werden, wobei die »Hilfe« des Handschuhs willkommen ist.
Die Kaufwahl der Handschuhe ist abhängig von den finanziellen Möglichkeiten und ihre Lebensdauer von der Pflege des Materials. Sie müssen – ebenso wie die Schuhe – sorgfältig gepflegt werden, vor allem die Topmodelle; nur dann kommen die Eigenschaften des Handschuhs voll zur Geltung, und sie bleiben länger erhalten. Man muß wissen, daß der Griff am Ball nicht nur von der Innenseite der Handschuhe abhängt. Auch der Ball spielt eine wichtige Rolle: welcher Ball, welche Marke und welches Modell, ob es ein neuer oder alter Ball ist. Auf diese Dinge muß der Torwart achten. Zusammen mit den Witterungs- und Spielfeldgegebenheiten ist der Ball entscheidend bei der Wahl einer bestimmten Handschuhsorte. Siehe Übersicht.

Extras

Obwohl die Standardausrüstung aus Shirt, Hose, Strümpfen, Schuhen und Handschuhen im Prinzip ausreicht, werden hier noch einige »Extras« genannt, die vor allem zum besseren Schutz dienen. Vorausgeschickt sei, daß unter normalen Gegebenheiten besonderer Schutz nicht notwendig ist. Gute Technik ist die wichtigste Basis für die Sicherheit. Die sogenannten Extras sind hauptsächlich bei außergewöhnlichen Spielfeld- und Witterungsbedingungen zu verwenden.

Knie- und Ellbogenschutz
Ursprünglich gab es keine Mittel, um diese Gelenke zu schützen. Nach vielen Verletzungen, Beulen und Schürfwunden (oft aufgrund falscher Technik)

kamen irgendwann Knie- und Ellbogenschützer auf den Markt. Dem Ellbogenschützer war übrigens kein langes Leben beschieden; man sieht ihn selten. Ein Grund hierfür war die bei vielen Torhütern verbesserte Technik. Sie saßen zu stramm, so daß die Beweglichkeit eingeschränkt wurde, und waren nichts fürs Auge. Zudem gab es in der Zwischenzeit die Pullover mit gepolsterten Ellbogen. In der letzten Zeit sind sie wieder etwas mehr gefragt, besonders bei extremen Witterungsbedingungen und auf sehr harten Feldern. Unbestritten ist die Schutzwirkung, und sie bleiben im Vergleich zu den gepolsterten Ellbogen besser an ihrem Platz. Der Nachteil ist die Bewegungseinschränkung; wenn sie stramm sitzen, wird der Blutkreislauf beeinträchtigt; sitzen sie zu lose, rutschen sie herunter.
Auch die Knieschützer sind im Verschwinden, weil sie lästig fallen, regelmäßig herunterrutschen, zu stramm sitzen oder sich nach einer Aktion verschieben. Zudem meinen die meisten Torhüter, daß sie damit nicht gut aussähen, was eigentlich nicht ausschlaggebend sein dürfte.

Allgemeine Tips:

- ○ Verwende sie nur unter extremen Gegebenheiten.
- ○ Achte darauf, daß sie nicht zu lose oder zu stramm sitzen.

Tips für Jugendliche:

Kinder im Alter von 6 bis 9 Jahren spielen meist auf akzeptablen Plätzen. Ist der Boden eher hart, sollten sie Knieschützer tragen. Da ihre Technik meist noch nicht ausgereift ist, lassen sie sich oft zuerst auf die Knie fallen und greifen danach den Ball. Gewöhne ihnen das möglichst schnell ab; im Alter zwischen 8 und 10 Jahren ist das gut möglich. In der Zwischenzeit sollte man ihnen mit Knieschützern helfen. Etwa von 10 Jahren an gilt das oben Gesagte in dem Sinne, daß Schutz vor allem auf harten Feldern im Sommer notwendig ist, weil die Spielfelder im Winter für die Jugend doch schnell für unbespielbar erklärt werden.

Schienbeinschützer

Die Verwendung von Schienbeinschützern ist meist abhängig vom Stil. Vor allem für Torhüter, die viel mit den Beinen arbeiten (z.B. die Beine vorstrekken, wenn Gegner herankommen), sind sie nützlich. Meist werden die Schienbeinschützer als notwendiges Übel betrachtet. In den letzten Jahren hat es auf diesem Gebiet wesentliche Verbesserungen gegeben. Trotz des Riesenangebots gibt es eigentlich nur zwei, die im Spiel gute Dienste leisten:

- ○ Das herkömmliche Modell: Schienbeinschützer aus Kunststoff (Hartplastik) mit etwas weichem Kunststoff an der Innenseite. Sie haben vor allem dämpfende Wirkung (z.B. gegen einen Tritt). Diese Schienbeinschützer werden durch die Strümpfe gehalten oder durch ein Band mit Klettverschluß oben und unten um den Unterschenkel (nie zu stramm anziehen wegen des Abklemmens!).
- ○ Das Modell, das wie ein Strumpf angezogen wird. An der Unterseite sitzt ein kleines Band, darüber ein spezieller Schutz für die Knöchel und Achillessehnen. Die Vorderseite schützt das Schienbein. In der Art der Verstärkung gibt es Unterschiede: zunächst die, wie oben beschrieben; ferner das alte Modell mit dem kleinen Band zum Schutz von Knöcheln und Achillessehnen und schließlich das Modell, bei dem Streifen Hartplastik eingesteckt werden können.

Die neueste Entwicklung: Schienbeinschoner, die Schutz bieten durch Luftkammern

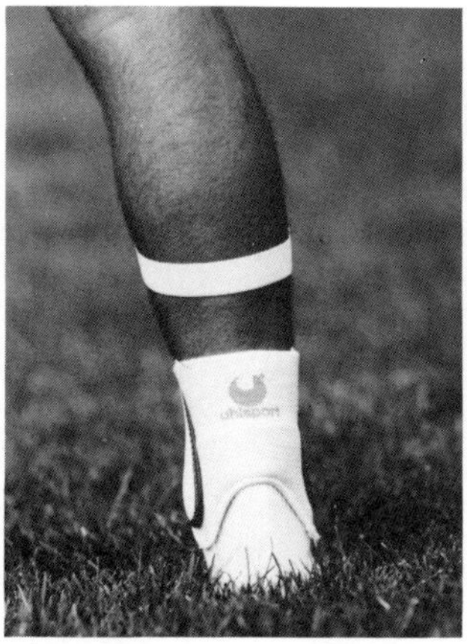

Die Rückseite von Schienbeinschonern mit Knöchel- und Achillessehnenschutz

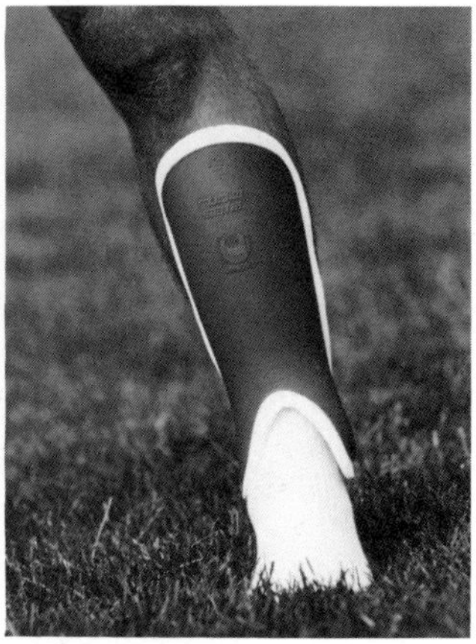

Das herkömmliche Modell

Allgemeine Tips:

- Schienbeinschützer dürfen nicht hinderlich sein, um die Konzentration nicht zu beeinträchtigen. Nimm andere, wenn sie nicht gut sitzen.
- Kommt man mit einer bestimmten Sorte gut zurecht, sollte man dabei bleiben.

Tips für Jugendliche:

Verwende vor dem 14. Lebensjahr keine Schienbeinschützer. Erst zwischen dem 14. und 16. Lebensjahr kommt die Zeit dafür, nicht zuletzt weil in diesem Alter zum ersten Mal Schuhe mit Schraubstollen gekauft werden und der Jugendliche aufgrund der körperlichen Veränderungen (Wachstum usw.) manchmal noch unbeherrscht spielt.

Die ersten Schienbeinschützer können übrigens einfach sein: Das herkömmliche Modell leistet gute Dienste.

Torwartanzug

Auf Wunsch vieler Torhüter hat man vor Jahren begonnen, den Torwartanzug zu entwickeln: Trikot und lange Hose aus einem Stück gefertigt. Der Vorteil liegt darin, daß die Hose nicht mehr herunterrutscht. Er sitzt wie eine zweite Haut am Körper, der Rücken wird nicht entblößt. Der Torwartanzug war ursprünglich fürs Training gedacht, aber wird in letzter Zeit immer mehr (auch von Profis) auch im Spiel verwendet.

Allgemeine Tips:

Beim Kauf des Torwartanzugs ist es wichtig, daß er gut paßt. Wähle deshalb weder einen zu engen noch einen zu weiten Torwartanzug. Wenn er richtig paßt, kann ein Torwart sich darin sehr wohlfühlen. Bei nassem Wetter und nassen Feldern ist ein etwas engerer Torwartanzug zu empfehlen, der beim Naßwerden nicht die Form verliert.

Tips für Jugendliche:

Erst vom 15. bis 16. Lebensjahr an ist die Verwendung des Torwartanzugs sinnvoll.

Ein Torwartoverall bietet beste Paßform und guten Schutz

Lange Torwarthose

Um Knie und Hüften gegen Schürfwunden zu schützen, sind Spezialhosen mit Hüft- und Knieschutz auf den Markt gekommen. Anfangs wurden sie vor allem von den älteren Torhütern argwöhnisch betrachtet; aber da sie perfekt am Körper sitzen (unbedingt erforderlich!), hat man sie mittlerweile als notwendiges Übel akzeptiert. Äußerlich sehen sie aus wie normale Trainingshosen, aber an den Hüften und auf den Hosenbeinen ist ein Schutz angebracht, in Kniehöhe ist eine Polsterung. Außerdem kann man auch kleine Schaumstoffkissen in Hüfthöhe anbringen. Die Knie werden geschützt, und die Muskeln bleiben gut warm, was besonders für Torhüter günstig ist, die während des Spiels wenig Arbeit bekommen. Sie sind nur zu gebrauchen, wenn Witterungs- und Spielfeldbedingungen sie unbedingt erfordern, weil die Bewegungsfreiheit eingeschränkt wird. Da der Torwart häufig auch außerhalb des 16-m-Raums agieren muß, ist es wichtig, daß er sich frei bewegen kann.

Allgemeine Tips:

- ○ Wichtig ist, daß die Hose genau paßt. Kauf die Hose vor allem nicht zu weit, aber auch nicht zu eng.
- ○ Außerdem muß man auf die Wahl des Materials achten: Baumwolle nimmt Feuchtigkeit auf und Kunstfaser nicht. Hier ist es ratsam, Kunstfaser zu wählen.

Tips für Jugendliche:

Für die Jugend im Alter von 6 bis 12 Jahren ist die lange Torwarthose noch nicht notwendig, weil unter schlechten Witterungs- und Spielfeldbedingungen sowieso nicht gespielt wird. Eine gut sitzende Trainingshose reicht sicher aus, evtl. mit Gürtel oder mit einer anderen Vorkehrung, damit die Hose nicht rutscht.

Im Alter von 12 Jahren an wird die lange Torwarthose allmählich notwendig: Training und Spiele werden weniger schnell abgesetzt, und außerdem ist in dieser Phase ein Schutz von Hüften und Knien ratsam. Der Torwart hat mittlerweile gelernt, sich zu werfen, und auch die Sprungkraft hat zugenommen, so daß er aus größerer Höhe fällt.

Torwartkappe und Sonnenschild
Zur Wettkampfausrüstung des Torwarts gehört auch die Kappe. Früher war sie beliebter als heute, und ihr Nutzen wird immer mehr in Zweifel gezogen. Bei niedriger Sonne bietet die Kappe überhaupt keinen Schutz, nur bei höherem Sonnenstand fällt ein Schatten aufs Gesicht. Der Nachteil liegt darin, daß bei einem hohen Ball eine kurzzeitige Blendung auftreten kann, die für den Torwart verhängnisvolle Folgen haben kann. Darum bevorzugen es viele Torhüter, sich ohne Kopfbedeckung möglichst an das Sonnenlicht zu gewöhnen. Das Sehvermögen wird allerdings verringert, weil die Augen müde werden, wenn man in die Sonne schauen muß. Das wirkt sich auf die Einschätzung der Ballbahn aus, doch man ist sicher, daß einer zeitweisen Blendung vorgebeugt wird. Ein weiterer Nachteil der Sonnenkappe liegt darin, daß dem Torwart die Sicht nach oben genommen wird. Ohne Kopfbedeckung übersieht der Torwart in gewissem Maße, was links, rechts, über, unter und vor ihm geschieht. Mit dem Sonnenschild muß der Kopf viel weiter nach hinten gebeugt werden, um einem hohen Ball folgen zu können. Eine Lösung könnte ein transparentes Schild sein, wenn dann nicht wieder Lichtspiegelungen blenden. Außerdem könnte das durchsichtige Material im Spiel zersplittern, wodurch sich der Torwart Gesichtsverletzungen zuziehen kann.

<u>Allgemeine Tips:</u>
Man sieht sie noch nicht häufig, aber sicher empfehlenswert ist die Verwendung der amerikanischen Baseballmütze, die seit langem in den Vereinigten Staaten beim Baseball benutzt wird, um den Ball zu fangen, obwohl man in die Sonne schaut.

<u>Tips für Jugendliche:</u>
Beginne diese Dinge im Alter von 14 Jahren zu testen; vorher ist es wirklich nicht nötig.

Kleidung bei schlechten Witterungs- und Spielfeldbedingungen

Unter extremen Bedingungen, etwa auf nassem oder morastigem Spielfeld oder bei starkem Regenfall, ist es wichtig, daß sich der Torwart gut kleidet, vor allem um Erkältungskrankheiten vorzubeugen. Empfehlenswert ist das Tragen einer Regenhaut unter den Trainingssachen; notfalls kann man auch einen Müllbeutel mit Löchern für Kopf und Arme überziehen. So bleibt der Oberkörper warm und trocken. Im Spiel ist es ratsam, unter dem Torwarttrikot eine Regenjacke zu tragen, evtl. auch eine Regenhose unter einer langen Hose.

Was in die Tasche gehört

Hinsichtlich der Ausrüstung gibt's für den Torwart also viele Möglichkeiten. Eine große Ausrüstung können sich nur wenige Torhüter leisten. Deshalb folgt hier eine Liste dessen, was der Torwart unbedingt in seiner Wettkampftasche haben sollte. Er sollte die Sachen immer selbst einpacken; das gehört zur Vorbereitung aufs Spiel.
- ○ Zwei Trikots in verschiedenen Farben;
- ○ eine Torwarthose; man kann wählen zwischen einer kurzen, halblangen und/oder langen Hose;
- ○ ein Paar Strümpfe; dazu einige Streifen Pflaster oder Klebeband, um sie zu befestigen;

- ○ ein Trainingsanzug oder Torwartanzug, den man beim Aufwärmen gebraucht;
- ○ zwei Paar Handschuhe, für nasses und für trockenes Wetter;
- ○ ein Paar Schuhe;
- ○ Toilettensachen (Handtuch, Waschlappen, Seife usw.);
- ○ Unterkleidung;
- ○ Badeschuhe.

Diese Sachen sollte ein Torwart unbedingt bei sich haben. Ferner können der Wettkampfausrüstung folgende Dinge beigefügt werden:

- ○ Torwartkappe oder Sonnenschild;
- ○ Ellbogenschützer;
- ○ Knieschützer;
- ○ extra Strümpfe;
- ○ extra Hose;
- ○ ein extra Paar Fußballschuhe (ein Paar fürs Spiel und ein Paar fürs Training, das zugleich als Ersatz dienen kann, wenn die Schuhe im Spiel beschädigt werden); ferner Schnürsenkel, Stollen und Stollenzange;
- ○ Schienbeinschützer;
- ○ Bandagen für die Knöchel und Verbandszeug;
- ○ eine Regenjacke und evtl. eine Hose fürs Aufwärmen bei nassem Wetter;
- ○ ein Plastikbeutel (für die Schuhe, damit die anderen Sachen nicht schmutzig oder naß werden).

Tips für Jugendliche:
Im Alter zwischen 14 und 16 Jahren ist ein Großteil (abhängig von den finanziellen Möglichkeiten) des Obengenannten sinnvoll. Vor dem 14. Lebensjahr ist folgendes am besten:

- ○ Torwarttrikot (evtl. zwei wegen der Farbe der Gegenpartei);
- ○ Fußballhose;
- ○ Strümpfe;
- ○ Trainingsanzug (Hose gegebenenfalls bei schlechten Witterungs- und Spielfeldbedingungen anziehen);
- ○ evtl. ein Paar Handschuhe;
- ○ ein Paar Schuhe;
- ○ Toilettensachen (Handtuch, Waschlappen, Seife usw.);
- ○ Badeschuhe;
- ○ saubere Unterwäsche;
- ○ ein Plastikbeutel (für die Schuhe, damit die anderen Sachen nicht schmutzig oder naß werden).

Jugendtraining

Am besten beginnt man im Alter von etwa 10 Jahren mit einem speziellen Torwarttraining; früher nur in besonderen Ausnahmefällen. Bereits im Alter von 6 Jahren, wenn die meisten Kinder mit dem Fußball beginnen, haben sie eine besondere Beweglichkeit. Wenn ein Junge oder Mädchen in diesem Alter nur im Tor steht, wird besonders die Beweglichkeit eingeschränkt. Darum ist es ratsam, bei Kindern im Alter von 6 bis 8 Jahren und auch von 8 bis 10 Jahren den Torhüter öfter auszuwechseln, damit jeder mal ins Tor kommt. Jeder sammelt so etwas Erfahrung. Gleichzeitig wird vermieden, daß evtl. ein Talent unentdeckt bleibt. Wie oft passiert es nicht, daß einer in späterem Alter zufällig Torwart wird!

Die Zeit, in der der Torwart einen Ball auf der Torlinie nur abzuwehren hatte, ist längst vorbei. Man erwartet heute viel mehr von ihm. Der Torwart muß im Spiel mitagieren können und muß deshalb alle Techniken des Fußballspiels (Passen, Köpfen, Stoppen, Ballführung usw.) beherrschen. Sein Wirkungsbereich geht weit über den 16-m-Raum hinaus. Da Kinder im Alter von 8 bis 12 Jahren leicht neue Bewegungen lernen, ist es wichtig, ihnen gerade dann möglichst weit entgegenzukommen. Von 8 bis 10 Jahren erlernen sie die spezifischen Techniken des Fußballspiels und von 10 bis 12 Jahren die Grundtechniken des Torwarts. Sollte sich zeigen, daß ein Torwart im Alter von 14 Jahren keine Freude mehr im Tor hat, kann er problemlos eine Rolle als Feldspieler einnehmen. Hat ein solches Kind zwischen dem 6. und 14. Lebensjahr immer nur im Tor gestanden, beherrscht es die spezifischen Techniken des Fußballspiels viel weniger, da es in seiner technischen Entwicklung als Spieler einen großen Rückstand hat. Ein Kind, das beispielsweise im Alter von 8 Jahren unbedingt ins Tor will, kann man natürlich kaum daran hindern; aber auch dann sollte man weiter im Training auf die Grundtechniken des Fußballspiels achten, die immer nützlich sein werden!

Im Alter von 10 Jahren kann man gut mit der Arbeit beginnen. Das Kind hat bereits eine spielerische Ausbildung als Torwart/Fußballer hinter sich. Es kann sich dann auch viel besser entscheiden, weil es bereits eine vierjährige Erfahrung (6 bis 10 Jahre) als Spieler und Torwart hat.

Wenn man über die Jugend spricht, wird oft übersehen, daß es große Unterschiede in den verschiedenen Altersgruppen gibt; auch in der gleichen Altersgruppe kann es beträchtliche Unterschiede geben. Diese Unterschiede können sich zeigen:

- ○ im Alter (Kalenderalter);
- ○ in körperlicher Hinsicht (= biologisches Alter); vor allem bei Dreizehnjährigen kann es große Unterschiede geben;
- ○ psychisch: ein Kind ist reifer als das andere, kann sich besser konzentrieren, zeigt mehr Motivation und hat mehr Interesse;
- ○ sozial: selbständiger oder mehr auf andere angewiesen;

○ in der Leistung: Motivationsunterschiede, unterschiedliche Leistungsbereitschaft;
○ Motorik: unterschiedliche Auffassungsgabe, verschiedene konditionelle Voraussetzungen.

All diese Faktoren sind wichtig in der Begleitung und im Training der Jugend in den verschiedenen Altersgruppen.
Die Altersklassen der Jugendlichen von 6 bis 18 Jahre (offizielle Bezeichnungen):
F-Junioren: bis 8 Jahre
E-Junioren: 8 – 10 Jahre
D-Junioren: 10 – 12 Jahre
C-Junioren: 12 – 14 Jahre
B-Junioren: 14 – 16 Jahre
A-Junioren: 16 – 18 Jahre
Diese Gliederung bezieht sich auf das Kalenderalter; man sollte vielleicht einmal darüber nachdenken, die Einteilung nach dem »biologischen« Alter vorzunehmen, aber praktische Probleme und Auswahlkriterien stehen dabei im Weg. Der Deutsche Fußball-Bund erlaubt allerdings in begrenztem Umfang, daß ein Spieler, beispielsweise aufgrund seines Körperbaus, in einer höheren Altersgruppe spielt. Es gibt Überschneidungen, und im folgenden werden die altersbedingten Eigenschaften von den Zehnjährigen an aufwärts samt ihren Konsequenzen für die Betreuung und fürs Training kurz behandelt. Darauf wird der Lehr- und Übungsstoff aufgebaut. Schließlich werden die verschiedenen Altersgruppen beschrieben.
Vergiß nie, daß ein Kind wirklich ganz Kind ist. Man kann seine körperliche Entwicklung nicht von der geistigen trennen, denn sie bilden eine Einheit. Es kann vorkommen, daß ein Kind körperlich früher reif ist, aber daß die geistige Entwicklung zurückbleibt. Es gibt bekanntlich früh- und spätreife Kinder, und man muß versuchen, den einzelnen Kindern und Jugendlichen möglichst gerecht zu werden. Individuelles Vorgehen ist deshalb nicht nur bei der Gruppeneinteilung wichtig, sondern vor allem im Training, und zwar im Zusammenhang mit den Unterschieden in der Entwicklung und den Reaktionen aufs Training, besonders im Blick auf die körperlichen Aspekte. Einer der schlimmsten Fehler, der gemacht wird, ist der, das Kind als »kleinen Erwachsenen« zu betrachten und zu behandeln. Dann werden die Eigenarten des Kindseins nicht erkannt, und viele gutgemeinte Bemühungen gehen ins Leere. Das Training und die Spiele müssen den Möglichkeiten des Kindes angepaßt werden. Das gilt auch für den Umgang mit dem Jungen oder dem Mädchen, sowohl in technischer, taktischer und konditioneller Hinsicht wie auch für die Betreuung.

Körperliche Entwicklung der Jugendlichen

Pubertät heißt eigentlich »reif« werden. Es ist die Phase, in der der Junge Mann und das Mädchen Frau wird. Die Reaktionsweise und die Dauer dieser Phase sind individuell verschieden, abhängig vom Körperbau, Temperament, von der Familienumgebung und vom sozialen Hintergrund. Die Pubertät wird oft in drei Phasen aufgeteilt: Vorpubertät, erste puberale Phase und zweite puberale Phase.

Wachstum und Entwicklung

Das Größenwachstum bei Kindern verläuft unregelmäßig. Von der Geburt an verringert sich die Wachstumsgeschwindigkeit von 25 cm auf etwa 5 cm pro Jahr. Etwa im 12. Lebensjahr vergrößert sich das Wachstum wieder. Bei Jungen hält es länger an, so daß sie meist auch größer werden. Das Maximum in dieser Phase liegt bei etwa 12 cm pro Jahr bei Jungen etwa im Alter von 13 bis 14 Jahren. Dieser Wachstumsschub beginnt nicht bei jedem Kind im gleichen Alter. Es gibt deshalb auch im gleichen Alter (nach dem Kalender) erhebliche körperliche Unterschiede. Besonders etwa im 13. Lebensjahr sieht man Jungen und Mädchen mit einem biologischen Alter von 10 Jahren (spätreif) oder auch von 15 bis 16 Jahren (frühreif).

Die Vorpubertät

Es handelt sich um eine relativ kurze Übergangsphase, in der sich die Veränderungen ankündigen. Der Beginn des Wachstumsschubs und der einsetzenden geschlechtlichen Reife werden durch hormonelle Veränderungen ausgelöst. Das beschleunigte Größenwachstum stört die Motorik. Das »Steuersystem« funktioniert nicht mehr von selbst, und da sich der Körperbau verändert, gibt's Schwierigkeiten mit den Bewegungsabläufen. Dadurch wird das vorpubertäre Kind verunsichert, was mitverantwortlich ist für sein ziemlich gewandeltes Verhalten.

Oft zeigt sich, daß sich jene, die motorisch besser sind, von den »Kleineren« distanzieren. Jungen und Mädchen ziehen sich in dieser Phase häufig in sich selbst zurück und aus positiven, Gemeinschaft liebenden und sich einfügenden Kameraden werden unwillige, lustlose und negativ eingestellte Individuen.

Am Ende dieser Phase setzt der Wachstumsschub ein, und die sekundären Geschlechtsmerkmale wie Bartwuchs usw. entwickeln sich; das Kind spürt deutlich, daß alles anders wird.

Die erste puberale Phase

In dieser Phase erreicht die Pubertät ihren Höhepunkt. Zwischen Jungen und Mädchen beobachtet man dabei einen großen Unterschied. Auffällig ist, daß Jungen gewöhnlich 12 bis 18 Monate später in diese Phase kommen. Der Junge hat am Anfang dieser Phase einen Überschuß an Energie, die sich durch Ziellosigkeit und Aggressivität auszeichnet. Er neigt zur Überheblichkeit, protzt mit seiner Männlichkeit und seinem Wagemut. Ist der Wachstumsschub da, nimmt die Aggressivität zu, und es zeigen sich Erscheinungen der Bewegungsunruhe wie das »Ziehen« in Armen und Beinen, im Gesicht und in den Schultern. Stillsitzen fällt schwer.

Die Jungen möchten sich viel bewegen, was sich darin äußert, daß sie viel mit dem Rad fahren, in kleineren Gruppen Ball spielen usw. Regelmäßiges Arbeiten liegt ihnen nicht; die Leistungen gehen zurück, meist auch in der Schule. Sie werden kritisch und können dabei manchmal gnadenlos hart sein, weil sich ihr Vermögen zum Mitgefühl mit anderen noch nicht ausgebildet hat. Oft zeigt sich, daß Jugendliche, die viel Sport treiben, durch viel Bewegung die negativen Einflüsse kompensieren. Wenn viel trainiert wird, bleibt die Kondition relativ gut. Am Ende dieser Phase kommt es zu einer Wende im positiven Sinn, wenn das Kind Personen sucht, mit denen es sich identifiziert. Solche Personen dienen als Vorbilder, das Kind findet eine Unterstützung in diesen »Idealgestalten«, deren Art es sich zu eigen machen will.

Die zweite puberale Phase

Die erste Phase ist gekennzeichnet vom anderen Bild, welches das Kind von der Welt der Erwachsenen bekom-

men hat und das ... meist negativ ausfällt. Etwa im 7. bis 8. Schuljahr verändert sich etwas in der Einstellung. Das negative Lebensgefühl nimmt ab, und das Kind ist auf der Suche nach Werten, die sein Leben erfüllen und ihm Sinn geben können.
In der Pubertät geht es hauptsächlich um die Suche des Kindes nach seiner eigenen Identität und der Sinngebung seines Lebens. Durch Experimente im Sportverein, in den Clubs, Bands, im Freundeskreis, in der Familie und in der Schule versucht das heranreifende Kind, sich über sich selbst und die Umgebung, in der es lebt oder leben möchte, Klarheit zu verschaffen. Man muß dem Kind in der Pubertät viel Freiraum lassen. Es muß mitsprechen und mitentscheiden können, auch bei der Planung des Trainings!
In dieser Phase verschwindet vor allem bei den Jungen die motorische Unkoordiniertheit. Jungen erfahren den Sport oft als einen wichtigen Lebensinhalt, und vor allem die »Leistung« steht dabei im Vordergrund. Jungen mit einer schlechteren Motorik fühlen sich deshalb weniger vom Sport angezogen, weil die Leistung überbewertet wird und weil sie sich im Vergleich mit besseren Gleichaltrigen zurückgesetzt fühlen. Viele Pubertierende aber könnten weitaus mehr leisten, als sie ahnen, doch sie wagen es nicht, den »Schritt« zu tun, und geben auf.
Der Trainer, Übungsleiter, Vereinsleiter, die Spieler der ersten Mannschaft und die »Stars« sind in dieser Phase sehr wichtig. Ihr Vorbild kann oft darüber entscheiden, wie das heranreifende Kind später seinen Sport betreibt.
Im folgenden gehen wir von der Einteilung in Altersgruppen aus. Es ist klar, daß sich das Gesagte in der Vorpubertät, in der ersten und zweiten puberalen Phase überschneidet.

Training der Altersklassen

Wir möchten im folgenden lediglich für die jeweiligen Altersphasen Richtlinien aufzeigen. Da es so unterschiedliche Faktoren gibt, kann man nicht genau darlegen, was in jeder Phase genau geschieht; der Trainer muß das Kind oder den Jugendlichen deshalb gut analysieren und darauf das Training und seine Begleitung einstellen. Es kann große Unterschiede geben in körperlicher oder geistiger Hinsicht. Dabei sind Elemente wie Talent, Wille zum Lernen, verfügbare Zeit usw. ausschlaggebend für die Arbeitsweise und Planung des Trainers für »seinen« Torwart.

D-Junioren: 10–12 Jahre

In dieser Phase ist die kindliche Entwicklung in gewisser Weise vollendet. Es ist eine Phase der Ausgeglichenheit; das Kind hat Selbstvertrauen. Außerdem beginnt sich der Unterschied zwischen Jungen und Mädchen deutlich abzuzeichnen. Normalerweise sind die Mädchen den Jungen dabei voraus. Etwa im 9. Lebensjahr ist das Wachstum sehr stark. Im 10. und 11. Lebensjahr kommt es zu einem relativen Stillstand. Körperbau und Proportionen sind dann in einem harmonischen Verhältnis. Die Muskelbildung ist gut, und auch die Entwicklung der großen Organe. Auch das Reaktionsvermögen ist gut entwickelt und ermöglicht schwierige Bewegungen.
Faktoren wie Selbsteinschätzung und Anerkennung durch andere spielen eine immer wichtigere Rolle. Es entsteht ein großes Geltungsbedürfnis; alles wird kritisch betrachtet. Das Kind ist besonders neugierig und lernbegierig. Oft steht das Ansehen auf dem

Spiel, und deshalb ist er/sie gewöhnlich stark motiviert. Es erfährt Freude an den eigenen körperlichen Möglichkeiten und an der Tatsache, daß der Lernprozeß oft sehr schnell geht.

Konsequenzen fürs Training und für die Betreuung

Der Akzent muß darauf gelegt werden, die Techniken einzuüben und zu verbessern. Schaffe eine Basis, und baue darauf auf. Beispiele sind jetzt wichtig. Vor allem in dieser Phase: »Hausaufgaben« machen lassen. Es ist das ideale Alter fürs Lernen, nicht zuletzt wegen der großen Motivation. Der Trainer ist und muß in dieser Phase mehr sein als nur ein Trainer; er muß auch Vertrauensperson sein. Er kann helfen bei Verhaltensstörungen und aufzeigen, was richtig und falsch ist. Der Trainer hat diese Möglichkeit, weil der Torwart gerne und oft zum Verein kommt. Halte den oft übertriebenen Geltungsdrang im Auge. Sei deshalb vorsichtig mit der Wahl der Wettkampfform im Training. Arbeite aufgabengerecht! Übe länger, und geh erst danach über zum Spiel.
Eine einfache Form der Taktik wird verstanden, weil der Torwart aufgabenbewußter wird. Er entdeckt, daß sich gemeinsam bessere Resultate erzielen lassen als allein. Doch sollte in dieser Altersphase der Schwerpunkt immer auf der Technik liegen. Auf die Spielregeln kann man ausführlicher eingehen. Soziale und kollektive Aspekte spielen eine Rolle mit. Fairneß, pünktlich kommen, Sorge füreinander, Respekt vor dem Material usw., all das muß kontrolliert werden. In der Hinsicht wird eine Basis für später gelegt.

Lehrplan

Ziel: einüben bzw. verbessern

Technik in der Verteidigung ohne Ball
○ Ausgangsstellung;
○ Stellungsänderung im und vorm Tor mittels Beinarbeit; es geht hier ums Starten, Laufen, Springen, Drehen, Wenden und Zurücklaufen in allen Richtungen.

Technik in der Verteidigung mit Ball
○ Ball greifen;
○ mit den Händen unten fangen;
○ Stoppen mit Bauch/Brust;
○ mit den Händen oben fangen; vor oder links bzw. rechts vom Körper;
○ Fallen;
○ nach unten hechten;
○ vor die Füße des Gegners werfen;
○ außerhalb des Strafraums Bälle wegschießen.

Technik im Aufbau/Angriff
○ Schuß aus den Händen: Dropkick;
○ Werfen: Rollen, Schleuderwurf;
○ Abstoß.

Taktik in der Verteidigung
Spielsituationen:
○ Position und Stellungsspiel im Tor;
○ Position und Stellungsspiel vorm Tor, vor allem im Blick auf das Annehmen von Bällen nach Steilpässen (innerhalb und außerhalb des Strafraums);
○ Zweikampf 1 gegen 1.

Regie führen, dirigieren und organisieren
Vorab sich mit den übrigen Spielern abstimmen, wobei normalerweise folgende Formeln gebraucht werden:
»Los!«: dieser Ball ist für den Torwart; die anderen Spieler *müssen* den Ball laufenlassen.
»Du!«: der Torwart fordert damit einen Spieler auf, den Ball zu spielen.
○ Zwei Trainingseinheiten pro Woche;
○ Dauer des Trainings: ca. 25 Min.

Dies betrifft das Torwarttraining; daneben läuft das normale Training mit der übrigen Spielergruppe.

C-Junioren: 12–14 Jahre

Körperlich eine Phase, in der sich viel verändert. Der Wachstumsschub setzt etwa im 13. Lebensjahr ein. Der Rumpf bleibt fast unverändert, aber die Gliedmaßen werden länger, so daß die Proportionen nicht mehr stimmen. Die großen Organe und Muskeln folgen dem raschen Wachstum des Skeletts nur langsam. Die Motorik wird gestört: Was vorher leicht und einfach war, ist plötzlich schwierig. Meist wird die Koordination beeinträchtigt. Der Jugendliche erfährt viele Veränderungen, und die einst so gute Harmonie ist gestört, was Folgen hat: Unsicherheit; eine kritische Haltung; Introvertiertheit; größeres Geltungsbedürfnis; Selbstüberschätzung und Distanzierung von »kleineren« Kindern; Interesse für andere Dinge (in dieser Phase wird oft die Sportart gewechselt oder der Sport ganz aufgegeben; das Kind sucht sich andere Möglichkeiten der Freizeitgestaltung); Bedürfnis nach Klarheit und große Gruppenbindung.

Konsequenzen fürs Training und für die Betreuung

Die Technik muß stabilisiert bzw. bewahrt werden. In der Qualität der technischen Ausführung setzt ein Stillstand ein, dem durch konsequentes Training abgeholfen werden kann. So wird zugleich eine Basis geschaffen, damit sich die Technik zur gegebenen Zeit doch optimal weiter entfalten kann. Die Übungen oft wiederholen und nicht zu kompliziert machen. Die Unterschiede bei den einzelnen Jugendlichen sind beträchtlich. Vermeide deshalb möglichst die »allgemeinen« Bemerkungen und Ratschläge.

Wegen des Wachstumsschubs besteht die Gefahr der Überlastung, vor allem im Blick auf die Bänder; deshalb ist ein gutes Aufwärmen und ein richtiges Verhältnis zwischen Aktivität und Pause wichtig, um Verletzungen vorzubeugen. Der Jugendliche muß aber auch wissen, woran er sich zu halten hat; deshalb eindeutige Regeln und klare Strafen, wenn sie nicht eingehalten werden. Vergiß nicht, daß Regeln nur Voraussetzungen sind für gemeinsames Handeln. Denke auch an einen guten Aufbau und die richtige Auswahl des Lehrstoffes wegen der komplizierten Motorik und der Probleme mit der Konzentration in diesem Alter.

Lehrplan

Ziel: einüben bzw. verbessern

<u>Technik in der Verteidigung ohne Ball</u>

- ○ Ausgangsstellung;
- ○ Stellungsänderung im und vorm Tor: starten, sprinten, abbremsen, drehen, wenden und zurücklaufen in allen Richtungen;
- ○ Täuschbewegungen mit dem Körper;
- ○ Springen: ein- und beidbeiniger Absprung, hoch, vor- und rückwärts, rechts und links seitwärts, aus dem Stand oder einem Anlauf von einem oder mehreren Schritten.

<u>Technik in der Verteidigung mit Ball</u>

- ○ Ball greifen;
- ○ mit den Händen unten fangen;
- ○ Stoppen mit Bauch/Brust;
- ○ mit den Händen oben fangen;
- ○ Ball greifen, mit den Händen unten fangen und stoppen mit Bauch/Brust, dabei einem heranstürmenden Gegner ausweichen, indem man seitwärts wegspringt;

- ○ mit den Händen oben fangen unter Widerstand eines Gegners;
- ○ Fallen;
- ○ nach unten hechten;
- ○ nach oben hechten;
- ○ Ball ablenken: neben das Tor;
- ○ vor die Füße des Gegners werfen;
- ○ Ball außerhalb des Strafraums wegschießen oder köpfen.

<u>Technik im Aufbau/Angriff</u>
- ○ Schuß aus den Händen: Volley und Dropkick;
- ○ Werfen: Rollen, Schleuderwurf (seitlich und mit den Händen oben);
- ○ Abstoß.

<u>Taktik bei Spielsituationen in der Verteidigung</u>
- ○ Position und Stellungsspiel im und vorm Tor;
- ○ Position und Stellungsspiel im und vorm Tor, Bälle nach Steilpässen und Flankenbällen;
- ○ Zweikampf 1 gegen 1.

<u>Taktik bei der Wiederaufnahme des Spiels</u>
- ○ Stellungsspiel im und vorm Tor beim Eckstoß, Freistoß und Elfmeter.

<u>Regie führen, dirigieren und organisieren</u>
Erweiterung der Absprachen: Neben Formeln wie »Los!« und »Du!« jetzt auch »Hier!« = ein Spieler mit Ball, hinter dem sich ein Gegner nähert oder der keine Übersicht hat aufs übrige Feld, muß den Ball zum Torwart zurückspielen; »Weg!« = ein Spieler, der in Ballbesitz ist oder an den Ball kommen kann, muß den Ball wegschießen (Seitenaus, Torauslinie oder weit in die Hälfte des Gegners) und darf ihn auf keinen Fall zurückspielen, weil die Abspielmöglichkeit zum Torwart durch einen Gegner verstellt ist. Außerdem ist es wichtig, Regie zu führen in Spielsituationen, in die der Torwart nicht unmittelbar einbezogen ist. Warne rechtzeitig deine Mitspieler!
- ○ Zwei bis drei Trainingseinheiten pro Woche;
- ○ Dauer des Trainings: 30 Min.

Neben dem Torwarttraining normal am Spielertraining teilnehmen.

B-Junioren: 14–16 Jahre

In dieser Gruppe findet man alle »Phänomene« der Pubertät, wobei das Reifen zu mehr Ausgeglichenheit wieder einsetzt. Die Körperproportionen normalisieren sich; Koordination, Kraft und vor allem das Ausdauervermögen bleiben ziemlich konstant. Das Wachsen in die Breite kompensiert gleichsam das Großwerden, und die großen Organe entwickeln sich gut mit. Das Lernvermögen nimmt zu, wobei in der ersten Phase oft ein Überschuß an Energie vorhanden ist. Der Jugendliche wird ruhiger und weniger gefühlsbetont. Sein Realitätssinn wird größer, und die Aggression nimmt ab. Das Verhältnis zu den Erwachsenen bessert sich, und er wird kritischer im Blick auf die eigene Leistung. Zugleich entfaltet sich in dieser Phase ein Gefühl der Mitverantwortung. Aber noch immer ist ein großer Geltungsdrang vorhanden; man strebt nach Anerkennung. Die Gruppe als solche bleibt wichtig, auch wenn man ihr gegenüber kritischer wird.

Konsequenzen fürs Training und für die Betreuung

In der ersten Phase müssen sie ihre Energie loswerden, also viel Bewegung, zunächst einfach und später bei besserer Ausgeglichenheit nach Perfektion streben; besonders die Techniken trainieren, aber auch die Kondition nicht vergessen. Das Spiel wird wichtig. Die Mannschaftstaktik und ihre Rolle fürs Team werden besprechbar, wobei sich der junge Torwart einbezogen fühlt. Es ist ein regelrechter Bewußtwerdungsprozeß. Sie wollen wissen, woran sie sind und warum sie bestimmte Dinge tun müssen. Erläutere deshalb kurz und klar das Ziel des Trainings. Informiere sie über die Planung, besprich diese, und stelle sie auf die Bedürfnisse des Torwarts ein. Bleibe ihnen ein Vorbild. Sei deutlich und konkret in allem, was du magst und nicht magst. Zeige Entschiedenheit!

Lehrplan
Ziel: einüben bzw. verbessern

<u>Technik in der Verteidigung ohne Ball</u>
- ○ Ausgangsstellung;
- ○ Stellungsänderung im und vorm Tor: starten, sprinten, abbremsen, drehen, wenden und zurücklaufen in allen Richtungen;
- ○ Täuschbewegungen;
- ○ Springen: ein- und beidbeiniger Absprung, hoch, vor- und rückwärts, rechts und links seitwärts, aus dem Stand oder mit einem Anlauf von einem oder mehreren Schritten.

<u>Technik in der Verteidigung mit Ball</u>
- ○ Ball greifen;
- ○ mit den Händen unten fangen;
- ○ Stoppen mit Bauch/Brust;
- ○ Ball greifen, mit den Händen unten fangen und stoppen mit Bauch/Brust, dabei einem heranstürmenden Gegner ausweichen, indem man seitwärts wegspringt, oder durch einen Sprung nach oben (seitwärts und vorwärts).

Den Ball bei diesen Übungen auf den Körper spielen oder links bzw. rechts seitlich vom Körper.

- ○ Mit den Händen oben fangen unter Widerstand von mehreren Gegnern und zusammen mit Mitspielern;
- ○ Fallen;
- ○ nach unten hechten;
- ○ nach oben hechten;
- ○ Ball ablenken: über und neben das Tor, verlängern und bei Flankenbällen in der Richtung ändern;
- ○ Fausten: mit beiden Fäusten und mit einer; schließlich unter Widerstand von einem oder mehreren Gegnern;
- ○ vor die Füße des Gegners werfen/rutschen;
- ○ Notabwehr;
- ○ außerhalb des Strafraums: alle notwendigen Spielerfertigkeiten wie Ballabgabe, Köpfen, Ballführung, Sliding-Tackling usw.

<u>Technik im Aufbau/Angriff</u>
- ○ Schuß aus den Händen: Volley und Dropkick;
- ○ Werfen: Rollen, Schleuderwurf (seitlich und mit den Händen oben), Schlagwurf (seitlich und mit den Händen oben), Einwurf (über dem Kopf) und Schubwurf (von der Brust aus);
- ○ Abstoß.

<u>Taktik bei Spielsituationen in der Verteidigung</u>
- ○ Position und Stellungsspiel im und vorm Tor;
- ○ Zweikampf 1 gegen 1.

<u>Taktik bei der Wiederaufnahme des Spiels</u>
- ○ Position und Stellungsspiel im und vorm Tor;
- ○ Abstoß;
- ○ Eckstoß;
- ○ direkter und indirekter Freistoß;
- ○ Elfmeter;
- ○ Schiedsrichterball.

Taktik im Aufbau/Angriff

- Wann muß der Ball ins Spiel gebracht werden? Faktoren wie Zeit, Vorsprung oder Rückstand spielen dabei eine Rolle;
- Schnelligkeit, mit der dies zu geschehen hat;
- die Ausführung (schießen, werfen).

Regie führen, dirigieren und organisieren

Neben Formeln wie »Los!«, »Du!«, »Hier!« und »Weg!« und den Anweisungen in Spielsituationen muß der Torwart jetzt auch seine Abwehr bei der Wiederaufnahme des Spiels organisieren, also bei Eckstößen, Freistößen und gegebenenfalls bei einem Schiedsrichterball.

- Zwei bis vier Trainingseinheiten pro Woche;
- Dauer des Trainings: 30 – 45 Min.

Daneben am normalen Spielertraining teilnehmen.

A-Junioren: 16–18 Jahre

In dieser Phase wird der Körperbau des Erwachsenen erreicht. Die Koordination ist wieder gut. Es bleiben allerdings noch beträchtliche Unterschiede im Wachstum. Die Jugendlichen können ihre eigene Leistung jetzt richtig einschätzen. Der Geltungsdrang bleibt, aber ist von Person zu Person unterschiedlich. Die Gruppe bleibt wichtig; das Individuum sucht in ihr ausdrücklich seinen eigenen Platz, was übrigens hin und wieder Probleme mit sich bringt. Der Spieler will jetzt auf jeden Fall als Erwachsener behandelt werden und fragt oft nach dem Wie und Warum.

Konsequenzen fürs Training und für die Betreuung

Die Technik muß perfektioniert werden, und zwar unter hohem Tempo und unter Widerstand; an der Wettkampftechnik und Taktik arbeiten. Die Technik kann zusätzlich auf konditioneller Basis ausgebaut werden. Bei hoher Belastung des Körpers ist eine eingehende Untersuchung erforderlich, was übrigens für alle Altersgruppen gilt. Die Jugendlichen sind in vielerlei Hinsicht selbständig, und so sollte man sie auch behandeln. Besprich beispielsweise das Training und den Trainingsaufbau mit ihnen.

Lehrplan

Ziel: verbessern und perfektionieren

Technik

Alle technischen Fertigkeiten, die im Alter von 14 bis 16 Jahren eingeübt wurden, müssen jetzt »automatisiert« werden. Training im höchsten Tempo durchführen und unter Widerstand von einem oder mehreren Gegnern und zusammen mit Mitspielern.

Taktik

Die Formeln »Los!«, »Du!«, »Hier!« und »Weg!«, die Anweisungen in Spielsituationen und das Organisieren der Abwehr bei der Wiederaufnahme des Spiels müssen jetzt ständig wiederholt werden. Geh auf alles ein, was im Spiel passieren kann (Wie muß die Mauer stehen? Aufstellung bei Eckstößen usw.).

Der Torwarttrainer

Ein Training zu leiten ist nicht einfach, und deshalb ist eine gute Vorbereitung wichtig. Man muß einen Plan aufstellen, sich auf den Übungsstoff vorbereiten, unterrichten usw.; all dies wird im folgenden behandelt. Für jeden Trainingsleiter ist das aufmerksame Studium dieses Kapitels zusammen mit den anderen Kapiteln eine Hilfestellung für ein sinnvolles, verantwortliches Training, das Freude macht.

Trainingsvorbereitung

Ohne gute (schriftliche) Vorbereitung kann man sicher nicht optimal trainieren. Wenn der Trainer sich gut vorbereitet, ist er vorher schon mit der Lektion beschäftigt. Er versucht herauszufinden, welche Schwierigkeiten sich ergeben können, und bemüht sich, ihnen vorzubeugen oder sie möglichst aufzufangen. So kann er das Lernziel noch besser erreichen.
Bei der Trainingsvorbereitung sind mehrere Punkte zu beachten:

1. Die Wahl des Lehr- und Übungsstoffes, abhängig:
   - vom Jahres- und Unterrichtsplan;
   - von der Zahl der Torhüter und ihrem Leistungsniveau;
   - vom Zeitpunkt, an dem das Training stattfindet;
   - von der Menge des Materials und seiner Qualität;
   - von den Boden- und Witterungsbedingungen;
   - von den Erfahrungen aus früheren Trainingsstunden.
2. Methodischer Aufbau der Lektion:
   - Aufbau des Lehr-/Übungsstoffes;
   - Gestaltungsmöglichkeiten;
   - Korrekturen.
3. Organisatorischer Ablauf:
   - Aufstellung, mit der am besten geübt werden kann;
   - Sicherheitsmaßnahmen;
   - Bereitstellung des Materials.

Einige der hier angedeuteten Aspekte werden ausführlicher behandelt, wenn wir über den Unterricht sprechen. Eine gute Vorbereitung ist zwar eine Vorbedingung, aber keine Garantie für ein gutes Training. Bei der Auswertung kann man feststellen, ob die Vorbereitung beim nächsten Mal verbessert werden muß.

Trainingseinteilung

Ein Torwarttraining gliedert sich in drei Phasen: das Aufwärmen, der zentrale Teil und der Abschluß. Für ein 45minütiges Training (spezielles Torwarttraining) kann man folgendes Zeitschema wählen: für die Aufwärmphase, den Hauptteil und den abschließenden Teil je ca. 15 Minuten.
Es ist nicht immer ratsam und unbedingt notwendig, dieses Schema strikt einzuhalten, denn es können sich Situationen ergeben, die Flexibilität erfordern; so kann z.B. der Torwart nach einem speziellen Torwarttraining noch an einem Parteispiel teilnehmen, bei dem er das Tor hüten muß – ein sicher willkommener Abschluß.

Das Aufwärmen

Ziel des Aufwärmens ist eine Verbesserung des Leistungsvermögens und eine Verringerung der Verletzungsgefahr mittels einer körperlichen und geistigen Vorbereitung. Meist geschieht das durch eine Reihe einfacher Übungen, wobei der Akzent auf der Körper- und Bewegungstechnik liegt (ruhiger Laufschritt mit Lockerungsübungen, anschließend das Tempo erhöhen), dann Beweglichkeitsübungen, und zuletzt das Aufwärmen mit Ballübungen (Gefühl, Gewöhnung). Das Aufwärmen vorm Training oder Spiel beinhaltet einen allgemeinen und einen spezifischen Teil. Es gibt zahlreiche Möglichkeiten fürs Aufwärmen. Welche Methode einer anwendet, hängt immer vom jeweiligen Torwart ab; die Intensität und der Umfang der Übungen sind eine persönliche Sache. Vor allem in der Vorbereitung auf ein Spiel ist es wichtig, daß der Torwart sich wohlfühlt und die Situation so optimal ist, daß er im Spiel eine gute Leistung bringen kann. Die Art des Aufwärmens ist u. a. abhängig vom Alter, von der bevorstehenden Aufgabe (Training oder Spiel), von der inneren Verfassung des Torwarts, von der Außentemperatur und der Spielfeldbeschaffenheit.

Allgemeines Aufwärmen:

- ruhiger Laufschritt;
- während des ruhigen Laufschritts oder im Stand Lockerungsübungen für den ganzen Körper;
- Lauftempo erhöhen;
- im Lauftempo abwechselnd in verschiedenen Richtungen: vor-, seit- und rückwärts;
- Sprints von 5 bis 30 m;
- Dehnübungen für den ganzen Körper (vor allem die Beinmuskulatur).

Spezifisches Aufwärmen:

- Ball auf den Torwart in unterschiedlicher Höhe zuspielen: flach, zwischen Knöchel und Schulter, oberhalb der Schulter;
- das gleiche, aber jetzt links und rechts neben den Torwart;
- Grundgewöhnung: wie beim Fallen und Hechten nach oben und unten (im Sitz, Kniestand, Hockstand und im Stand);
- Bälle von verschiedenen Positionen aus zuspielen.

Bemerkungen:

- Der Torwart wirft oder schießt alle Bälle konzentriert und gezielt zurück.
- Der Torwart muß alle Bälle halten können (wichtig für den, der die Bälle zuspielt!).
- Ein gutes Aufwärmen ist notwendig, um von der ersten Sekunde an gut ins Spiel zu kommen, sich in starker innerer Verfassung zu fühlen, vom Beginn an konzentriert zu sein und Verletzungen zu vermeiden, denn ein Torwart hat einiges auszuhalten, worauf der Körper gut vorbereitet sein muß.
- Der Ball, mit dem der Torwart angespielt wird, muß ein Ball sein, wie er auch im Spiel zum Einsatz kommt.
- Wenn der Körper gut aufgewärmt ist, wirkt sich das vorteilhaft auf Muskeln und Nerven aus, so daß ein Reflex oder ein maximaler Sprung gut ausgeführt werden können.
- Die Kleidung beim Aufwärmen muß der Beschaffenheit des Feldes (naß, trocken) und dem Wetter (kalt, warm, Regen usw.) angepaßt sein.
- Zwischen Aufwärmen und Spiel nicht länger als 10 Minuten Ruhe, sonst geht (innerhalb von 5 bis 10 Minuten) der körperliche Effekt des Aufwärmens verloren.

- Der letzte Ball beim Aufwärmen sollte eine Rettung des Torwarts sein; es kann mental für ihn eine Hilfe sein, wenn er den letzten Ball bewältigt hat.

Der Hauptteil
Im zentralen Teil wird die Technik eingeübt, verbessert und perfektioniert. Außerdem muß die taktische Einsicht erweitert werden. Dabei kann auch an der Verbesserung oder Erhaltung der Kondition gearbeitet werden. Gut aufeinander abgestimmt, kann man alle drei Aspekte miteinander verbinden. Der Akzent liegt meist auf dem (konzentrierten) Einüben verschiedener Spieltechniken. Man sollte genügend Zeit reservieren für Spiel- und Wettkampfformen, die auf den Torwart »entspannend« wirken, ohne den »Lernprozeß« aus den Augen zu verlieren.

Der Abschluß des Trainings
Nach Beendigung des Spiels oder Trainings ist ein Auslaufen und sind Dehnübungen notwendig, um die Pulsfrequenz langsam zu senken und die Muskeln, die sich steif und gespannt anfühlen, zu entspannen. Es kann auch einem Muskelkater vorbeugen. Massage und Dusche tragen außerdem zu einer raschen Erholung bei.

Methodische Aspekte

Im guten Training werden alle methodischen Aspekte, die für den Unterricht entscheidend sind, in die Praxis umgesetzt. Der Unterricht sollte geplant sein, aber es geht nicht darum, einfach einen Lehrplan durchzuziehen. Der Trainer muß aufmerksam sein für die Zeichen, die er vom Torwart bekommt. Die Anpassung des Programms und das Eingehen auf neue Situationen bilden wichtige Aspekte des eigentlichen Trainings.
Man kann unterscheiden zwischen dem, was vor dem Training, während des Trainings und nach dem Training zu tun ist.

Vor dem Training
- Achte auf eine gute Trainingsvorbereitung;
- pünktlich sein, etwa 30 Min. vor Beginn des Trainings;
- begutachte das Spielfeld;
- beobachte das Umkleiden;
- schon im Umkleideraum können Anweisungen gegeben werden;
- wirf noch kurz einen Blick auf das Material. Zähle es, bevor es aufs Spielfeld gebracht wird. Sorge dafür, daß es in gutem Zustand ist, daß die Bälle richtig aufgepumpt sind, daß die Spieler die richtige Kleidung und das passende Schuhwerk tragen und daß sie keine Sachen bei sich haben, die für sie selbst und/oder andere gefährlich sein können, z. B. keine Schmuckgegenstände usw. Stelle vor dem Training das Material bereit.

Während des Trainings
Wähle eine gute Arbeitseinteilung. Die Wahl des Lehrstoffes, das Niveau der Torhüter, die Zahl der Torhüter, ihr Alter, der verfügbare Raum und andere Faktoren bestimmen, welche Einteilung unter den gegebenen Umständen die richtige ist. Folgende Bedingungen müssen erfüllt sein:
- einfach und leicht verständlich;
- schnell anwendbar und veränderbar;
- ungefährlich und ohne hinderliche Dinge ringsum;
- übersichtlich für Torwart und Trainer;

○ Beachtung der Boden- und Witterungsbedingungen (Sonne und Wind).

Eine gute Arbeitseinteilung hat folgende Vorteile:

○ Torhüter können ungestört arbeiten;
○ Arbeitstempo ist hoch;
○ Trainer hat viele Möglichkeiten zu korrigieren.

Ein Torwarttraining besteht im wesentlichen aus vielen Aktivitäten. Daher viel Bewegung. Es wäre schade, wenn bei den Erläuterungen viel Zeit verlorenginge. Man kann methodisch alles in dem Dreischritt zusammenfassen: Beispiel – Erläuterung – Übung.

Korrekturen

Bei fast jeder Übung sind Korrekturen notwendig. Mögliche Gründe:

○ Trainer hat nicht deutlich erklärt;
○ Trainer gab schwierigen Auftrag;
○ Spieler haben den Auftrag nicht verstanden, weil sie nicht aufmerksam waren;
○ Fertigkeit des Torwarts läßt zu wünschen übrig;
○ Interesse oder Konzentration reichen nicht aus.

Wenn der größte Teil der Torhüter allgemeine Fehler macht, ist dies ausreichend Anlaß, das Training für eine Gruppenkorrektur zu unterbrechen. Wenn nur kleinere Fehler gemacht werden, genügt eine persönliche Korrektur.

Einige Möglichkeiten der Korrektur:

○ frage den Torwart, wie es seiner Meinung nach geht, und dann, woran es liegt, daß dies oder jenes so (falsch) verläuft;
○ die Übung noch einmal zeigen oder zeigen lassen;
○ eine direkte Anweisung geben;
○ den Auftrag ändern oder etwas vereinfachen.

Ist die Korrektur erfolgt, muß der Trainer darauf achten, ob sie verstanden worden ist, damit tatsächlich eine Besserung sichtbar wird.

Unterrichtston

Der Stimm- und Sprachgebrauch bestimmt in hohem Maß die Atmosphäre im Training. Der Trainer sollte u. a. durch seinen Unterrichtston die Torhüter begeistern und sie mittels seiner Stimme beeinflussen.

Welchen Anforderungen muß der Unterrichtston genügen?

○ Er muß deutlich und hörbar sein;
○ kurz und sachlich; die Torhüter sollten möglichst in Bewegung bleiben;
○ nicht monoton. Versuche in der Stimmlage zu wechseln: mal leiser, mal lauter. Durch den Gebrauch der Stimme muß man die Aufmerksamkeit der Spieler auf sich lenken.
○ Sprich nicht zu schnell!
○ Gib beim Erteilen des Auftrags immer an, was geschehen soll, wenn der Torwart ihn erledigt hat.

Vorsichtsmaßnahmen

Beim Training gibt es immer gewisse Gefahren. Der Trainer muß die Risiken möglichst gering halten; ganz ausschließen kann man die Gefahren übrigens nicht. Einige Punkte, die in der Vorbereitung zu beachten sind:

○ Wahl des Lehrstoffes (z. B. auf gefrorenem Boden nicht das Hechten zu trainieren);
○ methodischer Aufbau des Lehrstoffes;
○ bei der Zusammenstellung der Lektion ein angemessenes Arbeitstempo und richtige Arbeitsverteilung anstreben. Physiologisch muß verantwortlich trainiert werden; deshalb ist das Aufwärmen am Beginn wichtig; die Arbeitsintensität darf dabei nicht zu hoch sein.

Große Kraftübungen nie am Beginn des Trainings!
- ○ Konzentration, um Verletzungen beim Torwart und bei anderen vorzubeugen;
- ○ kein Material herumliegen lassen;
- ○ richtiges Verhältnis Aktivität/Pause;
- ○ die geltenden Spielregeln einhalten, vor allem bei Körperkontakt sowie bei rauhem und gefährlichem Spiel;
- ○ nicht nur einmal auf etwas hinweisen, sondern auch kontrollieren, daß die abgesprochenen Regelungen auch eingehalten werden.

Nach dem Training
Alle Torhüter zusammenrufen. Das Material an einen Ort zusammentragen, wo evtl. auch etwas zum Training bzw. zum kommenden Spiel gesagt werden kann. Am Schluß das Material aufräumen. Achte im Umkleideraum darauf, daß sich jeder duscht oder wäscht, saubere Unterwäsche und andere Kleidung anzieht. Weise auf die Folgen falscher Eß- und Trinkgewohnheiten nach körperlicher Anspannung hin. Gegebenenfalls einen Torwart beauftragen, den Umkleideraum aufzuräumen und auszufegen. Der Trainer verläßt als letzter den Umkleideraum und kontrolliert, daß nichts liegenbleibt.

Trainieren (wann, einzeln oder in der Gruppe, wie lange und wie oft)

Entscheidend sind hierfür Faktoren wie die verfügbare Zeit, Ausrüstung, Niveau, Wille zum Training usw. Ausgehend von verschiedenen Situationen können folgende Empfehlungen gegeben werden:

Die Torhüter trainieren einzeln und zusammen in der Gruppe. Da technische, taktische und konditionelle Gegebenheiten nicht vergleichbar sind mit denen der Feldspieler, ist ein gesondertes Torwarttraining unbedingt erforderlich. Da der Torwart am ganzen Spielgeschehen teilhat, sollte er auch am Spielertraining teilnehmen, was ihm im Spiel auch Vorteile bringt. Sinnvolle Übungen in der Hinsicht: Schüsse aufs Tor, verschiedene Spiel- und Parteiformen, in denen der Torwart das Tor verteidigt. Außerdem sind verschiedene Spielerfertigkeiten wie Schießen, Köpfen, Ballführung usw. wichtig, wenn der Torwart außerhalb des 16-m-Raums agieren muß.
Auf die Frage, wann das Torwarttraining stattfinden sollte, kann man antworten: entweder gleichzeitig (ganz oder teilweise) mit dem Training der Feldspieler, dann allerdings mit einem speziellen Torwarttrainer, oder zu einer Zeit, wenn die Feldspieler nicht trainieren, z.B. vor dem allgemeinen Training oder danach (auf die Müdigkeit des Torwarts achten) oder an einem anderen Tag als die Feldspieler trainieren (z. B. abends bei Flutlicht, wenn ein Spiel unter diesen Bedingungen bevorsteht).
Wie oft trainiert werden muß, hängt ab von den Möglichkeiten.
Die Dauer des Trainings hängt ab:
- ○ vom Alter (siehe Lehrpläne für die Jugend);
- ○ von der Periode, in der trainiert wird (Vorbereitung, Wettkampf usw.);
- ○ vom Wochentag (kurz vor oder nach einem Spiel; wie viele Spiele in der Woche/im Monat);
- ○ von der Intensität des Trainings;
- ○ von der Zielsetzung des Trainings;
- ○ von der anderen Arbeit, die der Torwart an dem Tag, in den Tagen, in der Woche usw. verrichtet hat;

- ○ vom Zeitpunkt, an dem trainiert wird;
- ○ von den Spielfeld- und Witterungsbedingungen;
- ○ von der Art des Torwarts (fühlt er sich besser, wenn er kurz und intensiv bzw. lange und ruhig trainiert?).

Hilfsmittel fürs Torwarttraining

Um das Training des Torwarts optimal zu gestalten, kann man verschiedene Hilfsmittel einsetzen, aus denen wir hier eine kleine Auswahl getroffen haben:

Der Fußball
Das wichtigste Hilfsmittel für den Torwart. Es ist wichtig, mit einem guten Ball zu trainieren und zu spielen, um Verletzungen zu vermeiden und das Selbstvertrauen zu stärken. Bei den Bällen ist auf folgendes zu achten:

- ○ Gewicht (nicht zu schwer und nicht zu leicht);
- ○ Luftinhalt (nicht zu hart und nicht zu weich);
- ○ Umfang (nicht zu groß und nicht zu klein);
- ○ Form (rund und nicht oval);
- ○ keine lose hängenden Teile!

Der Torwart ist im Prinzip selbst verantwortlich für die Bälle, mit denen trainiert wird. Er sollte sie selbst auswählen, aufpumpen und reinigen.

Kegel
Diese gibt's in verschiedenen Größen, und sie sind bei verschiedenen Übungen brauchbar. Man kann ein Gebiet damit abstecken, aber sie können auch als Orientierungshilfe dienen, wohin gefallen bzw. gehechtet werden soll. Sie dienen auch als Tormarkierung.

Pfosten
Man hat etwa die gleichen Möglichkeiten wie mit den Kegeln. Auch verwendbar in Kombination mit einem Seil für Sprungübungen, oder um ein Torwart-Tennisfeld abzustecken.

Seil
Bei Sprungkraftübungen kann man damit die Höhe markieren; auch eine Hilfe beim Torwart-Tennis. Ferner eine wertvolle Hilfe zur Verbesserung des Hechtens nach unten, wenn man den Torwart unter ein auf Hüfthöhe gespanntes Seil hechten läßt.

Medizinbälle
Erhältlich in verschiedenen Gewichten, Modellen und Größen. Zu empfehlen ist die Größe im Fußballformat und ein Modell, das aufspringen kann. Verwendbar, um die Kraft (vor allem die Armkraft) zu vergrößern und erhalten.

Sprungseil
Verwendbar u. a. zur Förderung oder Erhaltung der Kraft.

Frans Hoeks »Rahmennetz«
Ein Rahmen, in den ein Netz aus elastischen Bändern bzw. Schnüren gespannt ist. Wenn der Ball ins Netz geworfen wird, prallt er mit einer bestimmten Geschwindigkeit wieder heraus. Bietet viele Möglichkeiten fürs individuelle Training wie auch für eine Übungsreihe mit mehreren Torhütern. Für jede Altersgruppe geeignet zur Verbesserung von Technik und Kondition. Auch für verletzte Torhüter eine gute Möglichkeit, im Training zu bleiben.

Unterrichtstafeln
In allen Größen verwendbar, um verschiedene Situationen zu erläutern.

Man kann auch Zeichnungen auf Papier oder im Sand machen. Vor allem zur Besprechung von taktischen Fragen oder bestimmten Spielregeln ein nützliches Hilfsmittel.

Videorecorder
Aufnahmegerät, das dem Torwart die Möglichkeit gibt, sich selbst zu beurteilen. Fürs Training wie auch für Spiele geeignet. Der Akzent kann bei den Aufnahmen auf technische und taktische Aspekte, auf die Zusammenarbeit mit den Mitspielern sowie aufs Organisieren und Dirigieren der Abwehr gelegt werden.

Spielfeld- und Witterungsbedingungen

Die Spielfeld- und Witterungsbedingungen können sowohl beim Training wie auch im Spiel großen Einfluß auf den Torwart haben. Man muß sich jeweils darauf gut einstellen. Welche Wetter- und Spielfeldbedingungen können Probleme bereiten, und wie kann der Torwart darauf reagieren?

- ○ Wind: Immer sehr tückisch und unberechenbar. Prüfe zunächst die Windrichtung, und versuche dann beim Aufwärmen herauszufinden, wann der Ball gebremst und wann er beschleunigt wird.
- ○ Sonne: Eine Hilfe kann die Sonnenkappe sein, worauf wir bereits ausführlich eingegangen sind.
- ○ Glattes Feld (durch Regenfall): Der Ball wird nach dem Aufspringen erheblich schneller. Spiele deshalb im Training und beim Aufwärmen Bälle, die vor dem Torwart aufspringen, so daß er schnell reagieren muß.
- ○ Sehr durchweichtes Feld mit einigen Pfützen: Mal bleibt der Ball im Morast stecken, mal ist er sehr schnell. Darauf kann man sich wäh-

rend des Trainings und im Spiel einstellen. Untersuche vorm Spiel das Feld und den Torraum auf die schlechtesten Punkte.

- Stark gefrorenes Feld: Sehr unangenehm für den Torwart. Der Absprung auf glattem Boden ist schwierig, und das Fallen gefährlich. Zudem bekommt der Ball die seltsamsten Effets, wenn er auf dem Boden aufspringt. Wichtig auf solchen Feldern ist Mut. Nicht zögern, sondern handeln!
- Gefrorenes Feld mit Schneedecke: Die Trittsicherheit ist meist besser als bei einem glatt gefrorenen Boden. Auch das Fallen ist etwas angenehmer (abhängig von der Höhe des Schnees). Auch auf diese Situation muß man eingehen und entsprechend üben.

Verhalten bei schlechten Bedingungen
Der Boden und das Wetter können dann die Fortsetzung des Torwarttrainings erschweren. Anpassungen sind notwendig. Vor allem muß man auf den Platz achten, wo geübt werden soll. Es kann ein hartes Feld, ein Feld mit roter Feinasche, eine Trainingshalle, eine Turnhalle oder die Kantine oder der Umkleideraum sein. Es hängt ab von der Beschaffenheit des Bodens. Im Prinzip kann man immer trainieren, zwar nicht immer spezielle Torwartlektionen, aber andere Übungen.
Übungsstoff, den man anbieten kann:

- verschiedene Kraftübungen (Bauch-, Rücken-, Schulter-, Arm- und Beinmuskulatur);
- alle Übungen, bei denen man nicht fallen muß, also schnelle Beinarbeit, Bälle greifen, fangen, fausten, ablenken, werfen, schießen usw.;
- Durchführung der Übungen auf Matten, auf denen man auch Fall- und Sprungübungen machen kann.

Training mit mehreren Torhütern gleichzeitig

Bei den Zehn- bis Zwölfjährigen kann man problemlos mit acht bis 16 Torhütern gleichzeitig trainieren. Meist sind die körperlichen und geistigen Unterschiede bei ihnen nicht so ausgeprägt, so daß man ohne Probleme die Grundtechniken des Torhütens erarbeiten kann. Später sollten die Gruppen dann immer kleiner werden, weil sich erhebliche Unterschiede ergeben können im Wachstum (körperlich und geistig), Interesse, Stil, Talent, in der Motivation usw. Bei Zwölf- bis Vierzehnjährigen kann man mit Gruppen von vier bis acht, bei Vierzehn- bis Sechzehnjährigen mit Gruppen von zwei bis vier und bei Sechzehn- bis Achtzehnjährigen mit ein bis zwei Torhütern trainieren. Natürlich kann auch in fortgeschrittenem Alter mit größeren Gruppen trainiert werden, aber dabei muß man auf die speziellen Fähigkeiten/Fehler des einzelnen achten und auch darauf eingehen.

Analysebogen
Die folgende Beurteilungsliste kann verwendet werden, damit sich der Trainer einen guten Überblick über den Leistungsstand seines Torwarts verschaffen kann, damit der Torwart seine Entwicklung überprüfen kann oder für Beobachter als Analyseformular. Die Liste bezieht sich nur auf die Grundaspekte, Details können von selbst hinzugefügt werden. Bei der Beurteilung sollte man übrigens auch deutlich angeben, warum ein bestimmter Aspekt mangelhaft ist. So kann die Liste auch Grundlage für einen Trainingsplan sein. Gemeinsam mit Torwart und Trainer erarbeitet, wird es eine Hilfe sein, um motiviert mit dem Training zu beginnen.

Analysebogen

Name: ______________________ Größe: ______________________

Straße: ______________________ Gewicht: ______________________

Wohnort: ______________________ Club: ______________________

Telefon: ______________________ Mannschaft: ______________________

Geburtsdatum: ______________________ Klasse: ______________________

Datum: ____________ Spiel: ____________ Spielfeldzustand: ____________

Witterung: ____________ Beobachtet von: ______________________

Beurteilung: G = Gut B = Befriedigend M = Mangelhaft

Technik in der Verteidigung

Ohne Ball:

1. Ausgangsstellung
2. Stellung ändern im und vorm Tor (Beinarbeit)
3. Springen

○ hoch
○ seitwärts
○ rückwärts

Mit Ball:

1. Fangen

○ Ball greifen mit Sprung zur Seite
○ mit Hechtsprung nach unten
○ mit den Händen unten
○ Stoppen mit Bauch/Brust

2. Fallen

○ Fallen
○ nach unten hechten
○ nach oben hechten (vor-, seit- und rückwärts)

3. Vor die Füße

○ Rutschen
○ Werfen

4. Fausten

○ mit beiden Fäusten
○ mit einer Faust

5. Ablenken

○ mit einer Hand
○ mit beiden Händen

6. Spielerfertigkeiten

○ Bälle am Boden
○ Bälle in der Luft

7. Halten von Flankenbällen unter Widerstand

Im Aufbau/Angriff

1. Werfen

○ Rollen
○ Schleuderwurf seitlich
○ Schleuderwurf oben
○ Schlagwurf seitlich
○ Schlagwurf oben

2. Aus den Händen schießen

○ Volley
○ Dropkick

3. Schuß vom Boden

○ kurz
○ lang

Taktik

1. Position und Stellungsspiel im Spiel

○ im Tor
○ vorm Tor

nach Steilpässen:

○ außerhalb des Strafraums
○ innerhalb des Strafraums

nach Flankenbällen:

○ außerhalb des Strafraums
○ innerhalb des Strafraums

2. Position und Stellungsspiel bei Wiederaufnahme des Spiels

○ im Tor
○ vorm Tor

nach Bällen in die Tiefe
nach Flankenbällen

3. Zweikampf 1 gegen 1

Dirigieren, Regie führen und Organisieren

1. Während des Spiels
2. Bei Wiederaufnahme des Spiels

Körperlich

1. Ausdauervermögen
2. Schnelligkeit

○ Sprint
○ Reflexe

3. Beweglichkeit
4. Kraft

allgemein
Beine

○ Sprungkraft
○ Schußkraft

Arme

○ Wurfkraft
○ Stoßkraft

5. Koordination

○ allgemein
○ Timing

Mental

1. Motivation
2. Einstellung
3. Einsatz
4. Durchsetzungsvermögen
5. Selbstvertrauen
6. Konzentration
7. Vorausdenken
8. Mut und Kampfgeist
9. Reaktion auf:

○ Presse
○ Zuschauer
○ Eltern, Freunde usw.

10. Kenntnis der Spielregeln

Allgemein

1. Fairneß
2. Verhalten

○ allgemein
○ gegenüber Gegnern
○ gegenüber Mitspielern
○ gegenüber dem Schiedsrichter
○ gegenüber dem/den Trainer(n)

3. Pflege des Materials

○ eigene Ausrüstung
○ Trainingsmaterial

Immer am Ball

Gerhard Bauer
Lehrbuch Fußball
Fundiertes, praxisbezogenes Lehrbuch für aktive Spieler und Fußballfans: Trainingsgrundlagen, Techniktraining, Konditionstraining, Taktiktraining, Trainingsgeräte, Ausrüstung, Wettkampf.

Gerhard Bauer
Richtig Fußballspielen
Alles über Deutschlands Sportart Nr. 1 für Aktive und interessierte Zuschauer: Geschichte, Ausrüstung, Technik, Fitneß, Kondition, Taktik, Verletzungen, Regeln, Fußball-ABC, große Sieger und Spieler.

Gerhard Bauer
Fußballtechnik heute
Das kompetente Lehrbuch für Jugend- und Amateurspieler, Trainer, Übungsleiter und Sportlehrer: der Weg zum Erfolg durch spielerisches Techniktraining · Basistechniken und Stoßarten, Fehlerursachen, Korrekturmaßnahmen, praktische Trainingstips.

Fritz Zintl
Ausdauertraining
Alle theoretischen und praktischen Aspekte des Ausdauertrainings für Trainer, Sportlehrer, Gesundheits- und Leistungssportler.

Manfred Grosser/
Stephan Starischka
Das neue Konditionstraining
Kraft-, Schnelligkeits-, Ausdauer- und Gelenkigkeitstraining, allgemeine Prinzipien und Steuerung des Konditionstrainings, biologische Grundlagen, Trainingsmethoden und -programme, Kinder- und Jugendtraining.

Ludwig V. Geiger
Überlastungsschäden im Sport
Sportbedingte Überlastungsschäden: Entstehungsmechanismen, Behandlungskonzepte und vorbeugende Maßnahmen zur Vermeidung.

Im BLV Verlag finden Sie Bücher zu folgenden Themen: Garten und Zimmerpflanzen • Wohnen und Gestalten • Natur • Heimtiere • Jagd • Angeln • Pferde und Reiten • Sport und Fitneß • Tauchen • Reise • Wandern, Alpinismus, Abenteuer • Essen und Trinken • Gesundheit und Wohlbefinden

BLV

Wenn Sie ausführliche Informationen wünschen, schreiben Sie bitte an:
BLV Verlagsgesellschaft mbH • Postfach 40 03 20 • 80703 München
Telefon 089/12705-0 • Telefax 089/12705-543